职业教育“课证融通”
立体化系列规划教材财务会计类

会计基础

陈小刚 肖庆 ◇ 主　编
王琦 于永梅 王淑娟 张汉连 ◇ 副主编

人 民 邮 电 出 版 社
北 京

图书在版编目（CIP）数据

会计基础 / 陈小刚，肖庆主编. -- 北京 : 人民邮电出版社，2015.8（2020.8重印）
（职业教育“课证融通”立体化系列规划教材财务会计类）
ISBN 978-7-115-39393-7

Ⅰ. ①会… Ⅱ. ①陈… ②肖… Ⅲ. ①会计学—职业教育—教材 Ⅳ. ①F230

中国版本图书馆CIP数据核字(2015)第108041号

内 容 提 要

本书以财政部最新颁布的《会计从业资格考试大纲（修订）》为依据，结合职业院校会计专业的教学需要，在多年研究该考试命题特点的基础上编写而成。

本书的主要内容包括认识会计、认识会计要素与会计等式、设置会计科目与账户、复式记账、核算企业主要经济业务、填制和审核会计凭证、登记会计账簿、账务处理程序、财产清查和编制财务报表。本书附录提供了考情简介与应试策略，以及“会计基础”考纲考点索引，旨在总结、提炼考试内容的重点及命题方式，为考生提供全面的应试策略。

本书的配套资源包括配套光盘以及 PPT 课件、备课教案、票据图示、常用会计科目介绍、常用会计分录等丰富内容。其中配套光盘中不仅提供了书中的任务实施、项目实训和真题精练等板块的答案文件，还提供了会计从业资格考试无纸化考试系统，包括“考试指南”“考试大纲”“章节练习”“题型精练”“模拟考场”“错题重做”板块，帮助读者提前感受考场。

本书可以作为职业院校财会相关专业的教材，也可供全国各地报考会计从业资格考试“会计基础”科目的考生使用，还可作为会计人员岗位培训教材和相关会计工作者的参考用书。

◆ 主　　编　陈小刚　肖　庆
副 主 编　王　琦　于永梅　王淑娟　张汉连
责任编辑　刘　琦
执行编辑　朱海昀
责任印制　杨林杰

◆ 人民邮电出版社出版发行　　北京市丰台区成寿寺路 11 号
邮编　100164　　电子邮件　315@ptpress.com.cn
网址　http://www.ptpress.com.cn
北京盛通印刷股份有限公司印刷

◆ 开本：787×1092　1/16
印张：15.5　　2015 年 8 月第 1 版
字数：374 千字　　2020 年 8 月北京第 3 次印刷

定价：39.80 元（附光盘）

读者服务热线：(010) 81055256　印装质量热线：(010) 81055316
反盗版热线：(010) 81055315
广告经营许可证：京东市监广登字 20170147号

前言

组织编写本书的初衷

会计从业资格考试（俗称“会计证考试”）是从事会计工作的一种法定资格认证，也是进入会计职业的“门槛”。考生通过考试后，便可获得会计从业资格证。该考试的考试大纲由财政部于 2014 年进行了全面修订，并从 2014 年 10 月 1 日起施行。考试采用财政部统一编制的无纸化考试题库，实行三科连考，即一次性通过三个考试科目才能取得会计从业资格证书，从而增加了考试难度。

近年来，随着各院校将会计从业的课程逐渐纳入教学计划，传统的教材已无法同时满足教学与考试的双重要求，与此同时，根据实行无纸化考试省份的情况来看，其平均通过率也较低，尤其是对于在校参加会计从业资格考试的学生来说，更难把握复习备考的方向和应试策略。考试不仅难在考试规则，还难在出题方式以及无纸化的考试环境。

为了满足各职业院校的教学需要，以及学生考证的复习需求，我们针对当前最新会计从业资格考试的考情和命题思路，在多年研究该考试命题特点的基础上，以教学需求为主线，以考试大纲为蓝本，编写而成这套适用职业院校会计及相关专业的“课证融通”系列教材。

本书的特点

1. 满足教学需求为首，紧扣考试大纲，做到课证融通

本书以最新的考试大纲为依据，保持了考纲的体例编排和内容设计，同时根据教学需求调整了相关知识点的讲解方式及篇幅，对部分知识点进行深度剖析，适当地增加了实务知识的扩展内容，使知识讲解更加全面和系统。同时，我们深入研究了近几年的考试真题，使本书全面覆盖教学知识点和对应考试大纲的内容，不仅知识结构清晰，还对各项目进行考情分析，归纳了有效的学习方法，使本书真正满足“课证融通”的教学需求。

2. 采用项目式教学，适合安排教学任务，注重技能

本书的每个项目都精心设计了“项目导入”“学习目标”“考情分析”“任务目标”“知识讲解”“任务实施”“项目总结”“项目实训”“拓展知识”“真题精练”这样循序渐进的教学结构，将学习场景引入课堂教学，激发学生的学习兴趣；然后在技能任务的驱动下，实现“讲中学，学中练”的教学理念；最后有针对性地进行项目实训和知识拓展补充，并通过练习题巩固所学知识。

3. 穿插案例阅读和例题，讲解浅显易懂，配有相关图示和举例

结合会计初学者学习会计的特点，本书尽量做到语言描述浅显易懂，并通过生动、形象的示意图和贴近实际工作的实例等帮助读者理解。在对各知识点的讲解过程中，还结合不同类型的试题，包含历年考试真题和典型例题等，同步给出答案和解析，便于熟悉考试题型的解题思路与命题特点。

4. 提供特色小栏目，加深领悟力

本书设置了“知识补充”和“名师点睛”两个特色小栏目。其中，“知识补充”栏目主

要对一些相关的知识点、法规或概念做进一步的说明；“名师点睛”栏目主要将抽象化的知识进一步进行归纳和总结，并对其实质等进行剖析，以加深读者对知识的理解和领悟。

5. 各项目末提供自测练习题，可反复练习，提高解题能力

在每个项目最后，按该项目考点所涉及的不同题型提供自测练习题。这些练习题是根据对应考点在考试题库中的命题类型及方式精心设计的，其参考答案和解析位于光盘中（具体请参见光盘 \ 真题精练答案 \ 真题精练答案与解析 .docx）。

6. 提供无纸化考试系统，完全模拟真实考试环境，复习更高效

本书的配套光盘中提供了模拟考试系统，帮助考生提前熟悉考试环境及命题类型。光盘中的考题都是精心挑选的历年真题和预测题，均有参考答案及详细解析，可供考生模拟演练，并通过解析获知答题思路及考查重点，进一步突破复习难点。

本书的教学资源

本书的教学资源包括以下 3 方面的内容。

（1）配套光盘。本书配套光盘包含书中任务实施和项目实训涉及的效果文件、各项目“真题精练”的答案与解析，以及无纸化考试题库系统等内容。

（2）教学资源包。本书配套精心制作的教学资源包，包括 PPT 课件、备课教案、票据图示，以便老师顺利开展教学工作。

（3）教学扩展包。教学扩展包中包括方便教学的拓展资源，如常用会计科目简介、常用会计分录等。

特别提醒：教学资源包和教学扩展包可访问人民邮电出版社教学服务与资源网（www.ptpedu.com.cn）搜索下载，或者发电子邮件至 dxbook@qq.com 索取。

怎样使用本书

- 建议读者先仔细阅读“附录一　考情简介与应考策略”，充分了解考试规则和考试重点，掌握复习方法，了解考试过程中应注意的问题及解题技巧。
- 精读本书中的内容，包括“拓展知识”板块中的内容。对于理论知识需要加以记忆，对于实务知识可通过案例和实训加以理解和巩固。
- 对书中内容掌握到一定程度后，可通过配套光盘提供的模拟考试系统进行反复练习，这样不仅能熟悉考试环境，还能对已经学习的内容进行查漏补缺。因为考试是随机抽题，且考题的要求是千变万化的，但考查的重点与方式基本不变，做题时要注意对各种知识点进行归纳总结，以不变应万变。

联系我们

本书由陈小刚、肖庆任主编，由王琦、于永梅、王淑娟、张汉连任副主编。参与本书资料收集整理、编写、校排、光盘制作等工作的人员还有：李秋菊、黄晓宇、蔡长兵、牟春花、李凤、熊春、蔡飓、高志清、丘青云、罗贝加、高利水、曾勤、何晓琴、蔡雪梅等。

尽管在本书的编写与出版过程中，编者一直力争做到精益求精，但由于水平有限，书中难免有错漏和不足之处，恳请广大读者批评、指正。本书责任编辑的联系邮箱为 zhuhaiyun@ptpress.com.cn。

编　者

2015 年 4 月

光盘使用说明

将光盘放入光驱中，在“我的电脑”窗口中双击光盘盘符，打开光盘文件夹窗口，在其根目录下提供有“任务实施”“项目实训”“真题精练答案”等文件夹，如图 0-1 所示，双击打开相应的文件夹，便可查看其内容。

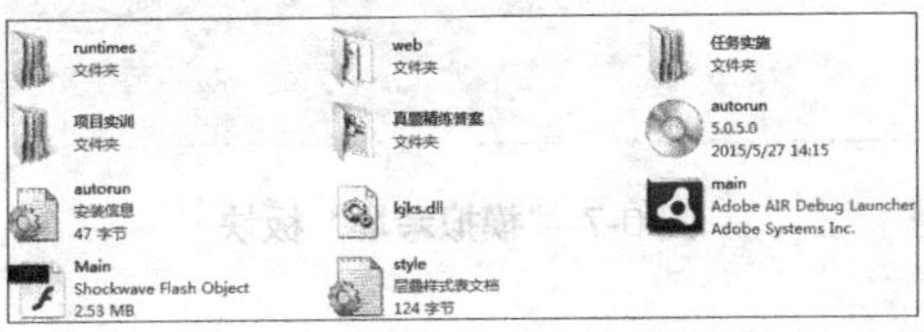

图 0-1 查看光盘文件夹

运行光盘模拟考试题库系统的方法是在光盘的根目录下双击 autorun.exe 文件图标运行光盘（光盘在放入某些计算机后也会自动运行），稍后进入演示主界面。在光盘演示主界面上方有“首页”“考试指南”“考试大纲”“章节练习”“题型精练”“模拟考场”“错题重做”等几个按钮，单击某个按钮，即可进入对应板块。下面分别介绍各个板块的功能。

1．“首页”板块

该板块主要显示光盘中各个模块中的题目数量以及考生练习完成的进度情况，如图 0-2 所示。

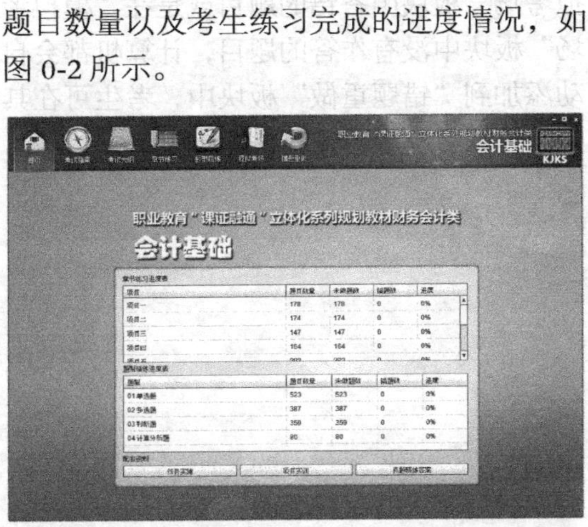

图 0-2 光盘题库系统“首页”板块

2．“考试指南”板块

该板块主要是介绍会计从业资格考试的考试情况，以及“会计基础”科目的考情、考纲分析，学习方法和应试技巧，单击左侧窗格中的按钮即可查看相应内容，如图 0-3 所示。

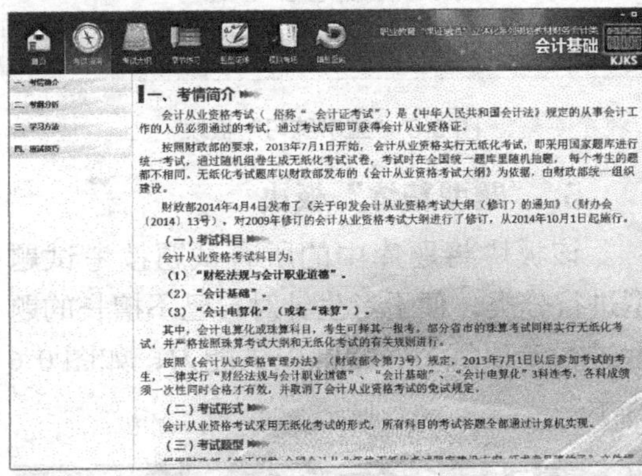

图 0-3 “考试指南”板块

3．“考试大纲”板块

该板块主要是介绍“会计基础”科目的考试大纲，单击左侧窗格中各章的按钮即可查看该章的考试大纲内容，如图 0-4 所示。

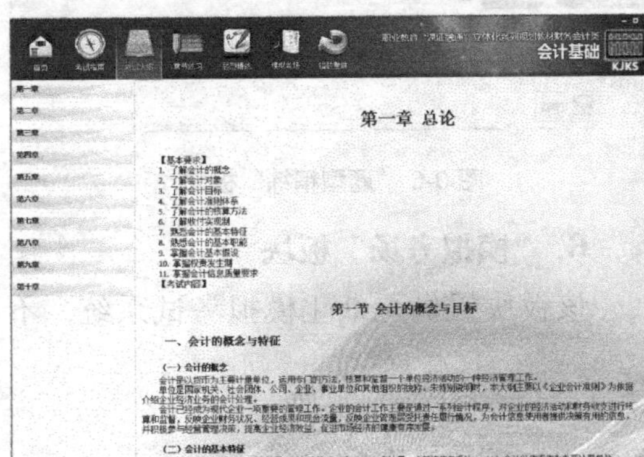

图 0-4 “考试大纲”板块

4．“章节练习”板块

本板块将题库中的所有试题，按章节结

构进行分类，便于考生针对本书各个项目所覆盖的考试知识点进行专项练习，提高应试能力，如图 0-5 所示。

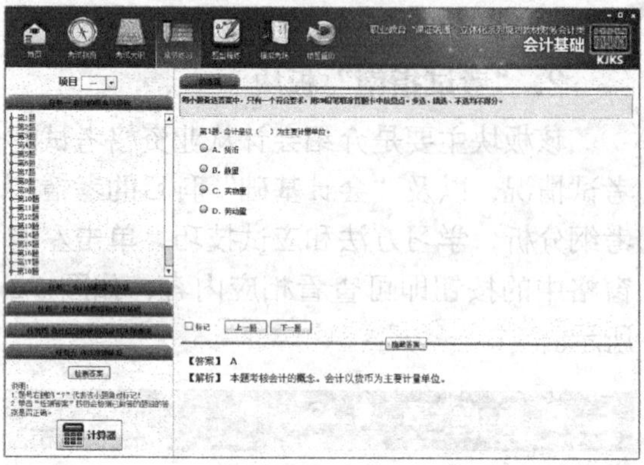

图 0-5 “章节练习”板块

5.“题型精练”板块

该板块将题库中的所有试题按考试题型进行分类，便于考生针对自己不擅长的题型进行专项练习，提高应试能力，如图 0-6 所示。

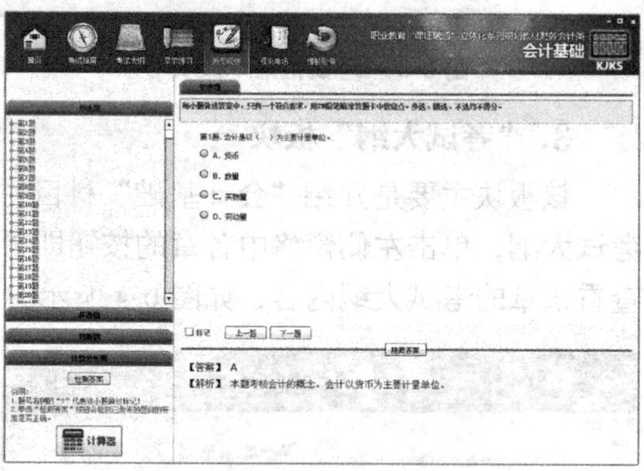

图 0-6 “题型精练”板块

6.“模拟考场”板块

该板块提供无纸化模拟考试系统，不仅能帮助考生提前熟悉考试环境及命题类型，还能通过模拟考试检验学习效果，如图 0-7、图 0-8 所示。

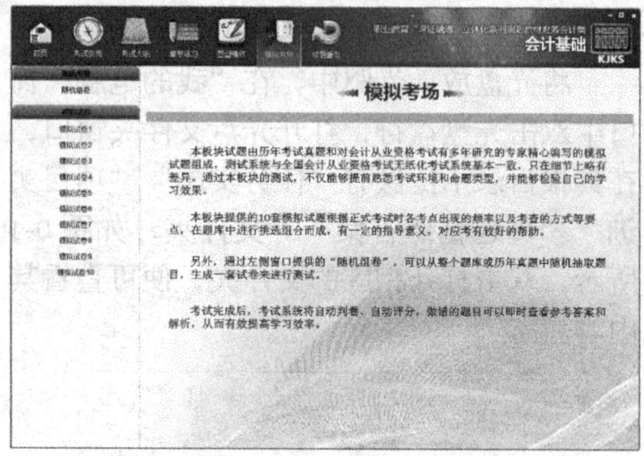

图 0-7 “模拟考场”板块

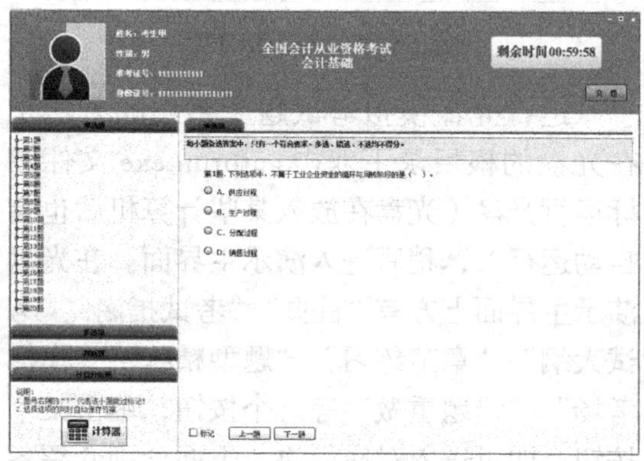

图 0-8 模拟考场界面

7.“错题重做”板块

凡是在“章节练习”“题型精练”“模拟考场”板块中答错的题目或是在“模拟考场”板块中没有作答的题目，计算机都会自动添加到“错题重做”板块中，考生可在其中反复练习这些题目，查漏补缺。

目录

PART 1

项目一 认识会计

项目引入

杜老师：小叶，这学期结束你就要开始实习了，对于将来的工作你有什么打算吗？

叶丽娜：现在会计岗位挺热门的，而且每个企业都需要会计，我自己对数字也挺敏感的，所以将来想从事会计工作。

杜老师：这个想法挺不错的，可是作为一个会计初学者，你知道会计具体指的是什么，会计需要运用哪些知识吗？

叶丽娜：听您这么一说，我好像还真不大了解。

杜老师：没关系，我们对任何事物的了解都是从陌生到熟悉的，下面我们就一起来认识会计吧。

学习目标

- 了解会计的概念、会计对象、会计目标；
- 了解会计法律法规和会计的核算方法；
- 了解收付实现制；
- 熟悉会计的基本特征和基本职能；
- 掌握会计基本假设；
- 掌握权责发生制；
- 掌握会计信息质量要求。

考情分析

- 题型与分值：单选题、多选题和判断题，所占分值约为6%。
- 复习重点与建议：会计基本假设、权责发生制和会计信息质量要求是考试的重点，而对会计特征和基本职能，只需要理解记忆即可。

任务一 认识会计的概念与目标

了解会计的概念与目标是学习会计的第一步，是对会计的初步认识，是理解会计的特征、职能及对象等知识的基础，同时，应对会计发展历程有所了解。

【任务目标】

本任务的目标是了解会计的概念，在此基础上了解会计的特征与职能，从而理解会计的对象及目标。通过本任务的学习，可以为会计的核算做好准备。

【知识讲解】

一、会计的概念和发展历程

（一）会计的概念

会计是为了适应人类生产实践和经济管理的客观需要而产生的，随着现代科学技术与经济管理科学的发展而突飞猛进，财务会计核算工作不断走向标准化和规范化。

会计的概念可表述为：会计是以货币为主要计量单位，运用一系列专门的技术方法，核算和监督一个单位经济活动的一种经济管理工作。

知识补充

单位是国家机关、社会团体、企业、公司、事业单位和其他组织的统称。未进行特别说明时，本书内容主要以《企业会计准则》为依据，并对企业的经济业务进行会计处理。

（二）会计的发展历程

会计的发展主要分为三个阶段，每个阶段发展的特点介绍如下。

- **古代会计阶段**：古代会计阶段是指从旧石器时代的中晚期至封建社会末期的这一段时期。此阶段会计所进行的计量、记录、分析等工作同其他计算工作混合在一起，并没有专门的会计一职，经过漫长的发展后，会计才逐步成为一种独立的管理工作。
- **近代会计阶段**：近代会计阶段是指1494年《算术、几何、比及比例概要》一书公开出版开始，直至20世纪40年代末这一段时期。此阶段的会计在方法技术与内容上有两点重大发展，一是复式记账法的不断完善和推广；二是成本会计的产生和迅速发展。至此，会计开始成为一种社会性的专门职业和通用的商业语言。
- **现代会计阶段**：现代会计阶段是指自20世纪50年代以后的时期。此阶段会计方法技术和内容的发展有两个重要标志，一是会计核算方法质的飞跃，即现代电子技术与会计融合形成的“会计电算化”；二是会计伴随着生产和管理科学的发展而分化为财务会计和管理会计两个分支。

二、会计的特征

从会计的基本概念，可总结出会计具有以下几个特征。

- **会计是一种经济管理活动**：会计是伴随着人们管理社会和经济事务的发展而产生的。会计工作通过会计人员直接或间接地参与单位的管理工作，对单位的经济活动进行核算和监督。因此，会计表现为一种经济管理活动。
- **会计是一个经济信息系统**：会计通过参与企业的经济管理活动，将企业经济活动产生的资料进行收集与整理，形成了涵盖企业内外部的、较为完善的信息系统，通过这些信息，会计可以为企业管理提供各种数据支持与决策建议。

- **会计以货币为主要计量单位：**会计的计量单位包括货币计量、实物计量和劳动量计量等。货币作为一般等价物，是衡量一般商品价值的共同尺度，能够方便、准确地对经济活动中的各项财产物资、劳动、劳务耗费进行记录、计算和分析。因此，以货币作为会计的主要计量单位更具有代表性。
- **会计具有核算和监督的基本职能：**会计的核算职能是指会计对发生的经济活动进行确认、计量和报告；会计的监督职能是指会计按照规定的要求和目的对经济活动的合法性和合理性进行审查。会计的上述两种基本职能是会计管理活动的重要表现形式。
- **会计采用一系列专门的方法：**会计是一项专门的业务活动，在对企业经济活动进行核算、监督、分析、控制时都有相应的要求。会计在长期的发展中，形成了一套独立且完整的会计方法，主要包括会计核算方法、会计分析方法、会计预测方法和会计决策方法等。

三、会计的职能及其关系

会计的职能即会计在经济管理中所具有的功能，会计的职能可分为基本职能和拓展职能两种，具体讲解如下。

（一）会计的基本职能

在会计的特征中已经提到，会计的基本职能是指会计的核算职能和监督职能，下面对这两种职能进行详细介绍。

1. 核算职能

会计的核算职能又称为会计的反映职能。它是指会计以货币为主要计量单位，对特定主体（或称特定对象）的主要经济活动进行确认、计量和报告。

- **确认：**确认是指运用特定的会计方法来确定所发生的经济活动是否应该或能否进行会计处理。
- **计量：**计量是指以货币为主要计量单位，对已确认的某一交易或事项确定其金额的会计程序。
- **报告：**报告是指在确认和计量的基础上，通过编制财务报告的形式向有关方面提供特定主体的财务状况、经营成果和现金流量等会计信息。

简而言之，会计的确认即对经济活动进行定性的过程，会计的计量则可概括为记账和算账，会计的报告是将所计量的内容提供给会计信息使用者。会计的核算职能可概括为图1-1。

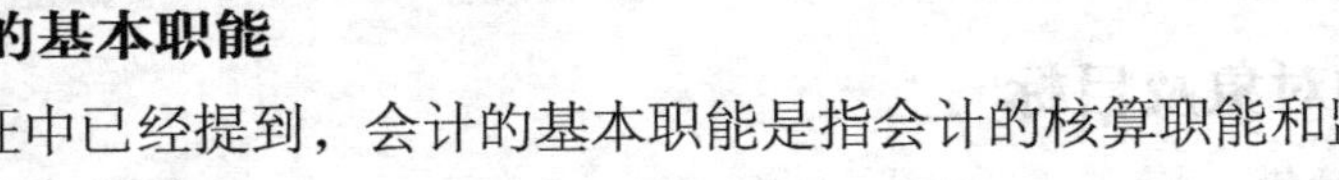

图1-1 会计的核算职能

2. 监督职能

会计的监督职能也称控制职能，它是对特定主体经济活动和相关会计核算的真实性、合法性和合理性所实施的审查。

- **真实性审查：**真实性审查是指检查各项会计核算是否与客观经济事实相符合，不得提供虚假的会计信息。

- **合法性审查**：合法性审查是指检查各项经济业务是否符合国家相关的法律法规，遵守财经纪律，严格执行国家的各项方针政策。
- **合理性审查**：合理性审查是指各项财务收支是否符合企业内部有关规定和经营管理要求，保证各项财务收支符合特定的财务收支计划，以便实现预算目标。

3. 会计核算和会计监督的关系

会计核算与会计监督贯穿于会计工作的始终，两者相辅相成。会计核算是会计监督的基础，会计监督是会计核算质量的保证。

（二）会计的拓展职能

随着经济的不断发展，会计在企业管理中的作用越来越重要，会计职能也不断向企业管理方面延伸，拓展出更多的职能，主要包括预测经济前景、参与经济决策和评价经营业绩等。

试题精讲

【多选题】下列各项中不属于会计基本职能的有（　　）。

A. 会计核算与会计预测　　B. 会计预算与会计决算

C. 会计核算与会计监督　　D. 会计分析与会计决策

【答案】A、B、D

【解析】本题利用排除法即可答题。会计基本职能是核算与监督。

四、会计的对象及目标

（一）会计对象

会计对象是指会计核算和监督的内容，具体是指社会再生产过程中能以货币表现的经济活动，即资金运动或价值运动。

由于会计服务的单位多种多样，各单位经济活动的内容与性质也千差万别，会计对象的具体内容往往会有较大的差异。在不同的企业类别中，工业企业资金运动中各阶段的划分比较明确，分为资金的投入、资金的循环与周转（资金的运用）、资金的退出三个环节。下面将以工业企业的资金运动过程为例，具体介绍会计对象。

1. 资金的投入

资金的投入包括两种方式，一种是投资者投入，形成所有者权益；一种是债权人投入，形成债权人权益。资金的投入是企业获得“本钱”的过程，是资金运动的起点。

2. 资金的循环与周转（资金的运用）

资金的循环与周转是指将资金用于生产经营的过程。在工业企业中，生产经营主要包括供应过程、生产过程和销售过程等环节。

- **供应过程**：供应过程是指企业利用投入的资金，根据制订的生产经营计划进行采购，如建造或购置厂房、购买机器设备、购买原材料、购买办公用品等，为生产产品做充分的物资准备。
- **生产过程**：生产过程是指生产工人借助机器设备对原材料进行加工，生产出产品，同时企业还会由于原材料的消耗而形成材料费，由于固定资产的磨损而形成折旧费，由于发放生产工人工资等而形成职工薪酬等必要开支。
- **销售过程**：销售过程是指企业将生产的产品进行对外销售，在取得销售收入的同时，还需要支付必要的销售费用，如包装产品费、运输货物费、广告宣传费等。

在上述环节中，资金的形态随着经营不断发生转变，即发生由货币资金→储备资金→生产资金→产品资金→结算资金→货币资金的转变。资金运动从货币资金形态开始运转后又回到货币资金形态，这个过程就称为资金循环，资金周而复始地循环则称为资金的周转。

3. 资金的退出

资金的退出是资金运动的终点，主要包括偿还债务、缴纳各项税费、向所有者分配利润、经法定程序减少资本等。

资金运动的各个过程是相互联系、相互制约的，资金投入的多少决定了资金循环与周转的过程；资金循环与周转的效率决定了资金退出的多少；同样，资金退出的多少决定了下一轮资金循环中资金投入的多少。资金运动过程如图1-2所示。

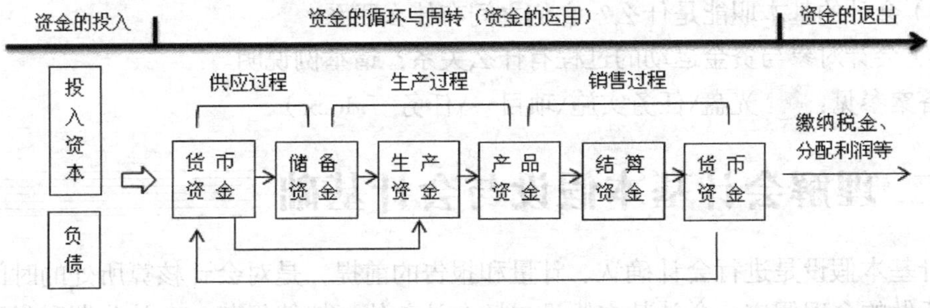

图1-2 资金运动过程示意图

> 会计对象不是社会再生产过程中的全部经济活动，而是其中能够用货币表现的经济活动，因此，如企业拟定采购计划、召开会议等就不属于会计对象。
>
> **名师点睛**

试题精讲

【单选题】下列选项中，不属于工业企业资金的循环与周转阶段的是（　　）。

A. 供应过程　　　　B. 生产过程

C. 分配过程　　　　D. 销售过程

【答案】C

【解析】工业企业的资金循环与周转阶段包括供应、生产和销售。

（二）会计目标

会计目标也称会计目的，是要求会计工作完成的任务或达到的标准，即向财务会计报告使用者提供与企业财务状况、经营成果和现金流量等有关的会计信息，反映企业管理层受托责任履行情况，有助于财务会计报告使用者做出经济决策。根据《企业会计准则》的规定，会计目标主要包括以下两点。

- **反映企业管理层受托责任履行情况：**在现代公司制下，强调企业所有权和经营权相分离，企业管理层是受委托人之托经营管理企业及其各项资产，负有受托责任，即企业管理层有责任妥善保管并合理、有效运用由投资者投入的资本（或者留存收益作为再投资）和向债权人借入的资金。为了准确判断投资者的投资是否被科学、合理而有效的使用，是否需要加强企业内部控制和其他制度建设，是否需要更换管理层等信息，企业投资者和债权人也要及时或经常性地了解企业管理层保管和使用资金的情况。因此，会计目标的根本是反映企业管理层受托责任履行情况，有助于外部投资者和债权人等做出经济决策。

- **向财务报告使用者提供经济决策的相关信息**：财务会计报告使用者包括：投资者、债权人、政府及其有关部门等。会计向财务报告使用者提供企业财务状况、经营成果和现金流量等会计信息，有助于财务报告使用者做出是否继续投资、发放贷款、收回贷款等经济决策。

【任务实施】

根据前面的讲解，回答下列问题。

（1）会计具有哪五大特征？

（2）会计的基本职能是什么？它们之间有什么联系？

（3）会计对象与资金运动的过程有什么关系？请举例说明。

（答案参见：光盘\任务实施\项目一\任务一.docx）

任务二 理解会计基本假设与会计基础

会计基本假设是进行会计确认、计量和报告的前提，是对会计核算所处的时间、空间环境等所做的合理假定。会计基本假设包括会计主体、持续经营、会计分期和货币计量。会计基础是指会计确认、计量和报告的基础，包括权责发生制和收付实现制两类。

【任务目标】

本任务的目标是掌握会计基本假设与会计基础的主要内容，了解企业进行会计核算采用的会计基础，学会判断具体经济业务涉及的会计基本假设。通过本任务的学习，可以更形象地认识会计对象的内容，加深对会计的特征与职能的理解。

【知识讲解】

一、会计基本假设

（一）会计主体

会计主体是指会计人员所核算和监督的特定单位或组织，是会计确认、计量和报告的空间范围。

会计主体的界定即确定为谁记账的问题。明确会计主体是开展会计工作的前提，只有明确了会计主体，才能划定会计所要处理的交易或事项的范围。

【例1-1】明兴公司2月份发生了以下事项：①购买生产用物资；②发放1月份工资；③为员工购买商业保险；④所有者间进行权益的转让；⑤销售一批材料给B企业，货款暂未收回。

在上述事项中，①、②、③均属于明兴公司的日常业务，应该纳入会计核算的范围；④是明兴公司所有者间发生的事项，并不属于会计核算的范围；⑤属于明兴公司的日常业务，明兴公司应做销售处理；若以B企业为会计主体，则B企业应做采购处理。

需要注意的是，会计主体与法律主体并不是相同的概念。一般来讲，会计主体可以是一个单位，也可以是单位中的某个部门；可以是独立的法人，也可以是非独立的机构；可以是单独的一个企业，也可以是由几个企业组成的企业集团。

由此可见，会计主体不一定是法律主体，但法律主体必定为会计主体。会计主体与法律主体的关系如图1-3所示。

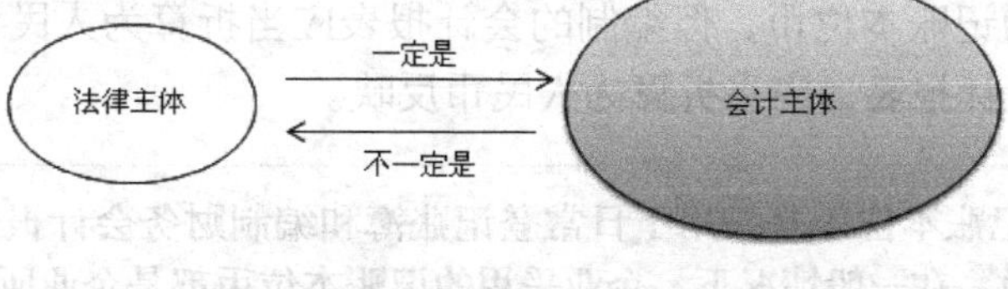

图1-3　会计主体与法律主体的关系

试题精讲

【多选题】下列各项中，可以作为一个会计主体进行核算的是（　　）。

A. 事业单位　　B. 分公司　　C. 总公司　　D. 医院

【答案】A、B、C、D

【解析】一般情况下，会计主体就是一个单位，如一个学校、一个机关、一个医院等。

（二）持续经营

持续经营是指在可预见的未来，企业将按当前的规模和状态持续经营下去，即会计主体不会破产清算，也不会大规模削减业务，持有的资产将正常运行，负有的债务将正常偿还。持续经营假设界定了会计核算的时间范围。

【例1-2】明兴公司在会计核算中，假定经营活动中的机器设备、房屋、汽车等固定资产都能长期使用。

上述资料中，明兴公司假定上述固定资产都能长期使用，因此，就可按照资产在取得时的成本及使用情况采用固定的方法计提折旧。上述材料假定固定资产能够长期使用，就是持续经营假设的一种表现。

名师点睛　持续经营只是一种假设，在企业的经营活动中，常常会有破产的风险，需要进行清算。企业一旦不能持续经营，就不再适用持续经营下的会计核算方法，当这种情况发生时，应按照破产清算会计处理。

（三）会计分期

会计分期是指将一个企业持续经营的经济活动划分为若干个连续的、长短相同的会计期间，以便分期结算账目和编制财务会计报告。

会计分期是人为划分的，其目的是满足企业的投资者、债权人、财税部门和其他相关者了解企业财务信息的需要。按照涵盖时间的长短，会计期间可分为年度、半年度、季度和月度，其中半年度、季度和月度称为会计中期。我国的会计年度自公历每年1月1日起至12月31日止。

由于有了会计分期，才产生了当期与以前期间、以后期间的差别，才产生了权责发生制和收付实现制的区别，进而出现了应收、应付、预收、折旧、摊销等会计处理方法。

（四）货币计量

货币计量是指会计主体在会计的确认、计量和报告过程中以货币为计量尺度，反映会计主体的经营活动。

由于货币是衡量其他一切有价物价值的共同尺度，它具有价值尺度、流通手段、贮藏手段以及支付手段等特点，因此货币作为统一的计量单位，可以将会计主体发生的不同类型的经济业务表述为可以进行加减的数字。

根据规定，企业的会计核算以人民币为记账本位币，业务收支以外币为主的企业，可以选定某种外币作为记账本位币，但编制的会计报表应当折算为人民币反映。境外企业向国内有关部门编报会计报表，应当折算为人民币反映。

知识补充

记账本位币是指用于日常登记账簿和编制财务会计报告时用以表示计量的货币。在一般情况下，企业采用的记账本位币都是企业所在国使用的货币。记账本位币是与外币相对而言的，凡是记账本位币以外的货币都是外币。

试题精讲

【单选题】关于会计核算的基本前提，下列说法中不正确的是（　　）。

A. 会计基本假设包括会计主体、持续经营、会计分期和货币计量

B. 如果企业发生破产清算，经相关部门批准后，可以继续适应持续经营假设

C. 在我国，以公历年度作为企业的会计年度，即公历1月1日至12月31日

D. 会计的货币计量假设，包含了两层含义，一是以货币作为会计的统一计量单位，二是作为会计计量单位的货币，其币值是稳定不变的

【答案】B

【解析】在持续经营前提下，会计主体不会破产清算，所持有的资产将正常运行，所负有的债务将正常偿还，故“如果企业发生破产清算，经相关部门批准后，可以继续适应持续经营假设”的说法是错误的。

二、会计基础

为了使企业单位某一特定日期的财务状况和某一特定期间的经营结果更加真实，企业应该以什么样的会计标准来确认、计量和报告单位的收入和费用，这是会计核算应该解决的基本问题。企业在处理经营活动中发生费用或收入时，都可能存在本期支出或收回、以后支出或收回的情况，那么相关费用和收入应该在本期登记还是以后登记，就需要依据所采用的会计基础来确定。

会计基础主要分为两种，即权责发生制和收付实现制。

（一）权责发生制

权责发生制又称应收应付制或应计制，是指以收入和费用的实际发生作为确认的标准，合理确认当期损益的一种会计基础。权责发生制要求，凡是当期已经实现的收入，无论款项是否收到，都应作为当期的收入；凡是当期已经发生或应当负担的费用，不管款项是否支付，都应作为当期的费用。反之，凡是不属于当期的收入，即使款项已在当期收到，也不应作为当期的收入；凡不属于当期的费用，即使款项已经支付，也不能作为当期的费用。

（二）收付实现制

收付实现制又称现金制，是指以收到或支付现金作为确认收入和费用的标准。在收付实现制下，凡属本期收到的收入和支出的费用，不管其是否应当归属于本期，都应作为本期的收入和费用处理；反之，凡本期未收到的收入或未支付的费用，即使应当归属于本期，也不应作为本期的收入和费用处理。

《企业会计准则——基本准则》第九条规定，“企业应当以权责发生制为基础进行会计确认、计量和报告”。事业单位会计核算一般采用收付实现制，事业单位部分经济业务

或者事项，以及部分行业事业单位的会计核算采用权责发生制核算的，由财政部在相关会计制度中具体规定。

试题精讲

【单选题】某企业2015年2月发生以下经济业务：①本月预付全年水电费3 600元；②本月购入办公用品2 000元，款项尚未支付；③计提本月短期借款利息5 000元。按照权责发生制，该企业本月应确认费用（ ）元。

A. 10 600 B. 8 600 C. 7 300 D. 5 300

【答案】C

【解析】本月预付的全年水电费中，属于本月的费用只占了1/12，因此根据权责发生制的要求，本月应确认的水电费为3 600 ÷ 12=300（元）；本月购入办公用品，虽然款项尚未支付，但该笔费用确实属于本期发生的，因此应确认为本月费用；本月计提的利息费用，属于本月应负担的获取借款的代价，应确认为本月费用。综上所述，该企业本月应确认的费用=3 600 ÷ 12 + 2 000 + 5 000=7 300（元）。

【任务实施】

根据资料，回答以下问题。

已知：B公司是A股份有限公司旗下的分公司，在重庆、上海设有C、D两个分支机构，但分支机构不具备法人资格。B公司的财务制度规定，C、D需要进行独立核算，分别将财务数据上交B公司。B公司目前经营状况良好，没有进行破产清算的迹象。根据有关法律规定，B公司需要在每个月末、季末、半年末和年末分别编制财务报告并上报相关管理机构。另外，位于上海的D机构的主要客户为美国企业，业务收支以美元为主。

要求：

（1）判断A、B、C、D是否属于法律主体或会计主体。

（2）判断B公司是否满足持续经营的前提。

（3）指出B公司的会计分期有哪些情况。

（4）判断D机构的记账本位币币别，说明B公司在编制财务报表时应做怎样的处理。

（答案参见：光盘\任务实施\项目一\任务二.docx）

任务三 初步认识会计核算方法

会计核算方法是指对会计对象进行连续、系统、全面、综合地确认、计量和报告所采用的方法。

【任务目标】

本任务的目标是了解会计核算方法的种类，理解会计核算方法体系的构成及其联系。通过对会计核算方法体系的学习，掌握会计循环的程序。

【知识讲解】

一、会计核算方法体系

会计核算方法体系是由一套完整的方法构成来进行会计核算的，主要包括填制和审核会计凭证、设置会计科目和账户、复式记账、登记会计账簿、成本计算、财产清查和编制财务会计报告。

（一）填制和审核会计凭证

每项经济业务的发生都需要进行记录并明确责任，会计凭证就是用来记录经济业务的发生并明确相关责任的归属，是作为登记账簿依据的书面凭证。填制和审核会计凭证时，需要根据原始凭证的内容，将每笔业务的发生时间、内容、金额、数量等记录在规定格式的会计凭证上，并对会计凭证进行审核。审核通过后，将其作为登记账簿的依据。正确填制和审核会计凭证是进行核算和实施监督的基础。

（二）设置会计科目和账户

设置会计科目和账户是指对会计对象的具体内容进行分类核算和监督的一种方法。其中，会计科目是对会计要素的具体内容进行的分类，账户则是根据会计科目设置的，具有一定的格式和结构。

（三）复式记账

复式记账是指每一项经济业务的发生，都要在两个或两个以上的相关账户中进行记录的方法。复式记账可以通过账户间的对应关系，了解每项经济业务的来龙去脉，便于检查会计核算的正确性。

（四）登记会计账簿

登记会计账簿简称记账，是根据填制和审核无误的记账凭证为依据，将经济业务在账簿上进行全面、连续、系统地记录的一种专门方法。账簿记录所提供的各种核算资料，是编制财务报表的直接依据。

（五）成本计算

成本计算是指对生产经营过程中发生的各种费用，按应记入一定对象的全部费用进行归集和分配，并确定各对象的总成本和单位成本的一种专门方法。通过成本计算，可以了解企业费用支出水平，通过与收入对比，可以检查经济活动的效益，促使企业进行相关方面的改进。

（六）财产清查

财产清查是指通过货币资金、实物盘点、往来款项的核对，检查财产和资金的账存数与实有数是否相符的一种方法。进行财产清查有助于了解企事业单位各项财产的实际使用情况，从而加强物资管理，提高资金的使用效率。

（七）编制财务会计报告

编制财务会计报告是根据审核的会计账簿和有关数据资料，采用一定的表格形式，全面、系统地反映各单位财务状况、经营成果和现金流量，从而定期向财务会计报告使用者提供各种财务报表和其他应当在财务会计报告中披露的相关资料和信息。

上述会计核算方法相互联系、紧密配合，形成了一个完整的方法体系。它们之间的关系如图1-4所示。

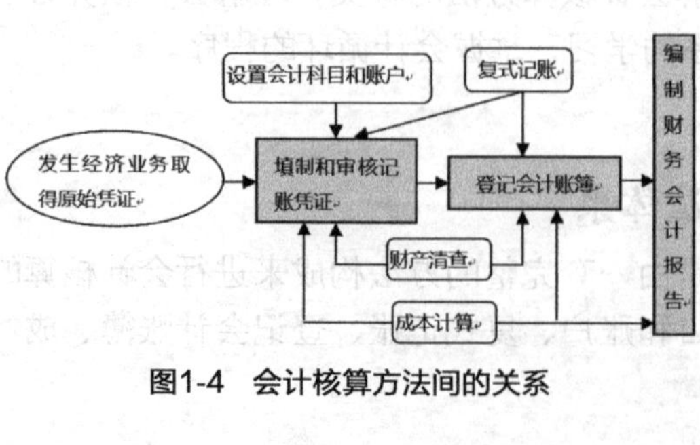

图1-4　会计核算方法间的关系

二、会计循环

会计循环是指按照一定的步骤反复运行的会计程序，可按工作流程和具体的核算内容进行划分。

- **从会计工作流程看：** 会计循环由确认、计量和报告等环节组成。
- **从会计核算的具体内容看：** 会计循环由填制和审核会计凭证、设置会计科目和账户、复式记账、登记会计账簿、成本计算、财产清查、编制财务会计报告等组成。

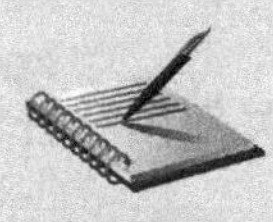

名师点睛

会计循环其实是会计核算方法在会计工作中运用的体现。具体可按照以下步骤进行：①经济业务发生后，会计人员对原始凭证进行审核整理；②将审核后的原始凭证按照设置的会计科目和账户，依据复式记账原理，填制会计凭证；③依据审核后的记账凭证登记账簿；④在凭证和账簿登记的基础上对经济活动的各项支出进行成本计算；⑤通过财产清查核对账存数与实存数；⑥期末根据上述资料编制财务会计报告。这样就形成了每笔经济业务的操作流程，即会计循环的过程，它们周而复始，不断循环。

案例阅读与思考

2015年1月18日，某公司用现金1 000元购买办公用品一箱。该项业务的会计处理涉及的会计核算方法主要包括以下几个。

①填制和审核凭证：该公司购买办公用品，发生了一项经济业务，需要填制原始凭证并进行审核；②复式记账：该公司对于每一笔经济业务都要同时在两个或两个以上的相关账户中进行记录；③成本计算：该公司购入办公用品，应该核算办公用品的实际成本，以便以后进行成本效益分析；④财产清查：办公用品属于公司的财产物资，该公司在期末财产清查中，应该检查财产物资的账面价值与实际结存数是否一致。

【任务实施】

根据下列各事项的描述，判断每项业务分别涉及哪种会计核算方法。

（1）会计主管王老师告诉小张，公司发生的每笔业务都要在两个或两个以上的相关账户中进行记录。

（2）根据公司的业务情况，会计主管经过核算得出：本月共消耗材料5 000元，发生电话补助及午餐补助2 000元。

（3）会计小张根据公司业务特点，新设了一个账户，账户编码为550212，账户名称为“管理费用——快递费”。

（4）出纳小李发现公司现金短缺，于是将保险柜中现金与现金的账面价值进行核对。

（5）股东宋某要求会计主管王老师提交一份公司本季度的财务情况资料。

（6）会计小张根据审核后的原始凭证进行记账凭证的登记。

（答案参见：光盘\任务实施\项目一\任务三.docx）

任务四 会计信息的使用者及其质量要求

会计信息是指会计主体通过财务报表、附注等形式向投资者、债权人或其他信息使用者提供的揭示单位财务状况、经营成果及现金流量等的信息。会计信息只有对使用者有用才具有价值，因此会计信息的收集与传递等必须满足一定的要求。下面将从会计信息的使用者和会计信息的质量要求两方面对会计信息进行讲解。

【任务目标】

本任务的目标是了解会计信息的各类使用者，通过各类会计信息使用者的不同要求，掌握会计信息应具备的质量要求。

【知识讲解】

一、会计信息的使用者

会计信息的使用者主要包括投资者、债权人、企业管理者、政府及其相关部门和社会公众等。各类使用者关心的会计信息内容如图1-5所示。

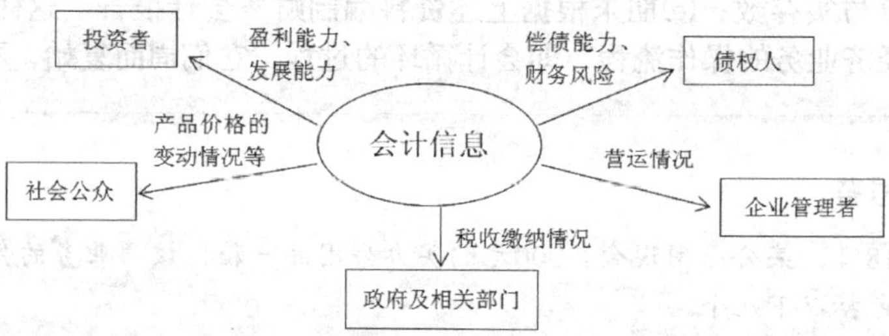

图1-5 不同使用者关心的会计信息内容

二、会计信息的质量要求

会计信息的质量要求是对企业财务会计报告中所提供的会计信息质量的基本规范，是会计信息应具备的对使用者决策有用的基本特征，主要包括可靠性、相关性、可理解性、可比性、实质重于形式、重要性、谨慎性和及时性等。

（一）可靠性

可靠性要求企业应当以实际发生的交易或事项为依据进行确认、计量和报告，如实反映符合确认和计量要求的各项会计要素及其他相关信息，保证会计信息真实可靠、内容完整。

> **名师点睛** 可靠性要求主要掌握两个关键字，即实际、真实。企业提供的会计信息必须是其实际发生的会计业务产生的，并且对实际发生业务的核算应该真实，这样提供的会计信息才具有可靠性。

（二）相关性

相关性要求企业提供的会计信息应当与财务会计报告使用者的经济决策需要相关，有助于财务会计报告使用者对企业过去和现在的情况做出评价，对未来的情况做出预测。

相关性是以可靠性为基础的，企业提供的会计信息应该在可靠的情况下，尽量做到与财务报告使用者的决策需要相关。

（三）可理解性

可理解性要求企业提供的会计信息应当清晰、明了，便于财务会计报告使用者理解和使用。在会计核算中，可理解性主要包括以下两方面的要求。

- 会计凭证的填制、会计账簿的登记应该清晰、准确，依据应该合法，账户的对应关系应该明确。
- 财务报表的编制内容应该完整，各项目的勾稽关系应该准确、清晰。

试题精讲

【单选题】企业在财务报告中为了达到事先设定的结果或效果，通过选择列示部分有关会计信息，以影响会计报告使用者的决策和判断，这种做法违背了（　　）的要求。

A. 相关性　　B. 可靠性　　C. 可理解性　　D. 谨慎性

【答案】B

【解析】可靠性要求企业应当以实际发生的交易或事项为依据进行会计确认、计量和报告，如实反映符合确认和计量要求的各项会计要素及其他相关信息。题目中企业在财务报告中为了达到事先设定的结果或效果，通过选择列示部分有关会计信息，违背了可靠性的要求。

（四）可比性

可比性要求企业提供的会计信息应当相互可比，保证同一企业不同时期可比，不同企业相同会计期间可比。

- **同一企业不同时期可比（纵向可比）**：同一企业对于不同时期发生的相同或相似的交易或者事项，应当采用一致的会计政策，不得随意变更。但是，如果按规定或在会计政策变更后可以提供更可靠、更相关的会计信息，可以变更会计政策。有关会计政策的变更情况应当在附注中予以说明。
- **不同企业相同会计期间可比（横向可比）**：不同企业同一会计期间发生的相同或相似的交易或者事项，应当采用规定的会计政策，确保会计信息口径一致、相互可比，以使不同企业按照一致的确认、计量和报告基础提供有关会计信息。

案例阅读与思考

假设：①A企业的车床在2013年采用平均年限法，按5年的折旧期限进行折旧，在车床没有发生减值的情况下，A企业2014年采用同样的方法对其进行折旧；②A企业与B企业均从事甲材料的加工业务，对于甲材料的计价方法，A、B企业均采用先进先出法。

根据①、②两种情况可以看出，①中A企业对外提供的有关车床折旧的信息满足纵向可比的要求；②中A、B企业对外提供的有关同一类存货的计价方法的信息满足横向可比的要求。

（五）实质重于形式

实质重于形式要求企业应当按照交易或者事项的经济实质进行会计确认、计量和报告，不应仅以交易或者事项的法律形式为依据。

案例阅读与思考

A企业向B企业融资租入一台生产用设备。双方约定，B企业购买符合A企业生产条件的，使用期为5年的设备，设备的所有权属于B企业，A企业与B企业签订合同，租赁期为4.5年，每年年底支付融资租赁款，租赁期满后，A企业可按与B企业商量的价格购买该设备。在该笔经济业务中，A企业虽然不具有设备的所有权，但其对该设备的使用期限几乎等于其寿命期，在这种情况下，A企业应当将该设备确定为其资产，B企业则不应将该设备确定为其资产，这就体现了实质重于形式的要求。

知识补充

融资租赁是指出租人根据承租人对租赁物件的特定要求和对供货人的选择，向供货人购买租赁物件，并租给承租人使用，承租人则分期向出租人支付租金，在租赁期内租赁物件的所有权属于出租人所有，承租人拥有租赁物件的使用权。

（六）重要性

重要性要求企业提供的会计信息应当反映与企业财务状况、经营成果和现金流量有关的所有重要交易或者事项。

重要性的判断具有一定的主观性，需要会计人员根据自己的专业知识判断哪些会计信息属于重要会计事项，哪些属于次要会计事项。在实务中，应注意一点，当某项会计信息的错报或省略影响投资者等财务报告使用者据此做出决策的，该信息就具有重要性。另外，企业应根据实际情况和所处环境，从项目的性质和金额大小两方面加以判断。

案例阅读与思考

某公司是一家从事食品生产的企业，一般情况下，辅助生产车间发生的工资、折旧等相关费用都会被列入制造费用，最后再分配到产品成本中。今年年初，由于辅助生产车间某机器的一个零件损坏，相关人员更换了一个价值20元的新零件。根据规定，该笔支出应计入制造费用，然后再在生产的产品中进行分配，但根据重要性原则，为了简化核算，可将该笔费用直接计入当期费用中。

（七）谨慎性

谨慎性要求企业对交易或者事项进行会计确认、计量和报告时保持应有的谨慎，不应高估资产或者收益，低估负债或者费用。

会计信息质量的谨慎性要求，需要企业在面临不确定性因素的情况下做出职业判断时，应当保持应有的谨慎，充分估计到各种风险和损失，既不高估资产或者收益，也不低估负债或者费用。例如，要求企业对可能发生的资产减值损失计提资产减值准备。

试题精讲

【单选题】企业对可能发生的资产减值损失计提资产减值准备、对售出商品可能发生的保修义务等确认预计负债等，体现了会计信息质量的（　　）要求。

A. 相关性　　B. 及时性　　C. 谨慎性　　D. 重要性

【答案】C

【解析】本题中对售出产品可能发生的保修义务确认预计负债，是充分估计风险和损失的表现，属于会计信息质量的谨慎性要求。

（八）及时性

及时性要求企业对已经发生的交易或者事项，应当及时进行确认、计量和报告，不得提前或者延后。及时性的具体要求主要体现在以下三个方面。

- **及时收集信息**：在经济业务或者事项发生后，及时收集、整理各种原始凭证或单据。
- **及时处理会计信息**：按照会计准则的规定，及时对经济业务或事项进行确认或计量，并编制财务会计报告。
- **及时传递会计信息**：按照国家规定的相关时限，及时将编制的财务会计报告传递给使用者，便于其及时使用和做出决策。

名师点睛 可靠性要求会计信息必须真实、可靠，相关性要求会计信息必须满足会计信息使用者的决策需要，所以企业提供的会计信息必定会被反复核实，这样必定会对及时性造成影响，因此及时性对相关性和可靠性起着制约作用。企业在实际活动中，应在三者间进行权衡。

试题精讲

【单选题】下列各项中，不属于反映会计信息质量要求的是（　　）。

A. 会计核算方法一经确定不得随意变更

B. 会计核算应当注重交易和事项的实质

C. 会计核算应当以权责发生制为基础

D. 会计核算应当以实际发生的交易或事项为依据

【答案】C

【解析】选项A，体现的是可比性要求；选项B，体现的是实质重于形式要求；选项C，体现的是会计基础，不属于反映会计信息质量的要求；选项D，体现的是可靠性要求。

【任务实施】

根据下列描述，判断各个事项分别满足哪项会计信息质量要求。

（1）A企业对公司可能发生的减值损失计提减值准备，对售出的可能发生退回的商品确认为预计负债。

（2）A企业与D企业签订销售合同一份，合同约定，A企业将甲商品销售给D企业三个月后，A企业应以高于原价5%的金额回购该批商品。A企业未将该项销售确认为收入。

（3）《企业会计准则》规定，企业计提某项固定资产折旧的方法一经选择，不得随意变更。

（4）企业提供的会计信息应当便于投资者等财务报告使用者的理解和使用。

（5）A企业在2015年初支付全年的报刊费200元，在该笔费用发生时，直接将其计入管理费用。

（答案参见：光盘\任务实施\项目一\任务四.docx）

任务五　熟悉我国会计法律法规

从事任何工作都应有相关的法律制度进行约束与指导，会计也不例外。对会计法律法规的了解与掌握将有助于会计工作的开展，同时也有助于提高会计工作的速度和质量。下面将对会计中涉及的主要法律、法规进行讲解。

【任务目标】

本任务的目标是熟悉我国主要的会计法律、法规，并能通过对主要法律、法规的学习，将其应用于会计工作中。

【知识讲解】

一、会计法

会计法有广义和狭义之分。广义的会计法是指国家权力机关和行政机关制定的各种会计法规性文件的总称，包括会计法律、会计行政法规、国家统一的会计制度、地方性会计法规等。狭义的会计法仅是指国家最高权力机关通过一定的立法程序，颁布施行的会计法律。本书所讲的会计法为狭义的会计法。

《会计法》是《中华人民共和国会计法》的简称，是会计法律制度中层次最高的法律规范，是制定其他会计法规的依据，也是指导会计工作的最高准则。现行的《会计法》主要对会计工作总的原则、会计核算、公司和企业核算的特别规定、会计监督、会计机构和会计人员以及法律责任等方面做了具体的规定。

二、会计准则

会计准则是反映经济活动、确认产权关系、规范收益分配的会计技术标准，是生成和提供会计信息的重要依据，也是政府调控经济活动、规范经济秩序和开展国际经济交往等的重要手段。

会计准则是会计人员从事会计工作的规则和指南。按其使用单位的经营性质，会计准则可分为营利组织的会计准则和非营利组织的会计准则。我国已颁布的会计准则主要包括《企业会计准则》《小企业会计准则》和《事业单位会计准则》。

（一）企业会计准则

我国企业会计准则体系包括基本准则、具体准则、应用指南和解释公告等。2006年2月15日，财政部发布了《企业会计准则》，自2007年1月1日起在上市公司范围内施行，并鼓励其他企业执行。

- **基本准则**：基本准则作为主导，对企业财务会计的一般要求和主要方面做出原则性的规定，为制定具体准则和会计制度提供依据。基本准则包括总则、会计信息质量要求、财务会计报表要素、会计计量、财务会计报告等。
- **具体准则**：具体准则是在基本准则的指导下，处理会计具体业务标准的规范。其具体可分为一般业务准则、特殊行业和特殊业务准则、财务报告准则三大类。一般业务准则是规范普遍适用的一般经济业务的确认、计量要求，如存货、固定资产、无形资产、职工薪酬、所得税等；特殊行业和特殊业务准则是规范特殊行业的特定业务的会计问题，如生物资产、金融资产转移、套期保值、原保险合同、合并会计报表等；财务报告准则主要规范各类企业通用的报告类准则，如财务报表列报、现金流量表、合并财务报表、中期财务报告、分部报告等。
- **应用指南**：应用指南从不同角度对企业具体准则进行强化，解决实务操作，包括具体准则解释部分、会计科目和财务报表部分。
- **解释公告**：解释公告是对上述信息中某些具体内容的具体解释，如“非同一控制下的企业合并中，购买方应如何确认取得的被购买方拥有的但在其财务报表中未确认的无形资产”等。

（二）小企业会计准则

2011年10月18日，财政部发布了《小企业会计准则》，要求符合适用条件的小企业自2013年1月1日起执行，并鼓励提前执行。小企业是相对于大企业而言的概念，小企业一般是指规模较小或处于创业和成长阶段的企业，包括规模在规定标准以下的法人企业和自然人企业。

《小企业会计准则》在制定方式上借鉴了《企业会计准则》，在核算方法上又兼具小企业自身的特色，主要是简化了小企业核算的方法与步骤，有利于税收的征管和信息的收集，有助于小企业的不断发展。

（三）事业单位会计准则

2012年12月6日，财政部修订发布了《事业单位会计准则》，自2013年1月1日起在各级各类事业单位施行。该准则对我国事业单位的会计工作予以规范。

《事业单位会计准则》将事业单位会计要素分为资产、负债、净资产、收入、支出（或费用）五大类；要求事业单位的会计报表至少包括资产负债表、收入支出表和财政补助收入支出表；要求事业单位会计采用收付实现制进行会计核算，部分另有规定的经济业务或事项则采用权责发生制核算。

【任务实施】

根据前面的内容，回答下列问题。

（1）广义和狭义的会计法分别指什么？《会计法》主要对什么进行了规定？

（2）《企业会计准则》主要由哪些部分组成，各部分主要规范的是什么？

（答案参见：光盘\任务实施\项目一\任务五.docx）

项目总结

本项目主要介绍了会计的概念、会计核算的基本前提和方法、会计信息的质量要求以及我国的会计法律法规。本项目的内容属于会计学习的基础，是对会计知识的宏观了解。本项目的重点在于会计的基本假设、会计核算的基本前提和会计信息的质量要求，其可总结为“两大块基本假设、会计核算的四大基本前提和会计信息的八大质量要求”，将部分内容进行数字的归纳，有助于对相关内容的理解。

另外，本项目后面的拓展知识对企业会计准则与小企业会计准则的区别进行了讲解，可帮助读者加深对我国会计法律、法规的认识。

项目实训 前期准备——认识企业及企业经营流程

企业的会计工作者即企业的财务人员，要使会计工作发挥成效，需要了解并熟悉企业及企业的经营流程。下面，将从会计的角度认识企业及企业经营流程。

【实训目标】

了解企业的经营性质，将企业日常零碎的活动进行总结，从会计的角度归纳企业的经营流程。

【实训资料】

百盛公司是一家从事电子产品研发和加工的企业，主要业务是自己研发新产品生产并销售，或接受委托将半成品加工成完工产品。百盛公司2015年1月份发生了以下业务。

（1）1月3日，完成去年11月接到的产品加工订单，完工产品已交付委托方。

（2）1月5日，接到一笔新订单，加工甲产品一批，约定由A公司进行销售。

（3）1月6日，为新订单购买原材料及其他所需物资。

（4）1月12日，开始自己研发新产品。

（5）1月13日，购买研发新产品所需材料及物资。

（6）1月28日，新产品初步研发成功，进行试生产。

（7）1月30日，完成受托加工的产品，开始进行销售。

（8）1月31日，核算本月成本，并结算相关人员工资，定于下月5日之前发放工资。

要求：

（1）根据百盛公司的经营特点，判断其企业性质；

（2）根据百盛公司1月份业务，总结其经营流程。

【实训指导】

STEP 1 根据资料中百盛公司的主要业务范围，可知百盛公司主要从事电子产品的研发、加工和销售，其一般经济业务包括材料的采购，产品的生产、加工和产品的销售，属于典型的工业企业，应按照工业企业的特点进行核算。

STEP 2 从整个企业的角度，总结企业的经营流程，如订单的签订、原材料的购买、产品的生产、完工产品的销售等。

（答案参见：光盘\项目实训\项目一\整体经营流程.docx）

STEP 3 从会计角度，总结企业的核算流程，可结合会计核算方法相关知识进行总结。

（答案参见：光盘\项目实训\项目一\会计核算的一般流程.docx）

拓展知识

一、关于《小企业会计准则》的问答

（1）《小企业会计准则》中的小企业具有什么特点？

答：《小企业会计准则》中的小企业一般具有规模小、投资少、对市场反应灵敏、环境适应能力强、管理水平较低等特点。

（2）《小企业会计准则》的适用范围是什么？

答：《小企业会计准则》适用于在中华人民共和国境内依法设立的、符合《中小企业划型标准规定》所规定的小型企业标准的企业。但是，下列三类小企业除外：股票或债券在市场上公开交易的小企业、金融机构或其他具有金融性质的小企业和企业集团内的母公司以及子公司。

（3）小企业可以按照《企业会计准则》进行会计核算吗？

答：符合小企业界定条件的企业，可以执行《小企业会计准则》，也可以执行《企业会计准则》。执行《小企业会计准则》的小企业，发生的交易或者事项在《小企业会计准则》中未做规范的，可以参照《企业会计准则》中的相关规定进行处理；执行《企业会计准则》的小企业，不得在执行《企业会计准则》的同时，选择执行《小企业会计准则》的相关规定。

二、《企业会计准则》与《小企业会计准则》的区别

《企业会计准则》与《小企业会计准则》的区别主要包括以下几方面的内容。

- **适用范围的区别**：《小企业会计准则》适用于在中华人民共和国境内设立的不对外筹集资金、经营规模较小的企业（不包括以个人独资及合伙形式设立的小企业）。按照《企业会计准则》的规定，除不对外筹集资金、经营规模较小的企业，以及金融保险企业外，在中华人民共和国境内设立的企业（含公司）执行《企业会计准则》。
- **科目设置的区别**：在《小企业会计准则》中，规定了60多个会计科目，会计科目

被分为五类，分别是资产类、负债类、所有者权益类、成本类、损益类。在《企业会计准则》中，规定了160多个会计科目。会计科目被分为六类，分别是资产类、负债类、共同类、所有者权益类、成本类、损益类。

- **具体账务处理的区别：**《小企业会计准则》与《企业会计准则》相比，对某些项目的核算进行了简化，如不计提长期资产减值准备、简化长期投资的核算、简化了所得税的账务处理等。
- **财务报告方面的区别：**《小企业会计准则》只要求小企业提供资产负债表和利润表两张基本报表，而且报表的内容比较简单；《企业会计准则》中规定，企业提供的财务报表至少应当包括资产负债表、利润表、现金流量表、所有者权益（或股东权益）变动表和附注。

真题精练

一、单选题

1. 会计是以（　　）为主要计量单位。

A. 货币　B. 数量　C. 实物量　D. 劳动量

2. 会计的一般对象在企业中的表现为（　　）。

A. 各种经济业务　B. 用货币表现的各种经济业务
C. 会计要素　D. 会计基本假设

3. 会计的基本职能是（　　）。

A. 反映和考核　B. 核算和监督
C. 预测和决策　D. 分析和管理

4. 下列方法中，能为经营管理者提供必要的信息，并且贯穿于整个经济活动的全过程的会计方法是（　　）。

A. 会计核算　B. 会计分析
C. 会计监督　D. 会计审查

5. 持续经营从（　　）上对会计核算进行了有效界定。

A. 空间　B. 时间　C. 空间和时间　D. 内容

6. 企业应当以实际发生的交易或事项为依据进行确认、计量和报告，如实反映符合确认和计量要求的各项会计要素及其相关信息，这符合（　　）会计信息质量要求。

A. 可比性　B. 重要性　C. 可靠性　D. 相关性

二、多选题

1. 资金运动的过程包括（　　）。

A. 资金投入　B. 资金循环
C. 资金周转　D. 资金退出

2. 资金退出包括（　　）。

A. 上交税金　B. 向所有者分配利润
C. 偿还债务　D. 经法定程序减少资本

3. 下列内容属于会计核算方法的有（　　）。

A. 设置账户　　B. 登记账簿

C. 财产清查　　D. 会计管理

4. 下列关于会计主体的说法中，正确的有（ ）。

A. 会计主体一定是法律主体

B. 会计主体可以是独立法人，也可以是非法人

C. 会计主体可以是一个企业，也可以是企业中的一个特定组成部分

D. 会计主体有可能是单一企业，也可能是几个企业组成的企业集团

5. 我国的会计期间可以分为（ ）。

A. 年度　　B. 季度　　C. 半年度　　D. 月度

6. 下列关于权责发生制的说法中，正确的有（ ）。

A. 以本期是否有收款的权利或付款的义务为标准来确认本期的收入和费用

B. 当期已经发生的收入，如果款项没有收到，就不应当作为当期收入

C. 不属于当期的收入，即使款项在当期收到，也不应当作为当期收入

D. 不能将预收或预付的款项作为本期的收入或费用处理

7. 下列关于会计信息质量要求的表述正确的有（ ）。

A. 可比性要求企业采用相同的会计政策

B. 实质重于形式要求企业不仅以交易或事项的法律形式为依据

C. 及时性对相关性和可靠性起着制约作用

D. 重要性要求企业提供的会计信息应当反映与企业财务状况、经营成果和现金流量有关的所有重要交易或者事项

三、判断题

1. 会计只对已经发生和已经完成的经济业务进行计量、记录和监督。（ ）

2. 以货币为主要计量单位，通过确认、计量、记录、计算和报告等环节，对特定主体的经济活动进行记账、算账和报账，为有关方面提供会计信息的功能是会计监督职能。（ ）

3. 我国的企业会计准则包括基本准则和具体准则。（ ）

PART 2

项目二 认识会计要素与会计等式

项目引入

杜老师：小叶，你在做什么？

叶丽娜：我在看一张资产负债表，想着自己什么时候才能编制出这样一张表。

杜老师：你对会计六要素熟悉吗？你看资产负债表左边一栏是资产，右边上半部分是负债，下半部分是所有者权益，而利润表则是由收入、费用和利润三要素构成的。

叶丽娜：原来会计六要素可以这样理解呀，看来我得好好学习一下。

杜老师：要想成为一名会计，或是能看懂财务报表，会计六要素和会计等式的学习是必要可少的，下面我就给你详细讲解一下。

学习目标

- 熟悉会计要素的含义与特征；
- 掌握各类会计要素的分类及其确认条件；
- 掌握会计恒等式的表现形式；
- 掌握各种经济业务对会计等式的影响；
- 了解各种会计计量属性。

考情分析

- 题型与分值：单选题、多选题和判断题，分值约占15%。
- 复习重点与建议：六大会计要素的确认和经济业务对会计等式的影响是每年的常考内容，学习时要结合实际多理解、多思考，并善于总结。

任务一 认识会计要素

会计要素是对会计对象的分类，同时也是设置会计科目的基础，因此，在学习会计时必须先弄清楚各会计要素的定义，以及会计要素的确认，下面就来讲解六大会计要素。

【任务目标】

本任务的目标是掌握会计要素的含义及分类，学会正确区分各会计要素。通过本任务的学习，可以为会计学习奠定必要的理论基础，同时也为学习编制会计分录打下基础。

【知识讲解】

一、会计要素的含义与分类

（一）会计要素的含义

会计要素是对会计对象按照经济特征进行的基本分类，是具体化的会计核算对象，是用来反映会计主体财务状况，进而确定其经营成果的基本单位。这种分类为会计核算与监督提供了基础，方便了各类会计报告使用者对会计信息的获取与理解。

（二）会计要素的分类

《企业会计准则》将会计要素划分为资产、负债、所有者权益、收入、费用和利润六大类，称为六大会计要素。由于会计要素是组成会计报表的基本单位，所以根据各会计要素核算的特点，可以将其分为两类，一是反映企业财务状况的会计要素，即资产负债表要素，属于静态要素，包括资产、负债和所有者权益；二是反映企业经营成果的会计要素，即利润表要素，属于动态要素，包括收入、费用和利润。会计要素的分类如图2-1所示。

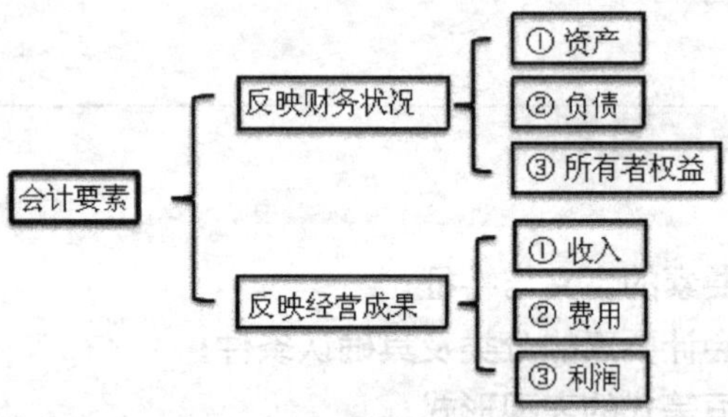

图2-1 会计要素的分类

二、反映企业财务状况的会计要素

（一）资产

1. 资产的含义与特征

资产是指企业过去的交易或事项形成的，由企业拥有或控制的，预期会给企业带来经济利益的资源。资产具有以下三个特征。

- **资产是由企业过去的交易或事项形成的：**资产是由于企业过去的交易或事项形成的，而不是未来预期或是计划准备形成的。形成的方式包括企业自己生产或建造、从外部购买、其他所有者捐赠等。资产必须是已经获得的资源，企业计划将在以后获取的资源不能确认为资产。
- **资产是由企业拥有或控制的资源：**拥有是指企业对某项资产享有所有权，即企业有权自行决定资产的使用及处置等；控制是指虽然企业对某项资产不具有所有权，但享有通常与所有权相关的风险和报酬的权利，如融资租入的固定资产，也应当确认为企业的资产。

- **资产预期将会给企业带来经济利益**：预期会给企业带来经济利益是指资产直接或间接为企业带来经济利益流入的潜力，这种潜力的体现方式有多种，可以来自日常经营活动，也可来自非日常经营活动；可以表现为现金方式或现金等价物方式。

案例阅读与思考

由于更新换代，某公司的一台机器设备现在生产出的产品已经不再满足市场的需要，无法获得收入，于是该公司采用融资租赁方式租入一套流水线设备，合同约定租期5年，租期内该生产设备的所有权归出租方，租入方享有使用权，到期后该设备归出租方所有。

在本例中，对于融资租入的机器设备，虽然租入方不拥有其所有权，但实际上该设备已经能被其控制，故租入方应将其确认为资产，而出租方不得再将设备确认为资产。

2. 资产的分类

一般而言，资产按流动性进行分类，可分为流动资产和非流动资产。

流动资产是指将在1年或超过1年的一个营业周期内变现、出售或耗用的资产，主要包括库存现金、银行存款、交易性金融资产、应收及预付款项、存货等。

- **库存现金**：库存现金是指存放于企业财务部门，由出纳人员经管的现金。
- **银行存款**：银行存款是指企业存放在开户银行的存款。
- **交易性金融资产**：交易性金融资产是指企业为了近期内出售而持有的金融资产，如企业以赚取差价从市场购入的股票、基金等。
- **应收及预付款项**：应收及预付款项是指企业在日常生产经营过程中发生的各项债权，包括应收票据、应收账款和预付账款等。
- **存货**：存货是指企业在日常生活中持有以备出售的产成品或商品、在产品及在生产过程或提供劳务过程中耗用的材料和物料，包括原材料、周转材料、在产品、半成品、产成品、商品、委托加工物资等。

非流动性资产是指不能在1年或者超过1年的一个营业周期内变现或者耗用的资产。非流动资产一般占用的资金多，企业持有的时间长，周转速度慢，大多为企业的长期发展服务，主要包括固定资产、长期股权投资、无形资产等。

- **固定资产**：固定资产是指企业为生产商品、提供劳务、出租或经营而持有的，使用寿命超过一个会计年度的有形资产。
- **长期股权投资**：长期股权投资是指企业投出的期限在1年以上（不含 1年）的各种股权性质的投资。
- **无形资产**：无形资产是指企业拥有或者控制的没有实物形态的可辨认非货币性资产，包括专利权、商标权、土地使用权等。

知识补充

营业周期是指企业从外购承担付款义务，到收回因销售商品或提供劳务而产生的应收账款的这段时间。一个正常的营业周期一般短于1年，但由于企业的特殊性当营业周期不能确定时，应当以1年作为一个营业周期。

3. 资产的确认条件

要确认一项资产，除了要符合资产的定义外，还应同时满足以下两个条件。

- **与该资源有关的经济利益很可能流入企业**：由资产的定义可知，资产必须为企业带来经济利益，但是市场是瞬息万变的，经济利益的流入存在着一定的风险，所以在确认资产时还应将经济利益流入的不确定性考虑在内。
- **该资源的成本或价值能够可靠地计量**：会计工作的核心就是对经济业务进行核算与监督，其本质在于量化，只有对一个个会计对象进行量化，会计工作才能够正常开展，所以资产在确认时必须满足其成本或价值能够可靠计量。

案例阅读与思考

A企业赊销一批生产的服装给B企业，A企业确认一笔应收账款作为资产，但是由于市场的优胜劣汰，B企业已无法继续维持下去而面临破产，那么对于A企业来说，这笔应收账款将很可能无法收回，虽然这笔账款确实能为A企业带来经济利益，但是收回的可能性却很小，因此A企业的这笔应收账款将不再确认为资产。如果根据编制财务报表时所取得的证据，与资源有关的经济利益很可能流入企业，应将其作为资产予以确认；反之，不能确认为资产。

试题精讲

【多选题】下列各项中，企业能够确认为资产的有（　　）。

A. 经营租出的设备　B. 经营租入的设备　C. 融资租入的设备　D. 近期将要购入的设备

【答案】A、C

【解析】根据资产的定义，选项B，企业不对其拥有或控制；选项C，企业虽然没有拥有，但能够控制；选项D，不是过去的交易或事项形成。综上所述，选项A、C属于资产。

（二）负债

1. 负债的含义与特征

负债是指企业过去的交易或者事项形成的，预期会导致经济利益流出企业的现时义务。负债具有以下三个特征。

- **负债是企业过去交易或事项形成的**：只有过去的交易或事项才能形成负债，这一点与资产类似。企业将在未来发生的承诺或与其他方商定的合作意向以及可能在以后签订的购买合同等，即使有可能使企业承担债务，但不能确认为负债。
- **负债预期会导致企业经济利益的流出**：这是负债区别于资产的本质特征。只有企业在履行时会导致经济利益流出企业的义务才满足负债的定义，若某些事项虽是企业的义务，但是其履行不会造成经济利益流出企业，则不能确认为负债。经济利益流出的方式有很多，包括用银行存款偿还所欠货款，用现金缴纳上月的税金，以提供劳务的形式偿还某公司的借款等。
- **负债是企业承担的现时义务**：所谓现时义务是指企业在当前环境与条件下已经承担的义务，以后由于某种原因或事项将会履行的义务不能确认为负债。现行义务可以是法定义务，也可以是推定义务。法定义务是由于法律效力使企业必须承担的具有约束力的合同或法律法规规定的义务，如根据企业营业情况缴纳的企业所得税；推定义务是根据企业以往的习惯做法，由于公开承诺或宣布的政策而须承担的义务，如售后3个月内包换的承诺等。

2. 负债的分类

负债一般按其偿还速度或偿还时间的长短，分为流动负债和非流动负债。

流动负债是指将在1年或超过1年的一个营业周期内偿还的债务。流动负债一般是企业为了日常的开支或短期的周转而负担的债务，包括短期借款、应付及预收款项、应付职工薪酬、应交税费等。

- **短期借款**：短期借款是指企业从银行或其他金融机构等借入的期限在1年以下（含1年）的各种借款。
- **应付及预收款项**：应付及预收款项是指企业在日常生产经营过程中发生的各项债务，包括应付票据、应付账款、预收账款和其他应付款等。
- **应付职工薪酬**：应付职工薪酬是指企业按规定应支付给职工的各种薪酬，包括工资、奖金、津贴和职工福利等。
- **应交税费**：应交税费是指企业按照规定计算的应向国家交纳的各种税费，包括增值税、消费税、营业税、企业所得税等。

非流动负债是指偿还期在1年或超过1年的一个营业周期以上的债务。非流动负债主要是企业为了长期发展与运营而负担的债务，包括长期借款、应付债券、长期应付款等。

- **长期借款**：长期借款是指企业向银行或其他金融机构借入的期限在1年以上（不含1年）的各项借款。
- **应付债券**：应付债券是指企业为筹集长期资金而发行债券的本金及应付利息。
- **长期应付款**：长期应付款是指企业除长期借款、应付债券以外的其他各种长期应付款项。

3. 负债的确认条件

负债的确认除了要符合定义，还应同时满足以下两个条件。

- **与该义务有关的经济利益很可能流出企业**：由定义可知，负债是企业承担的会导致经济利益流出企业的义务，但是由于负债产生的条件和时间通常有很大差别，从而这种经济利益流出企业的可能性也不尽相同，所以只有当有确凿证据表明，与现时义务有关的经济利益很可能流出企业时，才能将其确认为负债，否则不能确认为负债。
- **未来流出的经济利益的金额能够可靠地计量**：负债只有在能够用货币计量时才具有会计意义。负债的计量金额可以是确定的，也可以是能够根据公式计算的，在确定负债的金额时，应考虑到货币的时间价值、负债时间的长短以及负债的偿还方式等因素，这样才能最大程度地降低企业的信誉风险，充分地利用财务杠杆。

试题精讲

【多选题】下列各类负债项目中，属于非流动负债的有（　　）。

A. 应收账款　　B. 应付债券　　C. 长期借款　　D. 长期应付款

【答案】B、C、D

【解析】非流动负债包括长期借款、应付债券和长期应付款等，选项A属于资产。

（三）所有者权益

1. 所有者权益的含义与特征

所有者权益是指企业资产扣除负债后由所有者享有的剩余权益。由于资产扣除负债后表现为企业的净资产，所以所有者权益也是企业投资者对企业净资产的所有权，对于股份制公司来讲，即为股东享有的股东权益。所有者权益具有以下特征。

- 除非发生减资、清算或分派现金股利等情况，企业不需要偿还所有者权益。所有者权益是企业可以长期使用的资金，一般不存在偿还问题。

- 企业进行清算时，只有清偿完所有债务之后，所有者权益才返还给所有者。这一特征表明，所有者权益是所有者对剩余资产的要求权，而这一要求权在顺序上应在债权人的要求权之后。
- 所有者凭借所有者权益能够参与利润分配。分配企业利润是所有者享有的一项权利。

2. 所有者权益的分类

所有者权益按照其来源可以分为所有者投入的资本、直接计入所有者权益的利得和损失及留存收益。

- **所有者投入的资本**：所有者投入的资本是所有者权益的主要来源，包括实收资本（或股本）和资本公积两部分。其中，实收资本是企业在工商部门注册登记的法定资本金，是投资者按照企业章程或合同、协议的约定实际投入企业的资本；资本公积是企业收到投资者出资额超出其在注册资本（或股本）中所占份额的部分，以及直接计入所有者权益的利得和损失等，包括资本溢价（或股本溢价）和其他资本公积。
- **直接计入所有者权益的利得和损失**：利得是指由企业非日常活动所形成的，会导致所有者权益增加的，与所有者投入资本无关的经济利益的流入；损失是指由企业非日常活动所发生的，会导致所有者权益减少的，与向所有者分配利润无关的经济利益的流出。
- **留存收益**：留存收益是企业历年实现的净利润留存于企业的部分，是企业经营成果的体现，包括盈余公积和未分配利润。其中，盈余公积是指企业按照国家有关规定从税后利润（即净利润）中提取的公积金，包括法定盈余公积和任意盈余公积等；未分配利润是指企业待分配或留待以后年度分配的利润。

3. 所有者权益的确认条件

由于所有者权益体现的是所有者在企业中的剩余权益，因此其在确认时主要依赖于其他会计要素，尤其是资产和负债要素的确认。

试题精讲

【多选题】下列各项中，属于所有者权益的主要来源有（　　）。

A. 资本溢价　　B. 直接计入所有者权益的利得或者损失

C. 留存收益　　D. 长期股权投资减值准备

【答案】A、B、C

【解析】“资本溢价”属于资本公积，也是所有者投入的资本；“长期股权投资减值准备”是资产，不属于所者权益的来源。

三、反映企业经营成果的会计要素

（一）收入

1. 收入的含义与特征

收入是指企业在日常活动中所形成的，会导致所有者权益增加的，与所有者投入资本无关的经济利益的总流入。收入具有以下特征。

- **收入是由企业日常活动而形成的**：日常活动通常是指企业从事的经常性活动以及为完成企业目标而进行的相关活动。如服装公司生产与销售服装，建筑公司提供建筑与安装劳务以及培训学校提供教学辅导等。强调日常活动在于明确企业的经营目标，确保企业的经济来源。

- **收入会导致所有者权益的增加**：企业取得收入，带来了经济利益的流入，在抵减费用后增加了企业的净资产，从而使得所有者权益增加。例如，企业在成功销售产品后取得货款，使得企业资产增加，所有者享有的资产所有权（即所有者权益）增加，因此该笔款项应确认为收入。
- **收入是与所有者投入资本无关的经济利益的总流入**：收入的获得是因为实现了既定目标而产生的经济利益的流入，不是由投资者投入而产生，若因为投资者投入使得经济利益流入，应确认为所有者权益。收入的获得渠道有很多，包括销售商品取得的收入，向其他单位借款取得的利息收入，提供服务取得的收入等。

2. 收入的分类

按企业从事经济业务的性质不同，可以分为销售商品收入、提供劳务收入和让渡资产使用权收入；按企业经营业务的主次，可分为主营业务收入和其他业务收入，主营业务收入是指企业从事的主要的、由日常活动取得的收入，其他业务收入是指除主营业务收入外其他业务取得的收入，是企业的次要收入，如销售材料、出租固定资产、出租无形资产等。

> **名师点睛**
>
> **同一项收入，对于不同的企业可以有不同的归类，比如经营出租固定资产，对于工业企业而言，属于其他业务收入，但对于专门从事财产租赁的企业而言，就属于主营业务收入。**

3. 收入的确认条件

由于收入的来源渠道各式各样，不同方式取得的收入也各具特征，所以其确认条件也常常存在差别。一般而言，收入的确认应至少同时满足以下条件。

- 与收入相关的经济利益很可能流入企业。
- 经济利益流入企业会导致资产的增加或负债的减少，或是两者兼而有之。
- 经济利益流入的金额能够可靠地计量。

（二）费用

1. 费用的含义与特征

费用是企业在日常活动中发生的会导致所有者权益减少的，与向所有者分配利润无关的经济利益的总流出。费用具有以下三个特征。

- **费用是在企业日常活动中形成的**：强调费用必须是在日常活动中形成，一方面是与收入的界定相匹配，另一方面是为了将费用与损失相区分。若是由非日常活动形成的经济利益的流出，则应计入损失。如企业对厂房进行重新评估的价值低于其账面价值时，其差价则确认为损失，而不能确认为费用，因为对固定资产的重估不属于企业的日常活动，是偶然发生的。
- **费用会导致所有者权益的减少**：费用的产生会使企业的资产以现金等方式流出企业，表现为资产的减少或负债的增加，或是两者兼而有之，从而导致所有者权益减少。
- **费用的减少与向所有者分配利润无关**：企业经济利益流出的方式多种多样，向所有者分配利润也会使经济利益流出，但这种流出是对所有者投入资本的回报，不能确认为费用。

2. 费用的分类

费用按照服务的对象可以分为生产费用和期间费用。生产费用是企业在日常活动中发生的与生产经营活动直接相关的费用，根据其经济用途的不同，分为直接材料、直接人工和制造费用，直接材料和直接人工应在发生时直接计入产品的生产成本，制造费用应在产品完工后进行归集；期间费用是指企业本期发生的，不能直接或间接归入营业成本，而是直接计入当期损益的各项费用，包括管理费用、销售费用和财务费用，它们合称为三大期间费用，期间费用的具体介绍如下。

- **管理费用**：管理费用是指企业为组织和管理企业生产经营发生的各种费用，包括企业在筹建期间内发生的开办费，董事会和行政管理部门在企业的经营管理中发生的或应由企业统一负担的公司经费（包括行政管理部门职工工资及福利费、低值易耗品摊销、办公费和差旅费等），行政管理部门负担的工会经费和董事会费，聘请中介机构费、咨询费（含顾问费）、业务招待费、房产税、车船税、矿产资源补偿费、研究费用等，以及企业生产车间（部门）和行政管理部门发生的固定资产修理费用等后续支出，应在发生时计入管理费用。
- **销售费用**：销售费用是指企业销售商品和材料、提供劳务的过程中发生的各种费用，包括保险费、包装费、广告费、租赁费、运输费、装卸费等以及销售本企业产品而专设销售机构的各项费用。
- **财务费用**：财务费用是指企业为筹集生产经营所需资金等而发生的筹资费用，包括利息支出（减利息收入）、汇兑损益及相关的手续费、企业发生的现金折扣等。

3. 费用的确认条件

费用的确认除了应当符合定义，还应至少同时满足以下条件。

- 与费用相关的经济利益很可能流出企业。
- 经济利益流出企业的表现形式为资产的减少或负债的增加，或是两者兼而有之。
- 经济利益流出的金额能够可靠地计量。

名师点睛

收入、费用、利得和损失的区别是会计核算中容易混淆的概念，其区别主要有以下两个方面：①收入与利得会使经济利益流入企业，而费用与损失会使经济利益流出企业；②收入与费用是由企业日常活动产生的，而利得与损失是在企业非日常活动中形成的。

试题精讲

【单选题】下列不属于费用的是（　）。

A. 管理费用　　B. 销售费用　　C. 财务费用　　D. 待摊费用

【答案】D

【解析】费用包括生产费用和期间费用，其中期间费用包括管理费用、财务费用和销售费用，待摊费用属于资产。

（三）利润

1. 利润的含义

利润是企业在一定会计期间的经营成果，表现为收入与费用的差额以及直接计入损益的利得和损失。

2. 利润的分类

根据在利润表中的不同表现，利润可以分为营业利润、利润总额和净利润。

- **营业利润**：营业利润是企业日常活动产生的结果，也是企业利润的主要来源，其等于营业收入减去营业成本、营业税金及附加、期间费用、资产减值损失，再加上公允价值变动收益（或减去公允价值变动损失）、投资收益（或减去投资损失）。

- **利润总额**：利润总额是企业在生产经营过程中各种收入扣除各种耗费后的盈余，它在营业利润的基础上考虑了营业外收支的影响，其等于营业利润加上营业外收入，减去营业外支出。
- **净利润**：净利润是指利润总额减去所得税后的利润留存。

3. 利润的确认条件

利润反映的是收入减去费用、利得减去损失后的净额，其确认主要依赖于收入和费用以及利得和损失的确认。

【任务实施】

1. 根据前面所学内容，回答下列问题。

（1）什么是会计要素？会计要素如何分类？

（2）每一类会计要素的含义、特征和确认条件分别是什么？

2. 结合前文的讲解，在图2-2的空白矩形框中完善各会计要素包括的主要内容。

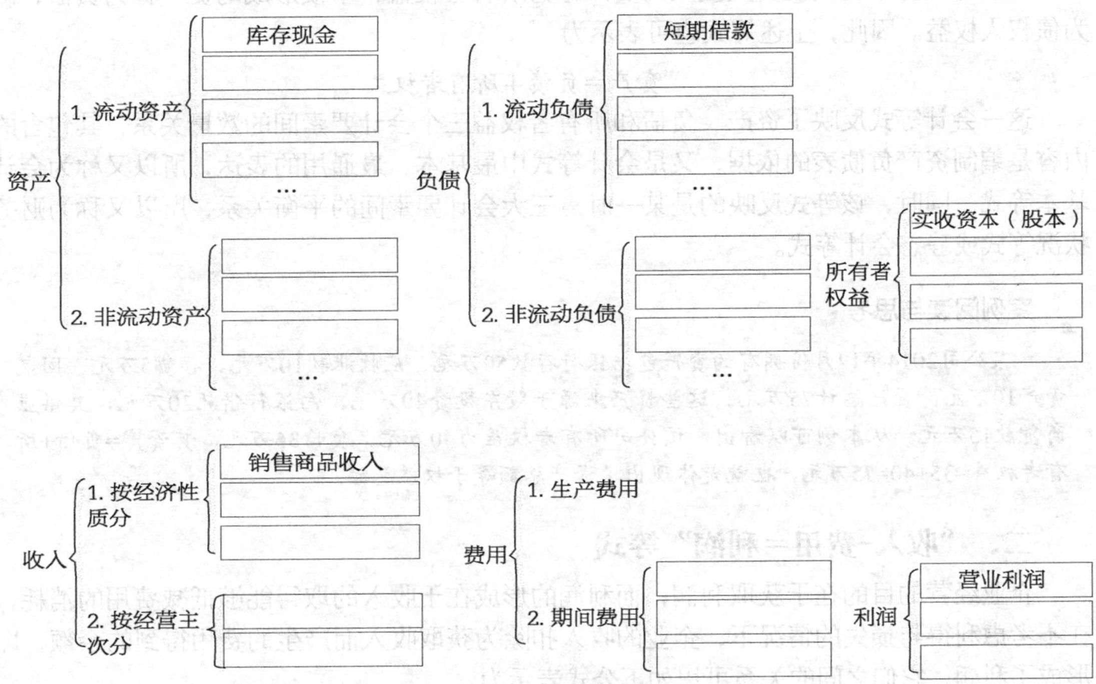

图2-2 各类会计要素包括的主要内容

（答案参见：光盘\任务实施\项目二\任务一.docx）

任务二 运用会计等式

会计等式是对会计要素内在经济关系的数学表达，它反映了会计要素间的数量恒等关系，是复式记账、试算平衡和编制会计报表的理论依据。

【任务目标】

本任务的目标是掌握 “资产＝负债＋所有者权益”和“收入−费用＝利润”等式两个会

计等式的表现形式，并通过分析企业的各项经济业务，从而判定出其对会计等式的影响。

【知识讲解】

根据资产负债表与利润表要素的内在关系，会计等式可归纳为两种表现形式，即“资产＝负债＋所有者权益”和“收入－费用＝利润”。

一、“资产＝负债＋所有者权益”等式

企业的正常运营必须有资本的支持。资本的来源可以由投资者投入，也可向银行等金融机构或者其他债权人借入。资本投入企业后，一方面形成了企业资产，即能为企业带来经济利益流入的资源；另一方面，无论是投资者投入还是举债形成的资产，其所有者都有相应的要求权，如投资者有获取企业利润分配的权利，债权人有收取本金及利息的权利，这部分权利在会计上即为“权益”。

资产与权益本质上只是同一资源的两个方面，企业获得多少资产，相应的所有者就享有多少权益，两者在总额上保持一致，这种关系用公式表示为

资产＝权益

在会计核算中，由投资人投入的资产称为所有者权益，举债形成的资产称为负债，即为债权人权益。因此，上述等式也可表示为

资产＝负债＋所有者权益

这一会计等式反映了资产、负债和所有者权益三个会计要素间的数量关系，其包含的内容是编制资产负债表的依据，又是会计等式中最基本、最通用的表达，所以又称为会计基本等式。同时，该等式反映的是某一时点三大会计要素间的平衡关系，所以又称为财务状况等式或静态会计等式。

案例阅读与思考

某公司2014年12月份拥有的资产包括银行存款50万元、应收账款10万元、存货5万元、固定资产10万元，资产总计75万元。这些资产来源于股东投资40万元，向银行借款20万元，欠供应商货款15万元。从本例可以看出，该公司所有者权益为40万元，负债35万元，其资产=负债+所有者权益=35+40=75万元，也就是体现出了资产总额等于权益总额。

二、“收入-费用＝利润”等式

企业经营的目的在于获取利润，而利润的形成在于收入的取得能够抵减费用的消耗，在不考虑利得与损失的情况下，企业的收入扣除为获取收入而产生的费用得到的余额，即形成了利润，它们之间的关系可用如下公式表示为

收入－费用＝利润

收入、费用和利润三个要素是企业经营成果的反映，三个要素体现了在某一会计期间企业资金的运动情况，因此该会计等式又称为经营成果等式或动态会计等式。

案例阅读与思考

某公司2015年1月取得营业收入20万元，发生的营业成本5万元，期间费用3.5万元，所得税费用2万元。根据会计等式“收入－费用=利润 ”可知，该公司当月净利润=20－5－3.5－2=9.5（万元）。

三、会计等式间的勾稽关系

投资者投入或者举债形成了企业的资产，同时资产的所有者享有其投入资产的要求权，形成所有者权益和负债；通过日常活动的运营以及管理者的经营，资产创造了价值，企业获得了收入，在收入的获取过程中，必然伴随资源的消耗，即费用的产生；由于人的主观能动性，将收入扣除费用后的余额即成为了企业创造的利润。由此可见，会计六大要素间存在着密切的联系，这种联系可用公式表示为

资产=负债+所有者权益+利润

由于利润=收入−费用，通过移项后上式等式也可表示为

资产+费用=负债+所有者权益+收入

第二个等式通常称为会计扩展式。在企业的运营过程中，形成的收益一般会以利润的形式进行分配，一部分作为投资者的回报，以分配利润或股利的形式流出企业；剩下的部分形成企业的留存收益，成为了所有者权益，所以该会计等式又转化成为

资产＝负债+所有者权益

名师点睛 会计等式实质上反映了会计要素间的内在联系，揭示了会计主体的产权关系、基本财务状况和经营成果。通过“资产＝负债＋所有者权益”等式可以观察企业资金的静态规律，通过“收入－费用＝利润”等式则可以观察企业资金的动态规律。

四、经济业务的发生对会计等式的影响

经济业务又称会计事项，是指在经济活动中使会计要素发生增减变动的交易或者事项。在企业的经营活动中，经济业务的发生十分频繁，如资产的购建、材料的采购、收入的获取、工资的发放等，这必然会引起各会计要素的增减变化，会计基本等式的平衡关系却不会因此被破坏。下面介绍企业经济业务对“资产＝负债＋所有者权益”这一会计等式的影响。

（一）等式两边同向变化

同向变化是指资产与负债或资产与所有者权益同时增加或减少，具体包括以下4种情况。

- 资产与所有者权益同时等额增加。
- 资产与负债同时等额增加。
- 资产与所有者权益同时等额减少。
- 资产与负债同时等额减少。

如图2-3所示，天平的左边代表资产数，天平的右边代表负债与所有者权益的合计数，两边同增同减都可使天平保持平衡。

图2-3 等式两边同时同向变化示意图

（二）等式一边有增有减

等式一边有增有减有三种情况，即一项资产增加，另一项资产减少；负债与所有者权

益一项增加，另一项减少；负债或所有者权益有增有减。具体包括以下5种情况。

- 一项资产增加，另一项资产等额减少。
- 一项负债增加，另一项负债等额减少。
- 一项所有者权益增加，另一项所有者权益等额减少。
- 一项负债增加，一项所有者权益等额减少。
- 一项所有者权益增加，一项负债等额减少。

等式一边有增有减的示意图如图2-4所示。

图2-4 等式一边有增有减示意图

知识补充　如果把权益分为负债和所有者权益，那么就“资产＝权益”等式而言，经济业务的发生引起各会计要素的变动同样不会改变该等式的恒等性，具体有4种情况：①资产与权益同时等额增加；②资产与权益同时等额减少；③资产方等额有增有减，权益不变；④权益方等额有增有减，资产不变。

试题精讲

【单选题】2015年1月，企业向银行借款购买固定资产，表现为（　　）。

A. 一项资产增加，另一项资产减少　　B. 一项资产增加，另一项负债增加

C. 一项资产减少，另一项负债增加　　D. 一项资产减少，另一项负债减少

【答案】B

【解析】企业向银行借款后，预期是要偿还的，因此导致经济利益流出企业，造成负债增加；购买的固定资产则导致企业的资产增加。

【任务实施】

结合下述9项经济业务的发生，分析各项经济业务对会计等式“资产＝负债＋所有者权益”的影响。

某公司2014年发生了以下经济业务。

（1）2014年2月1日，将投资者投入的100万元存入银行。

（2）2014年3月1日，为了资金周转的需要，取得6个月的短期借款50万元，存入银行。

（3）2014年4月30日，由于公司经营成果显著，实现了预期目标，决定用银行存款20万元支付给投资者作为回报。

（4）2014年5月31日，公司去年借入的短期借款30万元到期，决定用银行存款归还。

（5）2014年6月12日，用现金购买一台笔记本电脑，价值3 000元。

（6）2014年8月22日，从银行取得短期借款归还前欠A公司的货款12万元。

（7）2014年10月31日，将盈余公积3万元转增资本。

（8）2014年12月31日，公司实现利润20万元，经决定向投资者分配4万元。

（9）2014年12月31日，A公司将该公司前欠的货款6万元转作对该公司的投资。

（答案参见：光盘\任务实施\项目二\任务二.docx）

名师点睛

准确运用经济业务对会计等式的影响，关键在于理解六大会计要素的含义以及它们之间的内在联系，在分析时可将会计等式想象成一个天平，只要有要素使天平倾斜了，那么必然会有另外的要素使天平向反方向倾斜。所以抓住这一关键，就能更透彻地理解会计等式。

项目总结

本项目主要介绍会计要素与会计等式。本项目的内容必须全面理解和掌握，因为它们是学习本书后面内容的基础，其中对于会计六要素的的含义、确认与特征需要在理解基础上进行记忆；对于会计等式，关键在于弄清等式的由来，并理解等式的组成，建议大家可以结合本书项目十中的财务报表进行对照理解。分析企业各项经济业务对会计等式“资产＝负债＋所有者权益”的影响是学习的重点与难点。

此外，会计要素的计量属性是会计从业考试中的一个考点，将在本项目后面的“拓展知识”板块中进行介绍。

项目实训 分析企业不同经济业务对会计等式的影响

掌握会计要素的划分与会计等式平衡关系的判断是会计人员应具备的基本素质，考虑到会计人员在工作中遇到的实际问题，下面通过实训练习，将前面所讲的内容与实际工作相结合，加深读者对会计要素与会计等式的理解。

【实训目标】

能够从企业的日常经济业务中总结出涉及的会计事项，在此基础上进行会计要素的分类，并能快速判断会计等式的平衡关系。

【实训资料】

百盛公司2015年4月30日的财务状况，即资产负债表（简表）如表2-1所示。

表2-1 资产负债表（简表）

2015年4月30日　　单位：元

资产项目	金额	负债与所有者权益项目	金额
库存现金	1 500	短期借款	20 000
银行存款	11 200	应付账款	5 800
应收账款	50 000	负债合计	25 800
应收票据	13 000	实收资本	300 000
库存商品	75 000	盈余公积	34 900
固定资产	210 000	所有者权益合计	334 900
资产合计	360 700	负债与所有者权益合计	360 700

百盛公司5月份发生的经济业务如下。

（1）5月1日，收到投资者追加的投资500 000元，存入银行。

（2）5月8日，取得短期借款200 000元并存入银行。

（3）5月10日，用银行存款150 000元购买生产用机床一台。

（4）5月17日，用盈余公积50 000元转增资本。

（5）5月20日，销售库存商品一批，收到商业汇票一张，票据金额为110 000元。

（6）5月26日，用银行存款100 000元购入慧明公司股票。

要求：

（1）列出5月经济业务涉及的会计事项，并根据会计要素进行分类；

（2）判断各个经济业务对会计等式“资产＝负债＋所有者权益”的影响；

（3）计算并验证5月财务状况是否满足“资产＝负债＋所有者权益”等式。

【实训指导】

STEP 1 对经济业务涉及的会计事项进行提炼，如经济业务（1）会计事项为追加投资。

STEP 2 将涉及的会计事项进行会计要素的划分，如经济业务（1）中，追加的投资属于所有者权益要素，存入银行的投资款属于资产要素。

STEP 3 判断该经济事项对会计等式的影响，如经济业务（1）中，追加投资导致资产与所有者权益同时增加50万元，会计等式依然保持平衡。

（答案参见：光盘\项目实训\项目二\经济业务对会计等式的影响.docx）。

STEP 4 结合上述分析，计算出5月31日该公司的资产、负债、所有者权益的金额。

（答案参见：光盘\项目实训\项目二\各会计要素的金额.docx）

拓展知识

一、会计要素的计量属性

会计要素的计量是指在会计核算过程中，以某种尺度为标准来确定各项财产物资的量的过程。会计计量包括计量属性和计量单位，计量单位包括个、千克等，计量属性包括以下几种。

- **历史成本**：历史成本又称实际成本，是指取得或制造某一财产物资时实际支付的现金或其他等价物。在历史成本计量下，对于各项财产物资应该按照实际交易时所支付的对价来确定其入账价值。例如，某公司购买一批生产用材料，该批材料的入账价值应按照购买时实际支付的款项来确定，支付的款项就是该批材料的历史成本。
- **重置成本**：重置成本又称现行成本，是指按照当前的市场条件，重新取得同样的一项资产所须支付的现金或现金等价物的金额。采取重置成本计量时，资产的入账价值为现在购买相同或相似资产所须支付的现金或现金等价物的金额；负债的入账价值为现在偿付该项债务所须支付的现金或现金等价物的金额。例如，某公司发现一台电脑没有入账，则该电脑应按照现在购买相同型号所须支付的金额进行计量。
- **可变现净值**：可变现净值是指在正常生产经营过程中以预计售价减去进一步加工成本和销售所必须的预计税金、费用后的净值。例如，某公司有一批半成品配件，继续加工为产成品需加工费5万元，市场上同类产成品的售价为50万元，需缴纳各种税金合计2万元，预计产生销售费用5万元，则该批半成品的可变现净值为50-5-2-5=38（万元）。在可变现净值计量下，该批半成品的入账价值为38万。

- **现值**：现值是指在考虑了货币时间价值等因素的基础上，对某一资产的未来现金流量以恰当的折现率进行折现后的价值。采用现值计量时，资产的入账价值按照预计从其持续使用和最终处置中所产生的未来净现金流入量的折现金额确定；负债的入账价值按照预计期限内须偿还的未来净现金流出量的折现金额确定。例如，某公司有一间厂房的原值为200万，已提折旧50万，考虑资金的时间价值后，预计未来现金净流量的现值为160万，在现值计量下，则该房屋的入账价值为160万元。
- **公允价值**：公允价值是指市场参与者在计量日发生的有序交易中，出售某项资产所收到或转移某项负债所支付的价格。公允价值一般会随着市场环境的改变而有所变化。例如，A公司6月1日从二级市场以每股10元的价格购入股票20万股，12月31日，该股票的收盘价格为每股12元。在公允价值计量下，则该项资产在12月31日应按240万元进行确认。

二、会计计量属性的选择

新会计准则规定，企业在对会计要素进行计量时，一般应当采用历史成本，采用重置成本、可变现净值、现值、公允价值计量的，应当保证所确定的会计要素金额能够取得并可靠计量。在会计实务中，一般对于固定资产和大部分存货采用历史成本计量；对盘盈的存货等采用重置成本计量；对交易性金融资产等存在活跃市场的资产采用公允价值计量；对短期应收账款和某些存货采用可变现净值计量；对长期应收款项采用现值计量。

真题精练

一、单选题

1. 下列各项中，属于表现企业资金运动显著变动的会计要素有（　　）。

A. 收入　B. 所有者权益　C. 资产　D. 负债

2. 下列各项，属于企业资产的是（　　）。

A. 委托加工物资　B. 即将购入的原材料
C. 未确认融资费用　D. 未到期责任准备金

3. （　）是指企业过去的交易或事项形成的，预期将会导致经济利益流出企业的现时义务。

A. 资产　B. 负债　C. 收入　D. 费用

4. 收入表现为资产的增加或债务的减少，进一步会导致（　　）的增加。

A. 所有者权益　B. 负债　C. 成本　D. 期间费用

5. 资产按照当前市场条件，重新取得同样一项资产所须支付的现金或者现金等价物的金额计量的会计计量属性是（　　）。

A. 历史成本　B. 重置成本　C. 公允现值　D. 现值

6. 下列会引起资产和负债总额同时减少的经济业务是（　　）。

A. 企业把多余的现金存入银行　B. 购买一批材料，货款未支付
C. 用银行存款偿还长期借款　D. 收到投资人投入的资金存入银行

7. 下列哪种情况资产和所有者权益同增（　　）。

A. 收到银行借款并存入银行　　B. 收到投资者投入作为出资的原材料

C. 以转账支票归还长期借款　　D. 提取盈余公积

8. 下列选项中，属于会计基本等式的是（　）。

A. 资产 = 负债 + 所有者权益　　B. 收入 – 费用 = 利润

C. 资产 = 负债 + 所有者权益 + 利润　　D. 资产 + 费用 = 负债 + 所有者权益 + 收入

9. 下列会引起资产和负债总额同时减少的经济业务是（　）。

A. 企业把多余的现金存入银行　　B. 购买材料一批，货款未支付

C. 用银行存款偿还长期借款　　D. 收到投资人投入的资金存入银行

10. S公司向银行借入款项20万元，并用其中10万元归还前欠货款，则企业总资产增加了（　）万元。

A. 20　　B. 10　　C. 30　　D. 0

二、多选题

1. 下列选项中，关于会计要素的说法，正确的是（　）。

A. 会计要素是指根据交易或者事项的经济特征所确定的财务会计对象的基本分类

B. 资产、负债、所有者权益属于反映财务状况的会计要素

C. 企业会计准则将会计要素划分为资产、负债、所有者权益、收入、费用和利润六类

D. 收入、费用和利润属于反映经营成果的会计要素

2. 下列项目中，属于流动资产的有（　）。

A. 库存现金　　B. 存货　　C. 银行存款　　D. 交易性金融资产

3. 所有者权益包括（　）等。

A. 长期投资　　B. 实收资本　　C. 资本公积　　D. 未分配利润

4. 企业的收入可能会导致（　）。

A. 银行存款增加　　B. 企业负债减少

C. 企业其他资产增加　　D. 所有者权益的增加

5. 资产与权益的恒等关系是（　）。

A. 审核凭证的理论依据　　B. 编制资产负债表的理论依据

C. 财产清查的理论依据　　D. 复式记账的理论依据

三、判断题

1. 流动资产是指可以在1年或超过1年的一个营业周期内变现或耗用的资产，包括现金和各种存款、短期投资、应收及预付款项、存货等。（　）

2. 按照我国的会计准则，负债不仅指现时已经存在的债务责任，还包括某些将来可能发生的，偶然事项形成的债务责任。（　）

3. 期间费用是指本期发生的，不能直接或间接归入营业成本，而是直接计入当期损益的各项费用，包括管理费用、销售费用和财务费用。所得税费用也属于期间费用。（　）

4. 企业在对会计要素进行计量时，一般应采用重置成本。（　）

PART 3 项目三 设置会计科目与账户

项目引入

叶丽娜：杜老师，我了解了会计要素和会计等式，可怎么资产负债表上的有些项目还是看不懂呢？

杜老师：这是肯定的，资产负债表可不仅仅靠会计要素和会计等式堆砌而成，这当中的学问可多着呢！

叶丽娜：老师，如果我想进一步了解会计，还应该做些什么呢？

杜老师：你已经具备了会计要素与会计等式的基础知识，下一步就是了解会计科目和账户了。

叶丽娜：那我了解了这些，就能看懂资产负债表了吗？

杜老师：那倒不是，学习是个循序渐进的过程，更何况是一门专业知识呢，我们接下来将学习怎样设置会计科目和账户。

学习目标

- 了解会计科目与账户的概念；
- 了解会计科目与账户的分类；
- 熟悉会计科目的设置原则和常用的会计科目；
- 掌握账户的结构；
- 掌握账户与会计科目的关系。

考情分析

- 题型与分值：单选题、多选题和判断题，所占分值约为5%。
- 复习重点与建议：本项目内容一定要重点掌握，首先要熟悉和认识会计科目，能正确且快速地判断出会计科目所属的分类，理清会计要素与会计科目的关系，以及账户与会计科目的关系。

任务一 设置会计科目

会计要素将会计对象分为六大类，但这种分类比较抽象、笼统，不能反映真实的经济活动，为了具体反映经济活动，还需要更加明细的指标将会计要素进行划分，因此，会计科目就是对会计要素的细分。

【任务目标】

本任务的目标是了解会计科目的含义，熟悉会计科目的分类及其具体内容，通过本任务的学习，可以做到将各种会计要素进行会计科目的划分。

【知识讲解】

一、会计科目的含义

会计科目是按照经济业务的内容和经济管理的要求，对会计要素的具体内容进行分类核算的科目。由于会计要素已经对会计对象进行过一次划分，在此基础上进行的会计科目的划分，在一定程度上满足了会计确认、计量和报告的要求，更能真实地反映企业的财务状况和经营结果，满足财务报告使用者的需要。

资金运动、会计要素、会计科目作为对会计对象不同层次的划分，其关系如图3-1所示。

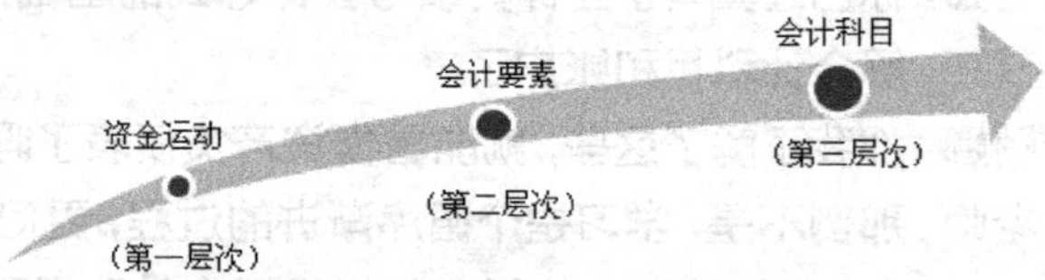

图3-1 会计对象不同层次的划分

二、会计科目的分类

会计科目的分类标准主要有两个，即按反映的经济内容分类和按提供信息的详细程度及统驭关系分类，下面分别对这两种分类进行详细介绍。

（一）按反映的经济内容分类

会计科目按其反映的经济内容不同，通常划分为资产类科目、负债类科目、共同类科目、所有者权益类科目、成本类科目和损益类科目。

1. 资产类科目

资产类科目是对资产要素的具体内容进行分类核算的项目，按资产的流动性分为反映流动资产和反映非流动资产的科目。反映流动资产的科目主要包括“库存现金”“银行存款”“原材料”“应收账款”“库存商品”“预付账款”等科目；反映非流动资产的科目主要包括“长期应收款”“固定资产”和“无形资产”等科目。

2. 负债类科目

负债类科目是对负债要素的具体内容进行分类核算的项目，按负债的偿还期限分为反映流动负债和反映非流动负债的科目。反映流动负债的科目主要包括“短期借款”“应付账款”“应付职工薪酬”“应交税费”“预收账款”等科目；反映非流动负债的科目主要包括“长期借款”“应付债券”和“长期应付款”等科目。

3. 共同类科目

共同类科目是既有资产性质又有负债性质的科目，主要包括“外汇买卖”“清算资金往来”“衍生工具”以及“套期工具”等科目。

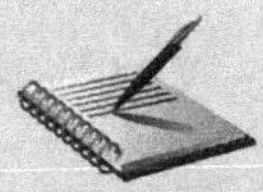

共同类科目既具有资产性质又具有负债性质，其最终性质取决于科目核算的结果：当核算结果出现借方余额，就作为资产类科目；如果核算结果出现贷方余额，则作为负债类科目。

4. 所有者权益类科目

所有者权益类科目是对所有者权益要素的具体内容进行分类核算的项目，按所有者权益的形成和性质可分为反映资本的科目和反映留存收益的科目。反映资本的科目主要包括“实收资本”或“股本”科目、“资本公积”科目等；反映留存收益的科目主要包括“盈余公积”“本年利润”“利润分配”等科目。

5. 成本类科目

成本类科目是对可归属于产品生产成本、劳务成本等的具体内容进行分类核算的项目，按成本的不同内容和性质可以分为反映制造成本的科目和反映劳务成本的科目。反映制造成本的科目主要包括“生产成本”和“制造费用”等科目；反映劳务成本的科目主要包括“劳务成本”科目。

6. 损益类科目

损益类科目是对收入、费用等具体内容进行分类核算的项目，按损益的不同内容可以分为反映收入的科目和反映费用的科目。反映收入的科目主要包括“主营业务收入”和“其他业务收入”等科目；反映费用的科目主要包括“主营业务成本”“其他业务成本”“管理费用”“财务费用”“销售费用”及“所得税费用”等科目。

（二）按提供信息的详细程度及统驭关系分类

会计科目按其提供信息的详细程度及统驭关系，通常划分为总分类科目和明细分类科目。

1. 总分类科目

总分类科目又称一级科目或总账科目，是对会计要素具体内容进行总括分类，提供总括信息的会计科目，是进行总分类核算的依据。如“库存现金”“银行存款”和“应收账款”等科目。

2. 明细分类科目

明细分类科目又称明细科目，是对总分类科目做进一步分类，提供更详细和更具体的会计信息的科目，如“银行存款”科目按照银行类别设置“工商银行”“建设银行”等明细科目，或按照银行账户类型设置“基本户”“验资户”等明细科目，反映银行存款的具体核算对象。另外，明细科目也可根据其反映信息的详略程度，进行进一步的划分，如划分为二级科目、三级科目等。

总分类科目对其下属的明细科目具有统驭的作用，明细科目是对总分类科目的补充和说明。总分类科目（一级科目）与明细分类科目（二级科目、三级科目）的关系如图3-2所示。

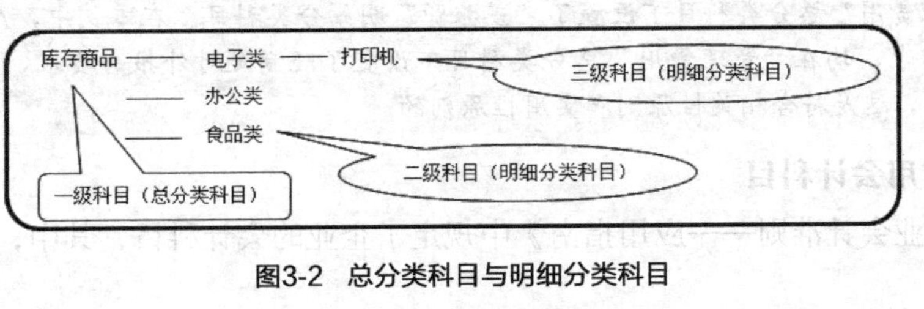

图3-2 总分类科目与明细分类科目

试题精讲

【单选题】会计科目是指对（　）的具体内容进行分类核算的项目。

A. 会计主体　B. 会计要素　C. 会计科目　D. 会计信息

【答案】B

【解析】会计科目是根据会计要素进行分类的，它是对会计要素的具体内容进行分类核算的项目。

【多选题】以下属于按照会计科目反映的经济内容不同进行的分类有（　）。

A. 明细分类科目　B. 成本类　C. 总分类科目　D. 损益类

【答案】B、D

【解析】会计科目按其所反映的经济内容不同，通常划分为资产类科目、负债类科目、共同类科目、所有者权益类科目、成本类科目和损益类科目六大类。

三、会计科目的设置

（一）会计科目的设置原则

由于各单位的经营性质、规模大小和业务特点等情况不相同，在进行会计科目设置时，必定会产生差异，但为了全面、系统、连续地核算单位的各项经济业务情况，在设置会计科目时，各会计主体都应遵循以下原则。

1. 合法性原则

合法性原则是指所设置的会计科目应当符合国家统一的会计法律法规。为了保证不同企业对外提供的会计信息具有可比性，总分类科目原则上由财政部统一制定，在不影响统一会计核算要求以及对外提供统一的财务报表指标的前提下，企业可以适当自行增设、减少或合并某些会计科目。

2. 相关性原则

相关性原则是指所设置的会计科目应当为提供各方所需要的会计信息服务，满足对外报告与对内管理的要求。由于企业的会计信息不仅要对外提供，还要满足对内管理的需要，因此在设置会计科目时，要充分考虑企业各相关方面和人员对会计信息的需要，做到科目设置与会计信息的提供、财务报告的编制相关。

3. 实用性原则

实用性原则是指在合法性的基础上，企业应当根据组织形式、经营内容、业务种类等自身的特点，设置符合企业需要的会计科目，满足企业实际需要。由于各企业所处环境、行业等不同，在会计科目的使用上亦存在区别，所以在设置会计科目时应考虑企业自身的情况，进行有针对性的设置。

案例阅读与思考

A公司是一家零食批发企业，经常涉及快递寄送业务，因此其在“管理费用”总分类科目下设置了“快递费”明细分类科目；B公司是一家从事营销推广的企业，经常需要员工出差，因此其在“管理费用”总分类科目下设置了“差旅费”明细分类科目。在本例中，A、B公司根据自己的业务需求，均在“管理费用”总分类科目下设置了既满足对外报告要求，又满足对内管理的明细科目，这是符合相关性原则和实用性原则的。

（二）常用会计科目

我国《企业会计准则——应用指南》中规定了企业的会计科目，其中，一般企业常用的会计科目如表3-1所示。

表3-1 企业常用会计科目

序号	编号	会计科目名称	序号	编号	会计科目名称
		一、资产类	38	1703	无形资产减值准备
1	1001	库存现金	39	1711	商誉
2	1002	银行存款	40	1801	长期待摊费用
3	1012	其他货币资金	41	1811	递延所得税资产
4	1101	交易性金融资产	42	1901	待处理财产损溢
5	1121	应收票据			二、负债类
6	1122	应收账款	43	2001	短期借款
7	1123	预付账款	44	2101	交易性金融负债
8	1131	应收股利	45	2201	应付票据
9	1132	应收利息	46	2202	应付账款
10	1221	其他应收款	47	2203	预收账款
11	1231	坏账准备	48	2211	应付职工薪酬
12	1401	材料采购	49	2221	应交税费
13	1402	在途物资	50	2201	应付票据
14	1403	原材料	51	2202	应付账款
15	1404	材料成本差异	52	2221	应交税费
16	1405	库存商品	53	2231	应付利息
17	1406	发出商品	54	2232	应付股利
18	1407	商品进销差价	55	2241	其他应付款
19	1408	委托加工物资	56	2401	递延收益
20	1411	周转材料	57	2501	长期借款
21	1471	存货跌价准备	58	2502	应付债券
22	1501	持有至到期投资	59	2701	长期应付款
23	1502	持有至到期投资减值准备	60	2702	未确认融资费用
24	1503	可供出售金融资产	61	2711	专项应付款
25	1511	长期股权投资	62	2801	预计负债
26	1512	长期股权投资减值准备	63	2901	递延所得税负债
27	1521	投资性房地产			三、共同类
28	1531	长期应收款	64	3002	货币兑换
29	1532	未实现融资收益	65	3101	衍生工具
30	1601	固定资产	66	3201	套期工具
31	1602	累计折旧	67	3202	被套期项目
32	1603	固定资产减值准备			四、所有者权益类
33	1604	在建工程	68	4001	实收资本
34	1605	工程物资	69	4002	资本公积
35	1606	固定资产清理	70	4101	盈余公积
36	1701	无形资产	71	4103	本年利润
37	1702	累计摊销	72	4104	利润分配

续表

序号	编号	会计科目名称	序号	编号	会计科目名称
73	4201	库存股	84	6101	公允价值变动损益
五、成本类			85	6111	投资收益
74	5001	生产成本	86	6301	营业外收入
75	5101	制造费用	87	6401	主营业务成本
76	5201	劳务成本	88	6402	其他业务成本
77	5301	研发支出	89	6403	营业税金及附加
78	5401	工程施工	90	6601	销售费用
79	5402	工程结算	91	6602	管理费用
80	5403	机械作业	92	6603	财务费用
六、损益类			93	6701	资产减值损失
81	6001	主营业务收入	94	6711	营业外支出
82	6051	其他业务收入	95	6801	所得税费用
83	6061	汇兑损益	96	6901	以前年度损益调整

试题精讲

【单选题】以下选项中，（　）不属于会计科目设置时应遵循的基本原则。

A. 合法性原则　　B. 相关性原则　　C. 科学性原则　　D. 实用性原则

【答案】C

【解析】会计科目的设置原则有：合法性、合理性和相关性原则。

【任务实施】

已知：甲公司有基本生产车间和辅助生产车间两个车间，辅助生产车间主要为产品生产供电和供水。公司共生产三种产品，即A产品、B产品、C产品。为生产产品，甲公司购进D材料和E材料。甲公司根据车间性质对产品的成本进行结转。另外，甲公司销售产品通常采用银行进行收款的方式，其分别在工商银行、建设银行、农业银行开立有账户，均可以收取货款。甲公司的应收账款包括乙、丙、丁、戊公司所欠的账款，其中，乙、丙在省内，丁、戊在省外。

要求：根据上述资料以及前文所讲有关会计科目分类的相关知识，将表3-2中的空白单元格补充完整。

表3-2 甲公司部分科目的设置

总分类科目（一级科目）	明细分类科目	
	二级明细科目	三级明细科目
库存商品		——
原材料		——
生产成本		A产品、B产品、C产品
	辅助生产成本	
	工商银行、建设银行、农业银行	——
		丁公司、戊公司

（答案参见：光盘\任务实施\项目三\任务一.docx）

任务二 设置账户

会计科目只是对会计要素进行的概念上的分类，若要进行会计的实际核算，还需要一种具有特定格式和结构的载体对会计科目进行运用，即账户。

【任务目标】

本任务的目标是了解账户的含义，掌握账户的分类及其功能和结构，通过本任务的学习，能够将会计科目按照账户的格式进行分类。

【知识讲解】

一、账户的含义

账户是根据会计科目设置的，具有一定格式和结构，用于分类反映会计要素增减变动情况及其结果的载体。通过账户可以明确经济业务引起的会计科目的变化以及资金的增减变动情况和结果。

二、账户的分类

账户的分类与会计科目的分类具有相似之处，即账户可根据其核算的经济内容，提供信息的详细程度及其统驭关系进行分类。

（一）根据核算的经济内容分类

根据核算的经济内容，账户分为资产类账户、负债类账户、共同类账户、所有者权益类账户、成本类账户和损益类账户六类。其中，有些资产类账户、负债类账户和所有者权益类账户存在备抵账户。备抵账户是指用来抵减被调整账户余额，以确定被调整账户实有数额而设置的独立账户。

（二）根据提供信息的详细程度及其统驭关系分类

根据提供信息的详细程度及其统驭关系，账户可分为总分类账户和明细分类账户。总分类账户和所属明细分类账户都是提供会计核算指标的账户，两者核算的内容相同，但反映内容的详细程度有所不同，它们相互补充、相互制约、相互核对。总分类账户统驭和控制所属明细分类账户，明细分类账户从属于总分类账户。

试题精讲

【多选题】下列关于账户的叙述，正确的有（　　）。

A. 账户以会计科目作为名称

B. 具有一定的格式和结构

C. 是用于反映会计要素增减变动情况和结果的载体

D. 进行会计核算前需要设置账户

【答案】A、B、C、D

【解析】账户是根据会计科目设置的，具有一定格式和结构，用于分类反映会计要素增减变动情况及其结果的载体。

三、账户的功能与结构

（一）账户的功能

账户的功能在于连续、系统、完整地提供企业经济活动中各会计要素增减变动及其结果的具体信息。

账户所包含的信息主要包括两大类，即本期发生额和余额。具体介绍如下。

- **本期发生额**：本期发生额是指会计要素在特定会计期间增加和减少的金额，分别称为账户的“本期增加发生额”和“本期减少发生额”，两者统称为账户的“本期发生额”。
- **余额**：余额是指会计要素在会计期末的增减变动结果，具体表现为期初余额和期末余额，账户上期的期末余额转入本期，即为本期的期初余额；账户本期的期末余额转入下期，即为下期的期初余额。

账户的期初余额、期末余额、本期增加发生额和本期减少发生额统称为账户的四个金额要素。它们之间的基本关系可用如下公式表示。

期末余额=期初余额+本期增加发生额−本期减少发生额

（二）账户的结构

账户的结构是指账户的组成及其各部分的相互关系。设置账户的目的在于分类地记载各项经济业务，反映经济活动引起的会计要素的增减变动情况，提供日常会计核算资料和数据，为编制会计报表提供依据。

由于各项资金运动从数量上看分为两种情况，即增加和减少。因此账户的结构可划分为左、右两边，一边登记增加，一边登记减少。具体哪边登记增加，哪边登记减少，则由经济业务和账户的性质决定。一个完整的账户通常应包括以下内容。

- 账户名称，即会计科目。
- 日期，即所依据记账凭证中注明的日期。
- 凭证字号，即所依据记账凭证的编号。
- 摘要，即经济业务的简要说明。
- 金额，即增加额、减少额和余额。

在借贷记账法下，账户的左方称为“借方”，账户的右方称为“贷方”，一个完整账户的格式和所包含的内容也可用表3-3所示的内容表示。

表 3-3 账户的基本结构

账户名称（会计科目）

年		凭证字号	摘要	借方	贷方	借或贷	余额
月	日						

从账户名称、记录增加额和减少额的左右两方来看，账户结构在整体上类似于汉字“丁”和大写的英文字母“T”，因此，账户的基本结构在实务中被称为“丁”字账户或者“T”型账户，如图3-3所示。

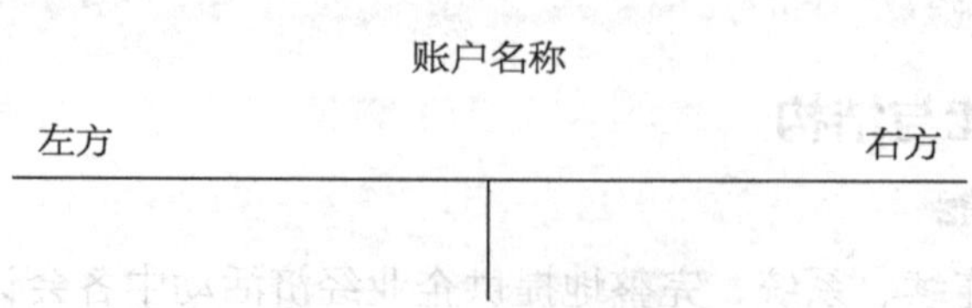

图3-3 “T”型账户的结构

“T”型账户的记录中，一方登记增加额，一方登记减少额，增加额和减少额相抵后的差额，形成了账户的余额，余额在不同的时点，其称呼不同，分为期初余额和期末余额。因此，通过账户的记录可以提供期初余额、期末余额、本期增加额和本期减少额四个核算指标。资产类账户的结构如图3-4所示。

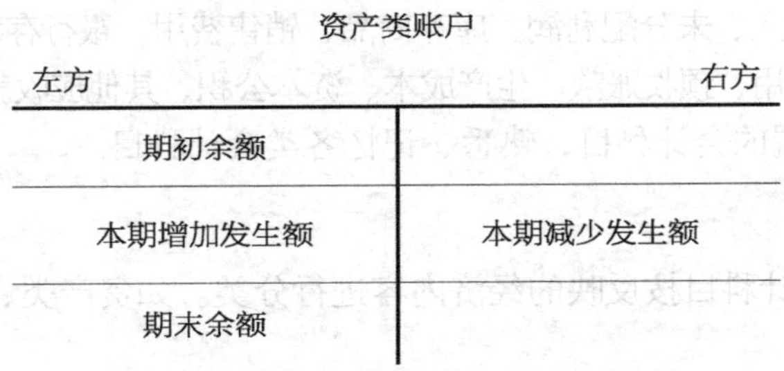

图3-4 资产类账户的一般结构

【任务实施】

甲公司有“库存现金”和“应收账款”两个账户，已知这两个账户均为左边登记增加，右边登记减少。甲公司2月的部分业务如下。

（1）2月1日，出纳清点后，发现公司保险柜中共有现金5 000元。

（2）2月1日，会计通过查看公司账簿得知，本月初公司共有应收账款12 000元。

（3）2月5日，用现金500元购买办公用品。

（4）2月13日，以现金的形式收到应收账款3 000元。

（5）2月18日，销售商品确认应收账款1 500元。

要求：指出“库存现金”和“应收账款”账户的期初余额、期末余额、本期增加发生额、本期减少发生额分别为多少。

（答案参见：光盘\任务实施\项目三\任务二.docx）

项目总结

本项目的内容可归纳为会计科目和账户两个，具体包括会计科目的含义、分类、设置原则以及账户的含义、分类、功能和结构。学习完本项目内容后，读者应该能够正确判断各个会计科目所属的科目类别，并能迅速列举出各类分类科目下的常用会计科目。对于账户的内容，学习完本项目后，读者应该能够绘制各类账户结构图。本项目的重点在于企业常用会计科目的内容及其分类，读者可在平时多做练习，从练习中总结出经常涉及的会计科目，对其进行重点理解，同时，也可参考表3-1的内容进行理解和记忆，另外，在项目四中将结合借贷记账法对账户的结构进行讲解，因此，在学习了项目四后，读者可再次回过头来学习本项目内容，这样便可加深对相关内容的理解。

项目实训一 熟悉企业常用的会计科目

【实训目标】

通过给出的会计科目，进一步掌握会计科目的分类，形象地记忆各类会计科目核算的会计对象的内容。

【实训资料】

已知百盛公司设置有如下会计科目：

库存现金、应收账款、净利润、主营业务收入、交易性金融资产、长期借款、应付职工薪酬、原材料、营业税金及附加、其他应付款、固定资产、实收资本、应付账款、本年利润、制造费用、其他业务收入、未分配利润、库存商品、销售费用、银行存款、财务费用、投资收益、短期借款、管理费用、预收账款、生产成本、资本公积、其他应收款、应交税费。

根据百盛公司设置的会计科目，熟悉、记忆各类会计科目。

【实训指导】

STEP 1 将上述会计科目按反映的经济内容进行分类。如资产类、负债类分别包括哪些会计科目。

STEP 2 将某些科目所核算的会计对象具体化。如资产类中的“库存现金”是指放在保险柜中的现金，“银行存款”是指放在公司开户银行账户上的货币资金；损益类中的“主营业务收入”是指商品的销售收入，“其他业务收入”是指出租房屋或出售材料的收入；所有者权益类中的“实收资本”是指股东投入的资金，“资本公积”是指股东投入的多于实收资本部分的资金。

STEP 3 参照《企业会计准则》中提供的会计科目表，按照上述方法形象记忆各类会计科目。（答案参见：光盘\项目实训\项目三\新会计准则科目表.xls）

项目实训二 绘制和使用“T”型账户

【实训目标】

根据已掌握的有关账户功能和结构的知识，绘制“T”型账户，并能在账户中表示账户提供的四个核算指标。

【实训资料】

百盛公司8月与“银行存款”账户有关的资料如下。

（1）1日，账户期初余额为123 500元。

（2）5日，收到投资者追加的投资100 000元。

（3）16日，用银行存款偿还应付账款50 000元。

（4）22日，以银行存款收到销售商品收入85 000元。

（5）31日，提取现金60 000元，准备发放员工工资。

【实训指导】

STEP 1 根据所学知识绘制“T”型账户。

STEP 2 根据资料，填写账户的期初余额。

STEP 3 根据本月相关信息，填写本期增加额和本期减少额。

STEP 4 根据已有数据，计算出期末余额并填写在账户中。（答案参见：光盘\项目实训\项目三\“银行存款”账户的填写.docx）

拓展知识

一、会计对象、会计要素、会计科目的关系

会计要素是对会计对象进行的基本分类，是会计核算对象的具体化；会计科目是指对会计要素的具体内容进行分类的项目。会计对象、会计要素和会计科目三者之间既有区别，又有联系，其关系如图3-5所示。

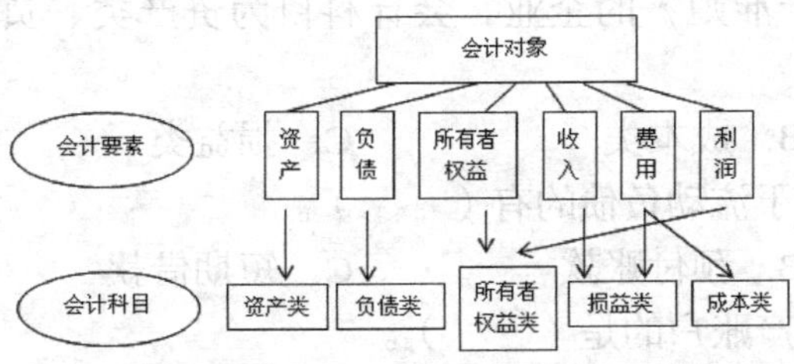

图3-5 会计对象、会计要素和会计科目的关系

二、账户与会计科目的关系

账户与会计科目是不可分割的两个概念，账户的设置离不开相关会计科目的知识，并以其为基础，会计科目的具体应用也离不开账户的诠释。两者的关系如表3-4所示。

表 3-4 账户与会计科目的区别与联系

项目	会计科目	账户
联系	都是对会计对象具体内容的分类	
	核算内容一致，性质相同；会计科目是账户的名称及设置依据，账户是会计科目的具体运用	
	没有会计科目，账户就没有设置的依据；没有账户，会计科目无法发挥作用	
区别	只有名称，没有结构	有名称和结构
	仅反映经济内容是什么	不仅反映经济内容，还反映其增减变化和结余情况
	主要作用是为了账户的开设和为填制凭证提供依据	主要作用是提供某一具体会计对象的资料，为编制财务报告提供依据

真题精练

一、单选题

1. 会计科目是指对（　　）的具体内容进行分类核算的项目。

A. 会计主体　　B. 会计要素　　C. 会计科目　　D. 会计信息

2. 会计科目按（　　）不同，可以分为总分类科目和明细分类科目。

A. 反映的经济内容　　B. 核算的经济内容

C. 提供核算信息的详细程度　　D. 用途和结构

3. 不属于企业资产类科目的是（　　）。

A. 预收账款　　B. 应收账款　　C. 累计折旧　　D. 预付账款

4. 下列属于明细分类账户的是（　　）。

A. 销售费用　B. 生产成本　C. 差旅费　D. 营业费用

5. 以下选项中（　）不属于会计科目设置时应遵循的基本原则。

A. 合法性原则　B. 相关性原则　C. 科学性原则　D. 实用性原则

二、多选题

1. 会计科目按其提供信息的详细程度不同，可以分为（　）。

A. 总分类科目　B. 子目　C. 资产类科目　D. 明细科目

2. 执行《企业会计准则》的企业，会计科目为资产类、负债类、所有者权益类和（　）。

A. 收入类　B. 成本类　C. 损益类　D. 共同类

3. 下列各项中，属于流动负债的有（　）。

A. 预收账款　B. 预付账款　C. 短期借款　D. 实收资本

4. 以下属于流动资产账户的是（　）。

A. 库存现金　B. 存货　C. 银行存款　D. 交易性金融资产

5. 属于所有者权益类的是（　）。

A. 本年利润　B. 利润分配　C. 其他业务收入　D. 资本公积

三、判断题

1. 同会计科目的分类相对应，会计科目应分为总分类会计科目和明细分类会计科目。（　）

2. 销售费用、管理费用和长期待摊费用都是损益类账户。（　）

3. 设置会计科目的相关性原则，是指企业应当按照会计制度中统一规定的科目来设置适用于本企业的科目。（　）

4. 会计科目必须根据国家统一的会计制度的规定设置和使用，企业不允许自行增设、减少或合并会计科目。（　）

5. 会计科目是对会计对象的基本分类。（　）

PART 4

项目四 复式记账

项目引入

杜老师：小叶，现在应该了解资产负债表中各项目的内容和它们的关系了吧？

叶丽娜：是的，通过学习会计科目和账户，我才发现善于总结和联系在会计学习中是如此重要。

杜老师：看来你收获不小哦。那现在我给你一个企业经济活动的资料，你帮我做做账？

叶丽娜：杜老师，您这可为难我了，我只知道企业做账是运用会计科目在账户中进行，但具体怎样操作还不知道呢！

杜老师：这样哦，那我们现在就讲讲会计记账方法中的复式记账，让你能够学以致用。

学习目标

- 了解复式记账法的概念与种类；
- 了解会计分录的分类；
- 熟悉借贷记账法的原理；
- 掌握借贷记账法下的账户结构；
- 掌握借贷记账法下的试算平衡。

考情分析

- 题型与分值：单选题、多选题和判断题，所占分值约为4%。
- 复习重点与建议：重点掌握借贷记账法的账户结构，然后运用借贷记账法，将经济业务内容转化为会计信息，最后熟练掌握借贷记账法下的试算平衡方法。

任务一 认识复式记账法

会计记账方法是指在账簿中登记经济业务的方法，是掌握会计核算技能的重要知识。按照记录经济业务方式的不同，记账方法可以分为单式记账法和复式记账法。现代会计中运用复式记账法。

【任务目标】

本任务的目标是了解复式记账法的含义和种类，并以本任务为基础，为下一个任务“应用借贷记账法”打好基础。

【知识讲解】

一、复式记账法的含义

复式记账法是指以资产与权益平衡关系作为记账基础，对发生的每一笔经济业务，都要在两个或两个以上相互联系的账户中进行登记，系统地反映资金运动变化结果的一种记账方法。简单说来，即每一笔经济业务的发生，都至少引起两个或两个以上账户发生变化，且变动金额是相等的。

案例阅读与思考

2015年2月18日，某公司用保险柜中的现金2 500元购买甲材料。在复试记账法下，对于该公司发生的该笔经济业务，既要在“库存现金”账户中登记减少2 500元，又要在“原材料”账户中登记增加2 500元。这种情况下，便可以全面反映该笔经济业务引起资金变化的来龙去脉，即减少的库存现金是用于购买原材料，购买原材料的资金来源于库存现金，这样也保证了记账的准确性。

二、复式记账法的种类

复式记账法根据其记账符号、账户分类、记账规则和试算平衡方法的不同，可分为借贷记账法、增减记账法和收付记账法等。我国《企业会计准则》规定，企业应当采用借贷记账法记账。本书将详细讲解借贷记账法。

知识补充

增减记账法是以“增”“减”作为记账符号，以“资金占用＝资金来源”为理论基础，直接反映经济业务所引起的会计要素增减变化的一种记账方法；收付记账法是以“收”“付”作为记账符号，反映经济业务所引起会计要素增减变动的一种记账方法。

试题精讲

【判断题】根据复式记账法原理，任何一项经济业务的发生，都将使两个以上会计科目发生增减变化，但增减金额的绝对值不一定相等。（　）

【答案】×

【解析】根据复式记账法的基本要求，对于每项经济业务，必须在两个或两个以上相互联系的账户中进行等额登记。故本题说法错误。

【任务实施】

根据前面的内容，回答下列问题。

（1）什么是复式记账法？掌握复试记账法的重点是什么？

（2）复式记账法可分为几类，其分类标准是什么？

（答案参见：光盘\任务实施\项目四\任务一.docx）

任务二 应用借贷记账法

借贷记账法是我国通用的记账方法，要想学习好会计，对于借贷记账法的应用是必不可少的。

【任务目标】

本任务的目标是熟悉借贷记账法的含义及其原理，掌握借贷记账法的记账规则及借贷记账法下账户的结构，通过本任务的学习，能够熟练编制会计分录并进行借贷记账法下的试算平衡。

【知识讲解】

一、借贷记账法的含义

借贷记账法是指以“借”和“贷”为记账符号的一种复式记账方法。借贷记账法是以“资产=负债+所有者权益”为依据，以“借”和“贷”作为记账符号，以“有借必有贷，借贷必相等”作为记账规则，反映会计要素增减变动情况的一种复式记账方法。对于借贷记账法的含义可参照表4-1的内容进行理解。

表4-1 借贷记账法含义的理解

项目	借贷记账法
建立基础	“资产=负债+所有者权益”会计等式
记账规则	有借必有贷，借贷必相等
反映内容	会计要素的增减变动

名师点睛

“借”“贷”两字在此处并没有实际的意义，并不是一个代表增加，一个代表减少。它们最初是用来表示债权和债务的增减变动，随着时间的推移，“借”“贷”两字逐渐失去了最初的含义，演变成反映经济业务所引起会计要素增减变动的记账符号。

二、借贷记账法下账户的结构

（一）借贷记账法下账户的基本结构

在借贷记账法下，账户的左方称为借方，右方称为贷方。所有账户的借方和贷方按相反方向记录增加数和减少数，即一方登记增加数，另一方登记减少数。至于“借”表示增加还是“贷”表示增加，则由账户性质与反映的经济内容的性质所决定。

一般情况下，资产类、成本类和费用类账户中，“借”表示增加，“贷”表示减少；负债类、所有者权益类和收入类账户则刚好相反，“贷”表示增加，“借”表示减少。另外，若某账户存在备抵账户，则该备抵账户的结构与其所调整账户的结构相反。

知识补充

备抵账户亦称“抵减账户”，它是作为被调整对象原始数额的抵减项目，以确定被调整对象实有数额而设置的独立账户。如“固定资产”的备抵账户为“累计折旧”，“无形资产”的备抵账户为“累计摊销”，“应收账款”的备抵账户为“坏账准备”等。

（二）资产和成本类账户的结构

1. 资产类账户的结构

资产类账户的借方登记资产的增加额，贷方登记资产的减少额，若期末有余额，则在借方。资产类账户的结构如图4-1所示。

资产类账户

借方	贷方
期初余额	
本期增加额	本期减少额
本期借方发生额合计	本期贷方发生额合计
期末余额	

图4-1 资产类账户的结构

2. 成本类账户的结构

成本产类账户的借方登记成本的增加额，贷方登记成本的减少额或成本的结转额，若期末有余额，则在借方。成本类账户的结构如图4-2所示。

成本类账户

借方	贷方
期初余额	
本期增加额	本期减少额
本期借方发生额合计	本期贷方发生额合计
期末余额	

图4-2 成本类账户的结构

资产类和成本类账户的余额计算公式为

期末借方余额＝期初借方余额＋本期借方发生额－本期贷方发生额

（三）负债和所有者权益类账户的结构

负债和所有者权益类账户的借方登记负债和所有者权益的减少额，贷方登记负债和所有者权益的增加额，若期末有余额，则在贷方。负债和所有者权益类账户的结构如图4-3所示。

负债和所有者权益类账户

借方	贷方
	期初余额
本期减少额	本期增加额
本期借方发生额合计	本期贷方发生额合计
	期末余额

图4-3 负债和所有者权益类账户的结构

负债和所有者权益类账户的余额计算公式为

期末贷方余额＝期初贷方余额＋本期贷方发生额–本期借方发生额

试题精讲

【单选题】在借贷记账法下，“盈余公积”账户的期末余额等于（　）。

A. 期初借方余额＋本期借方发生额–本期贷方发生额

B. 期初借方余额＋本期贷方发生额–本期借方发生额

C. 期初贷方余额＋本期贷方发生额–本期借方发生额

D. 期初贷方余额＋本期借方发生额–本期贷方发生额

【答案】C

【解析】所有者权益类账户中，期初余额和期末余额都位于贷方，所以，期末余额=期初余额+本期贷方发生额–本期借方发生额。

【多选题】下列账户中，期末余额在贷方的包括（　）。

A. 预收账款　　B. 应收账款　　C. 应付账款　　D. 累计摊销

【答案】A、C

【解析】“预收账款”和“应付账款”会计科目归属于负债类账户，期末余额在贷方；“应收账款”和“累计摊销”会计科目归属于资产类账户，期末余额在借方。

（四）损益类账户的结构

损益类账户包括收入类账户和费用类账户。由于在每期期末，收入、费用均会转入“本年利润”账户中计算当期损益，故损益类账户期末一般没有余额。

1. 收入类账户的结构

收入的增加将导致企业利润的增加，利润在未分配之前形成了所有者权益。因此，收入类账户的结构与所有者权益类账户的结构类似。借方登记收入的减少额，贷方登记收入的增加额，结转后无余额。收入类账户的结构如图4-4所示。

收入类账户

借方	贷方
本期减少或转销额	本期增加额
本期借方发生额合计	本期贷方发生额合计
	（一般无期末余额）

图4-4 收入类账户的结构

2. 费用类账户的结构

费用作为收入的抵减项，其账户结构与收入类账户的结构相反。借方登记费用的增加额，贷方登记费用的减少额，结转后无余额。费用类账户的结构如图4-5所示。

费用类账户

借方	贷方
本期增加额	本期减少或转销额
本期借方发生额合计	本期贷方发生额合计
（一般无期末余额）	

图4-5 费用类账户的结构

名师点睛

各类账户中借方与贷方分别登记增加额还是减少额，可以根据会计等式“资产+费用=负债+所有者权益+收入”进行记忆。等式左边会计要素的相关账户中，借方登记增加额，贷方登记减少额，若期末有余额，一般在借方；等式右边会计要素的相关账户中，贷方登记增加额，借方登记减少额，若期末有余额，一般在贷方。

借贷记账法下，各类账户的基本结构可概括为表4-2中的内容。

表4-2 借贷记账法下各账户的结构

账户	借方登记	贷方登记	余额方向
资产类	增加	减少	借方
负债类	减少	增加	贷方
所有者权益类	减少	增加	贷方
收入类	减少或转销	增加	一般无余额
费用类	增加	减少或转销	一般无余额
成本类	增加	减少或转销	借方

三、借贷记账法的记账规则

记账规则是指在账户中记录经济业务时所应遵循的规则。借贷记账法的记账规则为“有借必有贷，借贷必相等”，即对于每一笔经济业务，都要在两个或两个以上相互联系的会计科目中以借方和贷方的金额进行登记。

由于任何经济业务引起的会计要素变化可概括为资产和权益要素的变化，所以根据借贷记账法的记账规则，可以总结出经济业务引起的会计要素增减变化在账户中的表现主要包括以下 4 种情况。

- 资产类账户的借方和权益类账户的贷方同时等额增加或减少。
- 资产类账户的贷方和权益类账户的借方同时等额增加或减少。
- 资产类账户的借方和贷方同时反向等额增加或减少。

●权益类账户的借方和贷方同时反向等额增加或减少。

【例4–1】2015年1月2日，明兴公司收到投资款500 000元，存入银行。

该项业务属于资产类账户的借方和权益类账户的贷方同时等额增加或减少的类型。“银行存款”属于资产类账户，增加记入借方；“实收资本”属于所有者权益类账户，增加记入贷方，如图4-6所示。

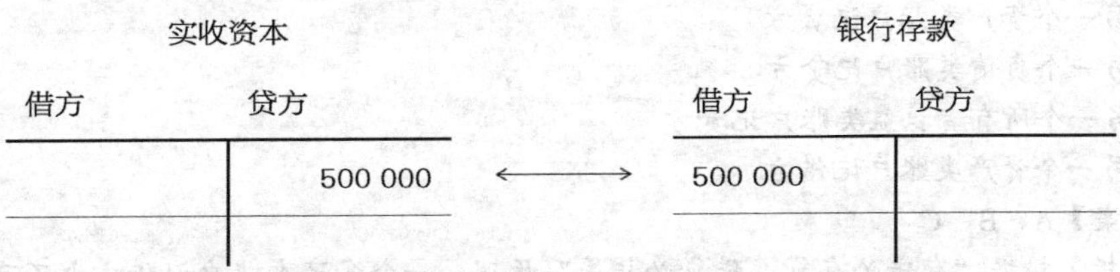

图4-6 资产类账户的借方和权益类账户的贷方同时等额增加或减少

【例4–2】2015年1月8日，明兴公司用价值350 000元的库存商品抵债所欠B公司的贷款。

该项业务属于资产类账户的贷方和权益类账户的借方同时等额增加或减少的类型。“库存商品”属于资产类账户，减少记入贷方，“应付账款”属于权益类账户，减少记入借方，如图4-7所示。

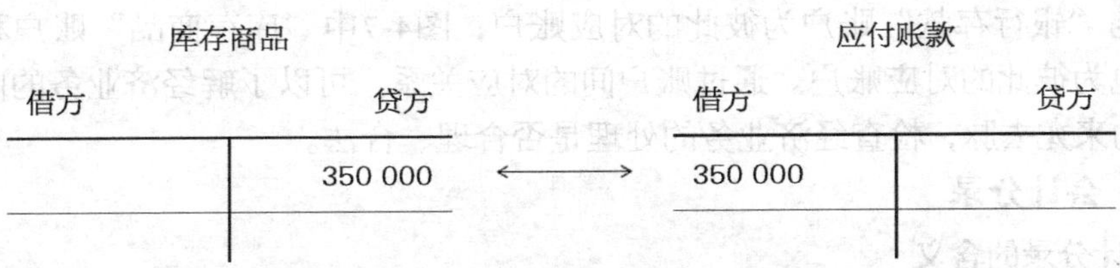

图4-7 资产类账户的贷方和权益类账户的借方同时等额增加或减少

【例4–3】2015年1月19日，明兴公司从银行提取现金300 000元，准备发放工资。

该项业务属于资产类账户的借方和贷方同时反向等额增加或减少的类型。“银行存款”和“库存现金”均属于资产类账户，增加记入借方，减少计入贷方，如图4-8所示。

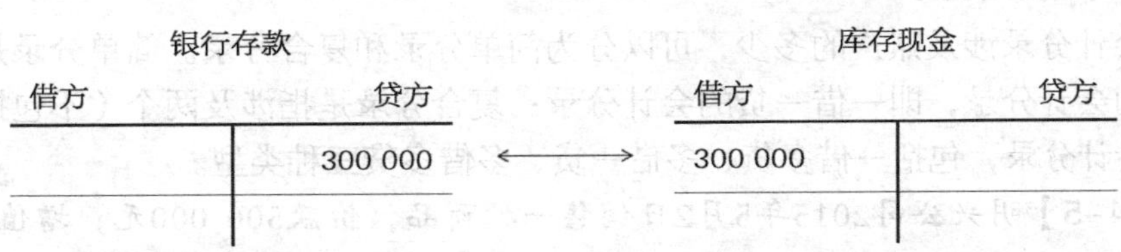

图4-8 资产类账户的借方和贷方同时反向等额增加或减少

【例4–4】2015年1月25日，明兴公司向银行借入短期借款100 000元，偿还所欠C公司的贷款。

该项业务属于权益类账户的借方和贷方同时反向等额增加或减少的类型，“短期借款”和“应付账款”均属于权益类账户，增加记入贷方，减少计入借方，如图4-9所示。

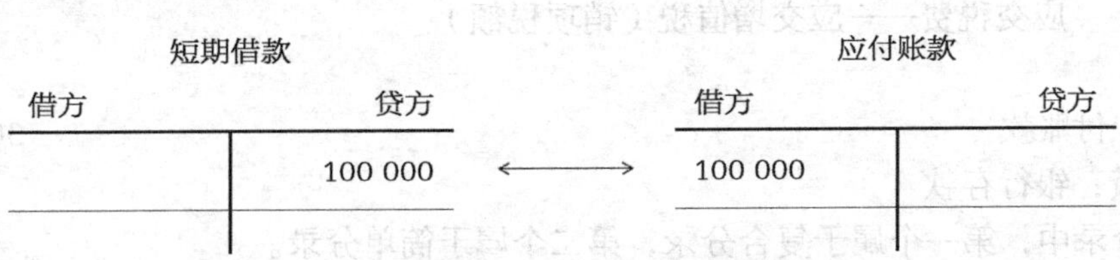

图4-9 权益类账户的借方和贷方同时反向等额增加或减少

在上述案例中，所涉及的账户都只有一个借方和一个贷方，但实际发生的经济业务要复杂得多，有可能会出现一个借方对应多个贷方、一个贷方对应多个借方或多个借方对应多个贷方的情况。但无论出现何种情况，都必然满足“有借必有贷，借贷必相等”的记账规则。

试题精讲

【单选题】某项经济业务发生后，一个资产类账户记借方，则有可能（ ）。

A. 另一个资产类账户记贷方

B. 另一个负债类账户记贷方

C. 另一个所有者权益类账户记贷方

D. 另一个资产类账户记借方

【答案】A、B、C

【解析】根据“有借必有贷，借贷必相等”原理，一个资产类账户记借方则不可能另一个资产类账户也记借方。

四、借贷记账法下的账户对应关系与会计分录

（一）账户的对应关系

账户的对应关系是指采用借贷记账法对每笔交易或事项进行记录时，相关账户之间形成的应借、应贷的相互关系。存在对应关系的账户称为对应账户。如图4-6中“实收资本”账户与“银行存款”账户为彼此的对应账户；图4-7中“库存商品”账户和“应付账款”账户也为彼此的对应账户。通过账户间的对应关系，可以了解经济业务的内容和整个资金运动的来龙去脉，检查经济业务的处理是否合理、合法。

（二）会计分录

1. 会计分录的含义

会计分录简称分录，是指对每项经济业务事项标明其应借、应贷的账户名称及其金额的记录。会计分录的构成包括三要素，即应借应贷方向、对应账户（科目）名称、应记金额。在会计工作中，会计分录记载于记账凭证中。

2. 会计分录的分类

根据会计分录涉及账户的多少，可以分为简单分录和复合分录。简单分录是指只涉及两个账户的会计分录，即一借一贷的会计分录；复合分录是指涉及两个（不包括两个）以上账户的会计分录，包括一借多贷、多借一贷、多借多贷三种类型。

【例4-5】明兴公司2015年5月2日销售一批商品，价款500 000元，增值税85 000元，相关款项已存入银行。5月18日，明兴公司用银行存款支付前欠货款300 000元。

明兴公司对于2日、18日的经济业务编制如下会计分录。

2日：

借：银行存款	585 000	
贷：主营业务收入		500 000
应交税费——应交增值税（销项税额）		85 000

18日：

借：应付账款	300 000	
贷：银行存款		300 000

上述分录中，第一个属于复合分录，第二个属于简单分录。

3. 会计分录的书写格式

在借贷记账法下，会计分录的格式如下。

- **先借后贷，分行列示**：先写借方，后写贷方，借、贷双方分别位于两行。
- **借贷错开，金额相等**："贷"字对齐借方科目的第一个字，借方科目合计数等于贷方科目合计数。
- **若有子目，符号相隔**：若分录中有需要列示的明细科目，应按科目级次高低从左向右列示，二级科目前加破折号，三级科目放在二级科目后的一对小圆括号中。

名师点睛

会计分录中，每个科目占一行，每一行称为一个会计分录，为某项经济业务编制的完整的会计分录称为一笔会计分录；在复合会计分录中，只须写第一个会计科目的"借"或"贷"，将相同方向的会计科目首字对齐。另外，借贷金额要错开写，借方金额个位数字和贷方金额个位数字分别右对齐。

会计分录的格式举例如图4-10所示。

```
借：一级科目                                50 000
    一级科目——二级科目                          350
            ——二级科目                        1 500
    贷：一级科目——二级科目                        4 000
                ——二级科目                          550
        一级科目——二级科目（三级科目）            47 300
```

图4-10 会计分录的格式

4. 会计分录的编制步骤

编制会计分录，应按以下四个步骤进行。

（1）分析经济业务或事项涉及的会计科目的类型（资产还是权益）。

（2）根据经济业务引起的会计要素的增减变化，确定涉及哪些会计科目，是增加还是减少。

（3）根据会计科目的性质和结构，确定应记入哪个（或哪些）会计科目的借方，哪个（或哪些）会计科目的贷方。

（4）根据借贷记账法的记账规则，确定应借应贷会计科目是否正确，借方金额合计与贷方金额合计是否相等。

试题精讲

【判断题】企业只能编制一借一贷、一借多贷、多借一贷的会计分录，而不能编制多借多贷的会计分录，以避免对应关系错乱。（　　）

【答案】×

【解析】会计分录既包括一借一贷、一借多贷、多借一贷的形式，也包括多借多贷的形式。

五、借贷记账法下的试算平衡

（一）试算平衡的含义

试算平衡是指根据会计恒等式"资产=负债+所有者权益"以及借贷记账法的记账规

则，通过对所有账户的发生额和余额进行汇总计算和比较，以此来检查记录是否正确的一种方法。

（二）试算平衡的分类

试算平衡可以分为发生额试算平衡和余额试算平衡两种，下面将分别介绍。

1. 发生额试算平衡

在借贷记账法下，对于每笔经济业务的会计分录都是按照“有借必有贷，借贷必相等”的记账规则编制的，因此每笔经济业务都会以相等的金额分别在借方和贷方加以记载。由于一定会计期间的经济业务都是按照此方法登记的，所以所有涉及账户的借方发生额合计数与贷方发生额合计数必定相等。发生额试算平衡的公式为

全部账户本期借方发生额合计＝全部账户本期贷方发生额合计

发生额试算平衡的直接依据是借贷记账法的记账规则。

根据【例4-1】~【例4-4】中明兴公司发生的经济业务，可以为其编制发生额试算平衡表，如表4-3所示（【例4-1】~【例4-4】的经济事项分别用①～④表示）。

表4-3 明兴公司1月发生额试算平衡表

2015年1月31日　　单位：元

账户名称	本期发生额	
	借方	贷方
库存现金	③300 000	
银行存款	①500 000	③300 000
库存商品		②350 000
应收账款	②350 000	
应付账款	④100 000	
短期借款		④100 000
实收资本		①500 000
合　计	1 250 000	1 250 000

2. 余额试算平衡

余额试算平衡是指利用全部账户借方期末（初）余额合计与全部账户贷方期末（初）余额合计的恒等关系，来检验本期账户记录是否正确的一种方法。余额试算平衡的公式为

全部账户的借方期初余额合计＝全部账户的贷方期初余额合计

全部账户的借方期末余额合计＝全部账户的贷方期末余额合计

余额试算平衡的直接依据是财务状况等式，即“资产=负债+所有者权益”。

（三）试算平衡表的编制

试算平衡是通过编制试算平衡表进行的。试算平衡表通常是在期末结出各账户的本期发生额合计和期末余额后编制的，试算平衡表中一般应设置“期初余额”“本期发生额”“期末余额”三大栏目，其下分设“借方”和“贷方”两个小栏目。各大栏中的借方合计与贷方合计应该平衡相等，否则，便存在记账错误。

现假定明兴公司2015年1月有关账户的期初余额如表4-4所示。

表4-4 明兴公司会计科目2015年1月期初余额

2015年1月1日　　单位：元

账户名称	期初余额	
	借方	贷方
库存现金	15 000	
银行存款	220 000	
库存商品	380 000	
应收账款	20 000	
应付账款		120 000
短期借款		60 000
实收资本		455 000
合　计	635 000	635 000

因此，根据表4-3和表4-4，可编制明兴公司的余额试算平衡表，如表4-5所示。

表4-5 明兴公司余额试算平衡表

2015年1月1日　　单位：元

账户名称	期初余额		本期发生额		期末余额	
	借方	贷方	借方	贷方	借方	贷方
库存现金	15 000		300 000		315 000	
银行存款	220 000		500 000	300 000	420 000	
库存商品	380 000			350 000	30 000	
应收账款	20 000		350 000		370 000	
应付账款		120 000	100 000			20 000
短期借款		60 000		100 000		160 000
实收资本		455 000		500 000		955 000
合　计	635 000	635 000	1 250 000	1 250 000	1 135 000	1 135 000

为了简化表格，试算平衡表也可只根据各个账户的本期发生额编制，不填列各账户的期初余额和期末余额。

虽然试算平衡表都是按照借贷双方或会计等式的平衡关系编制的，但也存在一些缺陷。因为有些错误并不影响平衡，主要包括以下情况。

- **漏记**：漏记经济业务时，借贷双方的发生都会等额减少，借贷仍然平衡。
- **重记**：重记经济业务时，借贷双方的发生都会等额增加，借贷仍然平衡。

- **借贷方向颠倒**：在某项经济业务的记录中，将应借记和贷记的方向颠倒，借贷双方的发生额在数量上保持不变，借贷仍然平衡。
- **记错账户**：某项经济业务中，将涉及的会计账户登记错误，但借方和贷方的发生额保持不变，借贷双方仍然平衡。
- **多记与少记相互抵消**：某会计期间，错误登记的账户中，多记与少记的发生额偶然抵消，借贷双方仍然平衡。

名师点睛

为了尽量避免试算平衡表无法发现的问题，在编制试算平衡表时应注意：将所有账户的余额填入试算表，若发现试算平衡表借贷不相等时，应及时、认真查找错误，直到实现平衡为止。

试题精讲

【单选题】华达公司月末编制试算平衡表，所有会计科目的本月借方发生额合计为2 960 000元，除盈余公积以外的会计科目本月贷方发生额合计为1 980 000元，则盈余公积会计科目（　）。

A. 本月贷方发生额为980 000元

B. 本月借方发生额为980 000元

C. 本月贷方余额为980 000元

D. 本月借方余额为980 000元

【答案】A

【解析】盈余公积会计科目的发生额 = 所有会计科目本月借方发生额 − 除盈余公积以外其他会计科目。本月盈余公积贷方发生额=296 − 198=98（万元）。

【任务实施】

甲公司2015年2月有关账户的期初余额和部分经济业务如下。

（1）有关账户的期初余额：银行存款500 000元，原材料55 000元，固定资产250 000元，应付账款85 000元，短期借款100 000元，应付债券120 000元，实收资本400 000元，盈余公积100 000元。

（2）2月1日，获得投资者追加投资200 000元，存入银行。

（3）2月5日，向供货单位购入原材料一批，价值200 000元，由于公司资金紧张货款暂欠，材料已验收入库。

（4）2月10日，用银行存款支付购买原材料的货款200 000元。

（5）2月17日，根据合营合同的规定，合营期满后投资方将收回投资100 000元，由银行存款支付。

（6）2月20日，用银行存款180 000元购买一台生产用的机器设备。

（7）2月26日，所欠的应付账款40 000元已到期，但公司暂无款支付，向银行借入短期借款40 000元用于偿还到期货款。

（8）2月28日，决定以盈余公积50 000元转增资本。

（9）2月28日，经批准将B公司发行的60 000元应付债券转为实收资本。

要求：

（1）判断所给账户的期初余额方向；

（2）根据资料，编制发生额试算平衡表并指出其编制依据。

（答案参见：光盘\任务实施\项目四\任务二.docx）

项目总结

本项目主要是对会计记账方法的讲解，重点在于复式记账法中借贷记账法的运用。读者在学习本项目知识时，应把握两个关键点，首先是借贷记账法的规则，即“有借必有贷，借贷必相等”；其次是借贷记账法下的试算平衡，包括发生额试算平衡公式和余额试算平衡公式。只要将这两个关键知识掌握了，本项目的其他知识都可以融会贯通地理解了。

本项目的学习主要是为了编制会计分录奠定基础，同时，通过本项目对试算平衡相关知识的了解，也可为项目七中涉及的错账查找与错账更正奠定基础。

为了使读者对复试记账加深理解，本项目后面的拓展知识将对单式记账法与复式记账法进行比较，同时提供编制会计分录的相关经验。

项目实训一 编制会计分录

【实训目标】

能够根据企业日常发生的经济事项分析涉及的会计科目，判断各会计科目的增减变化情况，在借贷记账法的基础上，正确编制会计分录。

【实训资料】

百盛公司2015年6月发生了以下业务。

（1）从银行提取现金50 000元备发工资。

（2）用现金300元购入办公用品。

（3）把现金36 000元存入银行。

（4）将商品出售给某学校，货款500 000元，增值税85 000元，货款及增值税收到并存入银行账户。

（5）收到应收账款50 000元，存入银行。

（6）用银行存款支付管理部门车辆修理费400元，生产部门修理费600元。

（7）向B公司购货一批，货款预计35 000元，按合同规定用银行存款向供货单位预付全部货款。

（8）以银行存款归还到期的短期借款30 000元。

（9）收到李强投入人民币100 000元存入银行。

（10）收到E公司丙材料一批，价值60 000元，增值税10 200元，运杂费500元，材料已验收入库，款项尚未支付。

要求：根据上述资料，分别为每项业务编制会计分录。

【实训指导】

STEP 1 分析每笔经济业务所涉及的会计科目。

STEP 2 确定涉及的会计科目是增加还是减少。

STEP 3 确定所涉及的会计科目应该记在借方还是贷方。前3个步骤可参考表4-6进行总结。

STEP 4 根据借贷记账规则编制会计分录。

STEP 5 检查应借应贷科目是否正确，借贷方金额是否相等。（答案参见：光盘\项目实训\项目四\编制会计分录.docx）

表4-6 编制会计分录前的准备

经济业务	涉及会计科目	相关科目增加或减少	记入借方还是贷方
（1）	银行存款	减少	贷方
	库存现金	增加	借方
（2）	库存现金	减少	贷方
	管理费用	增加	借方
（3）			
（4）			
（5）			
（6）			
（7）			
（8）			
（9）			
（10）			

项目实训二 编制发生额和余额试算平衡表

【实训目标】

熟悉发生额与余额试算平衡表编制的理论依据，根据经济业务情况，编制发生额和余额试算平衡表。

【实训资料】

已知百盛公司有关账户2015年3月的期初余额如下。

“库存现金”：1 000元，“短期借款”：30 000元，“银行存款”：10 000元，“应付账款”：10 000元，“应收账款”：8 000元，“实收资本”：21 000元，“固定资产”：80 000元，“资本公积”：38 000元。

本月发生的经济业务如下。

（1）向银行借入短期借款60 000元存入银行。

（2）以银行存款支付前欠A工厂货款6 000元。

（3）以公司的机器设备50 000元，对外进行长期投资。

（4）以公司的资本公积转增资本20 000元。

要求：根据以上业务编制会计分录，并根据期初余额编制发生额和余额试算平衡表。

发生额和余额试算平衡表格式如表4-7所示。

表4-7 发生额和余额试算平衡表

账户名称	期初余额		本期发生额		期末余额	
	借方	贷方	借方	贷方	借方	贷方

【实训指导】

STEP 1 根据提供的账户期初余额资料，将其填入试算平衡表的期初余额栏中。

STEP 2 根据本月发生的经济业务，编制会计分录。

STEP 3 根据编制的会计分录，填列试算平衡表中的本期发生额栏。

STEP 4 填列试算平衡表中的期末余额栏。（答案参见：光盘\项目实训\项目四\编制发生额和余额试算平衡表.docx）

拓展知识

一、单式记账法与复式记账法的比较

单式记账法是指对发生的经济业务一般只在一个账户中进行单方面记录的一种记账方法。运用单式记账法时，一般会重点考虑现金、银行存款以及债权和债务方面的交易或事项。

与单式记账法相比，复式记账法具有一些优点，主要包括以下方面。

- 账户对应关系清楚，可以鲜明地反映各种经济活动的来龙去脉。
- 可以对每笔经济业务进行核算和监督。
- 可以对账户记录的结果进行试算平衡，以检查账户记录的准确性。

二、编制会计分录的经验之谈

会计分录的编制对于初学者来讲是一件比较难的事。由于对企业经济业务的不熟悉，对会计科目的判断不准确，往往会将分录编制错误。为了使会计分录的编制尽量准确、高效，在熟悉、掌握会计分录的编制方法和步骤的基础上，可以参照以下方法。

- 首先应熟悉会计科目，掌握常用科目的核算内容。
- 了解记账规则和记账流程，有助于对经济业务的理解。
- 多练、多积累，通过平时的练习，多接触各类经济业务，加强对经济业务所涉及

的会计科目的敏感性。

- 在理解的基础上记忆，切忌死记硬背。
- 联系会计准则，会计准则中对各科目的讲解都比较到位，熟悉会计准则将有助于对编制分录的理解。

任何新知识的学习都是一个熟能生巧的过程，只要在平时多加练习，且在练习中注意结合以上方法，会计分录的编制就能信手拈来了。

真题精练

一、单选题

1. 在复式记账法下，对每项经济业务都应以相等的金额，在（　　）中进行登记。

A. 不同性质的账户　　B. 两个账户

C. 两个或两个以上账户　　D. 一个或一个以上账户

2. 下列各项中，不属于复式记账法的是（　　）。

A. 分类记账法　　B. 增减记账法

C. 借贷记账法　　D. 收付记账法

3. 在借贷记账法下，期末没有余额的账户类别是（　　）账户。

A. 资产类　　B. 损益类

C. 负债类和所有者权益类　　D. 成本类

4. 某企业银行存款期初借方余额是220 000元，本期借方发生额为100 000元，贷方发生额为98 000元。那么，期末银行存款余额是（　　）。

A. 借方222 000元　　B. 贷方222 000元

C. 借方220 000元　　D. 贷方220 000元

5. 借贷记账法的理论依据是（　　）。

A. 复式记账法　　B. 资产=负债+所有者权益

C. 有借必有贷，借贷必相等　　D. 借贷平衡

6. 在借贷记账法下，形成不正确的对应关系是（　　）。

A. 资产增加，同时权益增加　　B. 资产增加，同时资产减少

C. 资产增加，同时权益减少　　D. 权益减少，同时权益减少

7. 按“有借必有贷，借贷必相等”的记账规则在账户记录经济业务后的结果是（　　）。

A. 资产类账户发生额等于负债和所有者权益账户的发生额

B. 所有账户的本期借方发生额合计等于本期贷方发生额合计

C. 每个账户的借方发生额等于贷方发生额

D. 任何总账的借贷发生额必然相等

8. 企业从应付职工薪酬中扣缴的个人所得税，贷记的会计科目是（　　）。

A. 应付职工薪酬　　B. 应交税费——应交个人所得税

C. 银行存款　　D. 其他应收款

9. 下列说法中正确的是（　　）。

A. 赊购商品会导致资产和负债同时减少

B. 车间管理人员工资能计入产品成本，企业管理人员的工资和在建工程人员的工资不能计入产品成本

C. 银行汇票存款和银行冻结存款也属于企业的“其他货币资金”

D. 持续经营假设规范了会计工作的时间与空间范围

10. 下列记账错误中，能够通过试算平衡检查发现的是（　　）。

A. 将某一会计科目的贷方发生额200元误写成2 000元，借方金额无误。

B. 某项经济业务在记账过程中颠倒了借贷科目，但金额无误。

C. 重复登记了某一项经济业务

D. 漏记了某一项经济业务

二、多选题

1. 复式记账法必须遵循的基本原则是（　　）。

A. 以会计等式作为记账基础

B. 对每项经济业务，必须在两个或两个以上相互联系的账户中进行等额登记

C. 必须按经济业务对会计等式的影响类型进行记录

D. 定期汇总的全部账户记录必须平衡

2. 借贷记账法下，账户的“借”方表示（　　）。

A. 资产、成本、费用的增加　　B. 负债的减少

C. 所有者权益的减少　　D. 收入、收益的减少

3. 复合会计分录包括（　　）。

A. 由两个或两个以上的会计分录组成

B. 涉及两个以上会计科目的会计分录

C. 由两个简单的会计分录组成

D. 由两个相关的会计科目组成

4. 会计分录的格式正确的有（　　）。

A. 先借后贷

B. 借方在上，贷方在下

C. 每一个会计科目占一行

D. “贷”字应对齐借方会计科目的第一个字，金额也要错开写

5. 编制会计分录时，需要考虑（　　）。

A. 经济业务的发生所涉及的会计科目

B. 会计要素的变动是增加还是减少

C. 确定应计入会计科目的借方还是贷方

D. 确定会计科目的余额在借方还是贷方

6. 某公司赊销积压的原材料一批，增值税专用发票上注明售价20 000元，增值税税额3 400元，下列会计分录中，错误的有（　　）。

A. 借：应收账款　　23 400
　　贷：主营业务收入　　20 000
　　　　应交税费——应交增值税（销项税额）　　3 400

B. 借：银行存款　　23 400
　　贷：主营业务收入　　20 000

　　　应交税费——应交增值税（销项税额）　3 400

C. 借：应收账款　23 400

　贷：其他业务收入　20 000

　　　应交税费——应交增值税（销项税额）　3 400

D. 借：应收账款　23 400

　贷：其他业务收入　23 400

7. 企业向银行借入9个月的借款80 000元，存入银行，不正确的会计分录为（　　）。

A. 借：短期借款　80 000

　贷：银行存款　80 000

B. 借：银行存款　80 000

　贷：长期借款　80 000

C. 借：银行存款　80 000

　贷：短期借款　80 000

D. 借：银行存款　80 000

　贷：应付账款　80 000

8. 库存现金短缺，属于出纳人员责任，收到赔款时应编制的会计分录是（　　）。

A. 借：库存现金　　B. 借：管理费用

C. 贷：待处理财产损溢　　D. 贷：其他应收款

9. 下列关于借贷记账法试算平衡的说法中，正确的有（　　）。

A. 在一定时期内，全部账户本期借方发生额之和应等于全部账户本期贷方发生额之和

B. 在某一特定时日，全部账户期末借方余额之和应等于全部账户期末贷方余额之和

C. 在某一特定时日，全部账户期初借方余额之和应等于全部账户期初贷方余额之和

D. 若本期全部账户期末借方余额之和等于全部账户期末贷方余额之和，则说明记账工作无差错

三、判断题

1. 运用单式记账法记录经济业务，可以反映每一项经济业务的来龙去脉，可以检查每一笔业务是否合理、合法。（　　）

2. 在借贷记账法下，损益类账户的借方登记减少额，贷方登记增加额，期末一般无余额。（　　）

3. 借贷记账法的试算平衡方法包括发生额试算平衡法和余额试算平衡法。（　　）

4. 进行试算平衡后如果试算平衡，则账簿记录一定正确。（　　）

PART 5

项目五 核算企业主要经济业务

项目引入

叶丽娜：杜老师，我发现了一个问题。经过前面知识的学习，我对企业的日常业务有了大概的了解，也能够对部分经济业务编制会计分录，但我怎么好像还是对企业的经营不大了解呢？

杜老师：小叶，你这个问题问得很好，证明你在学习中是不断思考的，在学习中发现问题并不断解决是非常重要的。

叶丽娜：老师，产生这个问题的原因是什么呢？难道是我太笨了吗？

杜老师：当然不是啦！这是因为我们前面的学习都是为会计工作做的准备，是知识的储备过程，对企业的经营并没有系统的认识。为了解决这个问题，我们接下来就根据企业的经营流程来核算企业的主要经济业务。

学习目标

- 掌握企业资金的循环与周转过程；
- 掌握核算企业主要经济业务的会计科目；
- 掌握企业主要经济业务的账务处理；
- 掌握企业净利润的计算；
- 掌握企业净利润的分配。

考情分析

- 题型与分值：单选题、多选题、判断题和计算分析题，所占分值约为30%。
- 复习重点与建议：重点关注企业主要经济业务所涉及的会计科目，掌握主要账户借贷记账法的具体运用方法，学会计算和分配企业净利润。

任务一 核算企业资金筹集业务

在项目一中，我们已经了解了会计核算与监督的对象就是资金运动。同时，我们也知道了企业的资金活动包括资金投入、资金的循环与周转（资金的运用）、资金的退出三个基本环节。针对企业经营中经历的三个基本环节，企业主要的经济业务包括资金筹集业务、固定资产业务、供应过程业务、生产过程业务、销售过程业务、利润形成与利润分配业务。

作为企业经营的第一步，资金的筹集是必不可少的，下面将对资金筹集业务所涉及的会计处理进行详细讲解。

【任务目标】

本任务的目标是了解企业筹集资金的来源，掌握核算企业资金筹集业务涉及的会计账户及所涉及账户的核算内容。通过本任务的学习，能够对企业资金筹集业务进行正确的账务处理。

【知识讲解】

企业筹集的资金按其来源通常可分为所有者权益筹资和负债筹资。所有者权益筹资形成所有者的权益，也称权益资本，包括投资者的投资及其增值，这部分资本的所有者既享有企业的经营收益，也承担企业的经营风险；负债筹资形成债权人的权益，也称债务资本，主要包括企业向债权人借入的资金和结算形成的负债资金等，这部分资本的所有者享有按约收回本金和利息的权利。

一、所有者权益筹资业务

（一）所有者投入资本的构成

所有者投入资本按照投资主体的不同可以分为国家资本金、法人资本金、个人资本金和外商资本金等。

所有者投入的资本主要包括实收资本（或股本）和资本公积，具体含义如下。

- **实收资本**：实收资本是指企业的投资者按企业章程、合同或协议的约定，实际投入企业的资本金以及按照有关规定由资本公积、盈余公积等转增资本的资金。投资者按照出资比例或股东的股份比例享有企业的所有者权益，参与企业的财务经营决策，进行利润分配或股利分配。
- **资本公积**：资本公积是指企业收到投资者投入的超出其在企业注册资本（或股本）中所占份额的投资，以及直接记入所有者权益的利得和损失等。资本公积作为企业所有者权益的重要组成部分，主要用于转增资本。

根据《公司法》的规定，可以用货币出资，也可以用实物、知识产权、土地使用权等可以用货币估价并可以依法转让的非货币财产作价出资，但是，法律、行政法规规定不得作为出资的财产除外。

（二）账户设置

企业通常设置以下账户对所有者权益筹资业务进行核算。

1. “实收资本（或股本）”账户

“实收资本”账户（股份有限公司一般设置“股本”账户）属于所有者权益类账户，用以核算企业接受投资者投入的实收资本。

该账户的贷方登记所有者投入企业资本金的增加额，借方登记所有者投入企业资本金的减少额。期末余额在贷方，反映企业期末实收资本（或股本）的总额。该账户可按不同的投资者进行明细分类核算。

"实收资本"账户的结构如图5-1所示。

"实收资本"账户

借方	贷方
所有者投入企业资本金的减少额	所有者投入企业资本金的增加额
	期末余额：投资者投入企业的资本总额

图5-1 "实收资本"账户的结构

2."资本公积"账户

"资本公积"账户属于所有者权益类账户，用以核算企业收到投资者出资额超出其在注册资本或股本中所占份额的部分，以及直接记入所有者权益的利得和损失等。

该账户贷方登记资本公积的增加额，借方登记资本公积的减少额。期末余额在贷方，反映企业期末资本公积的结余数额。该账户可按资本公积的来源不同，分别设置"资本溢价（或股本溢价）""其他资本公积"进行明细分类核算。

"资本公积"账户的结构如图5-2所示。

"资本公积"账户

借方	贷方
资本公积的减少额	资本公积的增加额
	期末余额：企业期末资本公积的结余数额

图5-2 "资本公积"账户的结构

3."银行存款"账户

"银行存款"账户属于资产类账户，用以核算企业存入银行或其他金融机构的各种款项，但银行汇票存款、银行本票存款、信用卡存款、信用证保证金存款、存出投资款、外埠存款等，不在此账户中核算，而应在"其他货币资金"账户中核算。

该账户借方登记银行存款的增加金额，贷方登记银行存款的减少金额。期末余额在借方，反映企业实际持有的银行存款金额。该账户应当按照开户银行、存款种类进行明细分类核算。

"银行存款"账户的结构如图5-3所示。

"银行存款"账户

借方	贷方
银行存款的增加金额	银行存款的减少金额
期末余额：企业实际持有的银行存款金额	

图5-3 "银行存款"账户的结构

知识补充

“其他货币资金”账户属于资产类账户，主要用于核算除库存现金和银行存款以外的其他形式存在的各种货币资金，主要包括上面提到的银行汇票存款等。该账户借方登记存入的其他货币资金，贷方登记支出的其他货币资金，期末余额在借方，反映企业存在银行或其他金融机构的其他货币资金数额。该账户应当按照“银行汇票存款”“银行本票存款”“信用卡存款”“存出投资款”“外埠存款”等进行明细核算。

试题精讲

【单选题】下列关于所有者权益筹资业务账户设置的描述，正确的是（　　）。

A. “实收资本”账户的贷方登记实收资本的减少数额

B. “资本公积”账户的期末余额在借方，反映企业期末资本公积的结余数额

C. “银行存款”账户为所有者权益类账户，用以核算企业存入银行或其他金融机构的各种款项

D. 银行汇票存款、银行本票存款，不通过“银行存款”账户核算

【答案】D

【解析】“实收资本”账户借方登记实收资本的减少数额；“资本公积”账户的期末余额在贷方；“银行存款”账户为资产类账户。

（三）账务处理

1. 接受货币资产投资的账务处理

企业收到投资者投入的货币性资产时，按照实际收到的金额，借记“银行存款”科目，按照投资合同或协议中约定的投资者在企业注册资本或股本中所占的份额，贷记“实收资本”科目，两者之间的差额即属于资本公积的部分，贷记“资本公积——资本溢价（或股本溢价）”科目。

【例5-1】甲、乙两人共同投资设立明兴公司，该公司注册资本为500 000元，甲、乙的出资比例均为50%，双方均已将投资款存入明兴公司的开户行。应编制的会计分录如下。

借：银行存款	500 000
贷：实收资本——甲	250 000
——乙	250 000

名师点睛

当企业经营过程中，有新投资者加入时，为了维护原投资者的权益，新投资者的出资额并不一定全部作为实收资本处理。一方面是，企业在创立初期的筹建、试营业、市场的开辟等，需要创办者付出时间、资金等代价；另一方面，企业经过一段时间的营业，已经形成了内部积累，如从净利润中提取的盈余公积、未分配利润等，新投资者加入后，对这些积累也要分享。因此，新投资者往往要付出大于原投资者的出资额，才能取得与原投资者相同的出资比例，多于部分的出资额即形成了资本公积。

【例5-2】接【例5-1】，为了扩大经营，明兴公司决定吸收新的投资者，将注册资本扩大为750 000元。现有丙愿意以280 000元的出资额享有明兴公司1/3的股份。甲、乙与丙签订了协议。应编制的会计分录如下。

借：银行存款	280 000
贷：实收资本——丙	250 000
资本公积——资本溢价	30 000

2. 接受非现金资产投资的账务处理

企业收到以固定资产、无形资产、库存商品等非现金资产作为资本投入时，应按照合同或协议约定的价值确认接受的非现金资产的价值，并确定投资者在企业注册资本或股本中所占的份额，借记“固定资产”“无形资产”“库存商品”等科目，按照应享有的份额，贷记“实收资本（或股本）”科目，两者之间的差额记入“资本公积——资本溢价（或股本溢价）”科目。

【例5-3】接【例5-2】，明兴公司经营业绩越来越好，准备开拓新的领域，需要将注册资本扩大为1 000 000元，打算再一次吸收新的投资者。现有丁愿意以拥有的一项专利技术进行投资。丁与甲、乙、丙签订的协议中约定：丁以无形资产作为资本投入，该无形资产的协议约定价为300 000元，丁享有明兴公司1/4的股份。应编制的会计分录如下。

借：无形资产	300 000	
贷：实收资本——丁		250 000
资本公积——资本溢价		50 000

二、负债筹资业务

（一）负债筹资的构成

负债筹资主要包括短期借款、长期借款以及结算形成的负债等，具体含义如下。

- **短期借款**：短期借款是指企业为了满足其生产经营对资金的临时性需要而向银行或其他金融机构等借入的偿还期限在1年以内（含1年）的各种借款。
- **长期借款**：长期借款是指企业向银行或其他金融机构等借入的偿还期限在1年以上（不含1年）的各种借款。
- **结算形成的负债**：结算形成的负债主要有应付账款、应付职工薪酬、应交税费等。

知识补充　短期借款一般是为了企业生产经营所需的流动资金而形成的负债，属于企业的流动负债；长期负债一般是由于企业固定资产的构建、改扩建工程、大修理工程、对外投资以及为了保持长期经营能力等而形成的负债，是企业长期负债的重要组成部分。

（二）账户设置

企业通常设置以下账户对负债筹资业务进行核算。

1.“短期借款”账户

“短期借款”账户属于负债类账户，用以核算企业的短期借款。

该账户的贷方登记短期借款本金的增加额，借方登记短期借款本金的减少额。期末余额在贷方，反映企业期末尚未偿还的短期借款。该账户可按照借款的种类、贷款人和币种进行明细分类核算。

“短期借款”账户的结构如图5-4所示。

“短期借款”账户

借方	贷方
短期借款本金的减少额	短期借款本金的增加额
	期末余额：企业期末尚未偿还的短期借款

图5-4　“短期借款”账户的结构

2. “长期借款”账户

“长期借款”账户属于负债类账户，用以核算企业的长期借款。

该账户贷方登记长期借款本金的增加额及每期计提的利息，借方登记长期借款本金和利息的减少额。期末余额在贷方，反映企业尚未归还的长期借款。该账户可按贷款单位和贷款种类，分别设置“本金”“利息调整”等进行明细分类核算。

“长期借款”账户的结构如图5-5所示。

“长期借款”账户

借方	贷方
长期借款本金和利息的减少额	长期借款本金的增加额及每期计提的利息
	期末余额：企业尚未归还的长期借款

图5-5 “长期借款”账户的结构

3. “应付利息”账户

“应付利息”账户属于负债类账户，用以核算企业按合同约定利率应支付的利息，包括吸收存款、分期付息到期还本的长期借款等应支付的利息。

该账户贷方登记企业按照合同利率计算确定的应付未付的利息，借方登记实际支付的利息。期末余额在贷方，反映企业应付未付的利息。该账户可按存款人或债权人进行明细分类核算。

“应付利息”账户的结构如图5-6所示。

“应付利息”账户

借方	贷方
实际支付的利息	按照合同约定利率计算确定的应付未付的利息
	期末余额：企业应付未付的利息

图5-6 “应付利息”账户的结构

4. “财务费用”账户

“财务费用”账户属于损益类账户，用以核算企业为筹集生产经营所需资金等而发生的筹资费用，包括利息支出（减利息收入）、汇兑损益以及相关的手续费、企业发生的现金折扣或收到的现金折扣等。为购建或生产满足资本化条件的资产发生的应予资本化的借款费用，通过“在建工程”“制造费用”等账户进行核算。

该账户借方登记手续费、利息费用等的增加额，贷方登记应冲减财务费用的利息收入等。期末结转后，该账户无余额。该账户可按费用项目进行明细分类核算。

“财务费用”账户的结构如图5-7所示。

“财务费用”账户

借方	贷方
手续费、利息费用等的增加额	应冲减财务费用的利息收入等

图5-7 “财务费用”账户的结构

试题精讲

【单选题】企业到期偿还长期借款，应该借记（　　）。

A. 银行存款　　B. 长期借款　　C. 应付账款　　D. 其他应付款

【答案】B

【解析】企业到期偿还借款，长期借款减少，应记入“长期借款”的借方。

（三）账务处理

1. 短期借款的账务处理

短期借款涉及的业务包括4部分：借入短期借款、计提短期借款利息、支付短期借款利息、归还短期借款。其账务处理如下。

- **取得短期借款时**：企业取得短期借款时，应借记“银行存款”科目，贷记“短期借款”科目。
- **按月预提利息费用时**：企业按月预提利息费用时，应借记“财务费用”科目，贷记“应付利息”科目。
- **支付短期借款利息**：企业应当在季末按实际支付的利息金额与已预提的利息金额的差额（即尚未计提的部分），借记“财务费用”“应付利息”等科目，根据应付利息总额，贷记“银行存款”科目。
- **归还短期借款**：企业归还到期的短期借款时，应借记“短期借款”科目，贷记“银行存款”科目。

【例5-4】2015年1月1日，明兴公司向银行借入短期借款150 000元，期限为6个月，年利率为6%，利息按季支付，分月预提。应编制的会计分录如下。

取得短期借款时。

借：银行存款　　150 000

　贷：短期借款　　150 000

1、2月末应分别计提的短期借款利息=150 000×6%÷12=750（元）。

借：财务费用　　750

　贷：应付利息　　750

3月末应当支付的本季短期借款利息=150 000×6%÷12×3=2 250（元）。

借：财务费用　　750

　　应付利息　　1 500

　贷：银行存款　　2 250

4、5月末计提的短期借款利息及会计分录的编制与1、2月末相同。

6月末归还该短期借款时，应编制的会计分录如下。

借：短期借款　　150 000

　　应付利息　　1 500

　　财务费用　　750

　贷：银行存款　　152 250

2. 长期借款的账务处理

长期借款的账户处理包括4部分：取得长期借款、计提长期借款利息、支付长期借款利息、归还长期借款。其账务处理如下。

- **取得长期借款**：企业取得长期借款时，应按实际收到的金额，借记“银行存款”

科目，贷记“长期借款”科目。

- **计提长期借款利息**：企业计提长期借款利息时，应借记“在建工程”“制造费用”或“管理费用”等科目，贷记“应付利息”科目。
- **支付长期借款利息**：企业支付长期借款利息时，应借记“应付利息”科目，贷记“银行存款”科目。
- **归还长期借款**：企业归还长期借款时，应借记“长期借款”科目，贷记“银行存款”科目，期末余额在贷方，反映企业尚未偿还的长期借款。

【例5-5】2013年1月1日，明兴公司从银行取得一笔为期两年的借款500 000元，所借款项已存入银行，年利率为7%，该借款用于基建工程，借款利息按年支付，借款本金到期后一次还本。应编制的会计分录如下。

取得短期借款时。

借：银行存款　　500 000

　　贷：长期借款　　500 000

计提2013年利息=500 000×7%=35 000（元）。

借：在建工程　　35 000

　　贷：应付利息　　35 000

支付2013年的利息费用。

借：应付利息　　35 000

　　贷：银行存款　　35 000

2014年年末归还长期借款。

借：长期借款　　500 000

　　应付利息　　35 000

　　贷：银行存款　　535 000

知识补充

上述所讲的长期借款均为分期付息的长期借款，若长期借款为到期一次还本付息的长期借款，则在计算利息时应做如下分录：

借：在建工程等

　　贷：长期借款——应计利息

【任务实施】

已知：2014年1月1日，A、B两人共同出资成立甲公司。甲公司的注册资本为300 000元，A、B的出资比例为1∶1。A全部以现金作为出资，B以现金100 000元和一台固定资产作为出资，该固定资产的协议价格为50 000元。经过1年的经营，甲公司不断成长，A、B打算扩大公司经营范围，将公司注册资本扩大为450 000元。2015年2月1日，经过商定，C以现金180 000元入股甲公司，享有甲公司1/3的份额。2015年3月1日，甲公司为了进一步扩大经营，向银行借入200 000元，该项借款为到期一次还本付息，期限为2年，年利率为6%，借款已存入银行。

要求：根据资料回答下列问题。

（1）指出A、B的出资方式，并编制甲公司2014年取得投资款的会计分录。

（2）编制甲公司2015年C入股的会计分录。

（3）编制甲公司向银行借款的会计分录，并计提2015年利息。

（答案参见：光盘\任务实施\项目五\任务一.docx）

任务二 核算企业固定资产业务

固定资产是为企业经营提供服务的资产，企业在筹集资金后，应进行固定资产的购置，为企业的后续经营做准备。

【任务目标】

本任务的目标是了解固定资产的概念及其特征，掌握固定资产核算的内容及方法。通过本任务的学习，能够正确核算不同方式下取得的固定资产的成本，掌握固定资产在不同折旧方法下的核算特点，并通过不同账户对固定资产的各项业务进行账务处理。

【知识讲解】

一、固定资产的概念与特征

（一）固定资产的概念

固定资产是指为生产商品、提供劳务、出租或者经营管理而持有，使用寿命超过一个会计年度的有形资产。

（二）固定资产的特征

根据固定资产的概念可知，固定资产具有以下3个特征。

- **属于一种有形资产**：有形资产是指那些具有实物形态的资产。固定资产属于有形资产的特征表现为其一般是作为房屋建筑物、机器设备等看得见、摸得着的资产存在的。这一特征有利于将其与无形资产、应收账款和应收票据等资产区别开来。
- **为生产商品、提供劳务、出租或经营管理而持有**：企业持有固定资产的主要目的是为了生产商品、提供劳务、出租或经营管理，而不是为了出售，这一特征有利于将其与企业所持有的存货区别开来。
- **使用寿命超过一个会计年度**：固定资产的使用寿命是指企业使用固定资产的预计期间，或者该固定资产所能生产产品和提供劳务的数量。固定资产的使用寿命至少为超过1年或大于1年的一个生产经营周期，并随着使用、磨损和损耗，最终将其废弃或重置。

知识补充

企业确定固定资产的使用寿命，应当考虑以下3个因素。

（1）预计的生产能力和实物数量。

（2）预计有形损耗和无形损耗。

（3）法律或类似规定对资产使用的限制。

试题精讲

【单选题】下列选项中，属于固定资产的是（　　）。

A. 企业商誉　　B. 车床　　C. 刀具、磨具　　D. 领导私人汽车

【答案】B

【解析】企业商誉不属于固定资产；刀具、磨具属于低值易耗品（使用寿命不超过一个会计年度）；领导私人汽车并不是为生产商品、提供劳务、出租或经营管理而持有。

二、固定资产的成本

固定资产的成本是指企业购建某项固定资产达到预定可使用状态前所发生的一切合

理、必要的支出。

根据固定资产取得的方式不同，其成本的具体构成内容与确定方法也不相同，主要区别如下。

- **外购的固定资产**：外购的固定资产的成本，包括购买价款、相关税费、使固定资产达到预定可使用状态前所发生的可归属于该项资产的运输费、装卸费、安装费和专业人员服务费等。
- **自建的固定资产**：自建的固定资产的成本应该按照固定资产在自建过程中实际发生的支出计算，主要包括耗费的材料、人工、为建造固定资产而发生的借款利息支出等。
- **投资者投入的固定资产**：投资者投入的固定资产的成本按照投资合同或协议约定的价值确定，但合同或协议约定价值不公允的除外。
- **非货币性资产交换、债务重组等方式取得的固定资产**：非货币性资产交换、债务重组等方式取得的固定资产的成本，应当分别按照有关规定确定。

三、固定资产的折旧

（一）固定资产折旧概述

固定资产的折旧是指在固定资产使用寿命内，按照确定的方法对应计折旧额进行的系统分摊。其中，应计折旧额是指应当计提折旧的固定资产的原价扣除其预计净残值后的金额。已计提减值准备的固定资产，还应当扣除已计提的固定资产减值准备累计金额。影响固定资产折旧的因素主要包括以下4个。

- **固定资产原价**：固定资产原价是指固定资产的成本。企业在计算折旧时，应当以固定资产的账面价值为基础。
- **固定资产的预计净残值**：固定资产的预计净残值是指假定固定资产的预计使用寿命已满并处于使用寿命终了时的预期状态，企业目前从该项资产的处置中获得的扣除预计处置费用后的金额。
- **固定资产的预计使用寿命**：固定资产的预计使用寿命是指企业使用固定资产的预计期间，或者该固定资产所能生产产品或提供劳务的期间。
- **固定资产减值准备**：固定资产减值准备是指固定资产已计提的固定资产减值准备累计金额。固定资产计提减值准备后，应在其剩余使用寿命内根据调整后的固定资产账面价值和预计净残值重新计算其折旧额。

（二）固定资产折旧范围

企业应对所有的固定资产计提折旧，但下列情况除外。

- 已提足折旧仍继续使用的固定资产。
- 按规定单独估价作为固定资产入账的土地。

在实务中，企业一般应按月对固定资产计提折旧。在实际计提固定资产折旧时，企业应遵守以下规定。

- 当月增加的固定资产，当月不计提折旧，从下月起计提折旧。
- 当月减少的固定资产，当月照样计提折旧，从下月起不再计提折旧。
- 固定资产提足折旧后，不论能否继续使用，均不再计提折旧。
- 提前报废的固定资产，不再计提折旧。

知识补充

企业以融资租赁方式租入的固定资产和以经营租赁方式租出的固定资产，应当计提折旧；企业以融资租赁方式租出的固定资产和以经营租赁方式租入的固定资产，不计提折旧。

试题精讲

【多选题】下列各项中，应计提折旧的有（　　）。

A. 未使用的机器设备　　B. 按规定单独估价作为固定资产入账的土地

C. 大修停用的机器设备　　D. 经营租赁方式出租的设备

【答案】A、C、D

【解析】企业应当对所有固定资产计提折旧，但是已提足折旧仍继续使用的固定资产和单独计价入账的土地除外。

（三）固定资产折旧方法

企业计提固定资产折旧的方法有多种，基本上可以分为两类，即直线法和加速折旧法，企业折旧方法不同，将影响固定资产使用寿命期内不同时期的折旧费用。企业应当根据固定资产所含经济利益预期实现方式选择不同的方法，固定资产的折旧方法一经确定，不得随意变更。可选用的折旧方法包括年限平均法、工作量法、双倍余额递减法和年数总和法。其中，双倍余额递减法和年数总和法属于加速折旧法。本书重点介绍年限平均法和工作量法。

1. 年限平均法

年限平均法也称直线法，是指将固定资产的应计提折旧总额均衡地分摊到固定资产预计使用寿命内的一种方法。采用这种折旧方法计算的每期折旧额均相等，年限平均法的计算公式如下。

年折旧额=（原始价值—预计净残值）÷预计使用年限

年折旧率=年折旧额÷原始价值×100%=（1−预计净残值率）÷预计使用年限×100%

月折旧率=年折旧率÷12

预计净残值率=预计净残值÷原始价值×100%

年折旧额=原始价值×年折旧率

月折旧额=固定资产原价×月折旧率

【例5-6】明兴公司有一设备，原值为300 000元，预计可使用10年，按照有关规定，该设备报废时的净残值率为5%，采用年限平均法计提折旧。

年折旧额＝（300 000－300 000×5%）÷10＝28 500（元）

月折旧额＝28 500÷12＝2 375（元）

2. 工作量法

工作量法是指根据实际工作量计算每期应提折旧额的一种方法。其计算公式如下。

单位工作量折旧额=固定资产原价×（1−预计净残值率）÷预计总工作量

某项固定资产折旧额=该项固定资产当月工作量×单位量工作折旧额

【例5-7】明兴公司购买一台设备供三个车间使用，该设备原价为120 000元，预计总工作时数为8万小时，预计净残值率为4%。该设备2015年2月份工作量为3 000小时，采用工作量法计提折旧。

该固定资产2月份应计提的折旧额计算如下。

单位工作量折旧额 = [120 000 ×（1 − 4%）] ÷ 80 000 = 1.44（元）

本月折旧额 = 3 000 × 1.44 = 4 320（元）

3. **双倍余额递减法**

双倍余额递减法是指用年限平均法折旧率的两倍作为固定的折旧率乘以逐年递减的固定资产期初净值，得出各年应提折旧额的方法。采用双倍余额递减法计提固定资产折旧时，一般应在其折旧年限到期前两年内，将固定资产账面净值扣除预计净残值后的余额平均摊销。

4. **年数总和法**

年数总和法又称总和年限法或年限合计法，它是将固定资产的原值减去残值后的净额乘以一个逐年递减的分数计算确定固定资产折旧额的一种方法。

> **名师点睛** **固定资产的各组成部分具有不同的使用寿命或以不同的方式为企业提供经济利益，适用不同折旧率与折旧方法的，应分别将各组成部分确认为单项固定资产。**

四、账户设置

企业通常设置以下账户对固定资产业务进行会计核算。

（一）“在建工程”账户

“在建工程”账户属于资产类账户，用以核算企业基建、更新改造等在建工程发生的支出。

该账户借方登记企业各项在建工程的实际支出，贷方登记工程达到预定可使用状态转出的成本等。期末余额在借方，反映企业期末尚未达到预定可使用状态的在建工程的成本。该账户可按“建筑工程”“安装工程”“在安装设备”“待摊支出”等进行明细分类核算。

“在建工程”账户的结构如图5-8所示。

“在建工程”账户

借方	贷方
企业各项在建工程的实际支出	工程达到预定可使用状态时转出的成本等
期末余额：企业期末尚未达到预定可使用状态的在建工程成本	

图5-8 “在建工程”账户的结构

（二）“工程物资”账户

“工程物资”账户属于资产类账户，用以核算企业为在建工程准备的各种物资的成本，包括工程用材料、尚未安装的设备以及为生产准备的工器具等。

该账户借方登记企业购入工程物资的成本，贷方登记领用工程物资的成本。期末余额在借方，反映企业期末为在建工程准备的各种物资的成本。该账户可按“专用材料”“专用设备”“工器具”等进行明细分类核算。

“工程物资”账户的结构如图5-9所示。

“工程物资”账户

借方	贷方
企业购入工程物资的成本	领用工程物资的成本
期末余额：企业期末为在建工程准备的各种物资的成本	

图5-9 “工程物资”账户的结构

（三）“固定资产”账户

“固定资产”账户属于资产类账户，用以核算企业持有的固定资产原价。

该账户借方登记固定资产原值的增加，贷方登记固定资产原值的减少。期末余额在借方，反映企业期末固定资产的原价。该账户可按固定资产类别和项目进行明细分类核算。

“固定资产”账户的结构如图5-10所示。

“固定资产”账户

借方	贷方
固定资产原值的增加	固定资产原值的减少
期末余额：企业期末固定资产的原价	

图5-10 “固定资产”账户的结构

（四）“累计折旧”账户

“累计折旧”账户属于资产类备抵账户，用以核算企业固定资产计提的累计折旧。该账户贷方登记按月提取的折旧额，即累计折旧的增加额，借方登记因减少固定资产而转出的累计折旧。期末余额在贷方，反映期末固定资产的累计折旧额。该账户可按固定资产的类别或项目进行明细分类核算。

“累计折旧”账户的结构如图5-11所示。

“累计折旧”账户

借方	贷方
因减少固定资产而转出的累计折旧	按月提取的折旧额，即累计折旧的增加额
	期末余额：期末固定资产的累计折旧额

图5-11 “累计折旧”账户的结构

试题精讲

【单选题】下列选项中，对账户期末余额的描述，正确的是（ ）。

A. “在建工程”账户无期末余额

B. “工程物资”账户的期末余额在贷方

C. “固定资产”账户的期末余额在借方，反映企业期末固定资产的减少额

D. “累计折旧”账户的期末余额在贷方，反映期末固定资产的累计折旧额

【答案】D

【解析】“在建工程”账户的期末余额在借方，反映企业期末尚未达到预定可使用状态的在建工程的成本；“工程物资”账户的期末余额在借方，反映企业期末为在建工程准备的各种物资的成本；“固定资产”账户的期末余额反映企业期末固定资产的原价。

五、账务处理

固定资产的日常核算主要包括取得固定资产的核算和固定资产折旧的核算，其账务处理如下。

（一）取得固定资产的账务处理

1. 购入固定资产

（1）购入不需要安装的固定资产。

企业购入不需要安装的固定资产，按应记入固定资产成本的金额，借记“固定资产”科目；按实际支付的增值税进项税额，借记“应交税费——应交增值税（进项税额）”科目；按实际支付的价款，贷记“银行存款”等科目。

【例5-8】2015年1月20日，明兴公司从B公司购入不需要安装就可以投入使用的生产设备一台，买价为70 000元，增值税税额为11 900元，运杂费为500元，全部款项已用银行存款支付。应编制的会计分录如下。

借：固定资产　　70 500
　　应交税费——应交增值税（进项税额）　　11 900
　　贷：银行存款　　82 400

（2）购入需要安装的固定资产。

【例5-9】接【例5-8】，若该项固定资产需要进行安装才能正常使用，其他条件均不变。应编制的会计分录如下。

借：在建工程　　70 500
　　应交税费——应交增值税（进项税额）　　1 1900
　　贷：银行存款　　82 400

若安装过程中发生安装费2 000元，用银行存款支付。相关会计分录如下。

借：在建工程　　2 000
　　贷：银行存款　　2 000

安装完成，达到预定可使用状态，在建工程转入固定资产。相关会计分录如下。

借：固定资产　　72 500
　　贷：在建工程　　72 500

2. 自建固定资产

企业采用自建方式取得固定资产时，为自建工程而准备的物资，按购买价款和运杂费等，借记“工程物资”科目，按照支付的增值税进项税额，借记“应交税费——应交增值税（进项税额）”科目，按照实际支付的价款、税款和运杂费等，贷记“银行存款”等科目。

企业在自建固定资产的过程中，领用工程物资、负担职工薪酬等费用时，借记“在建工程”科目，贷记“工程物资”“应付职工薪酬”“银行存款”等科目。

工程完工达到预定可使用状态时，借记“固定资产”科目，贷记“在建工程”科目。

【例5-10】2015年2月22日，明兴公司自行建造生产设备，以银行存款购入工程物资150 000元，支付增值税税额25 500元；2015年2月25日，工程领用全部物资；2015年2月28日，以银行存款支付其他杂费支出10 000元，并计提建造人员工资56 000元；2015年3月28日，工程完工达到预定可使用状态后，明兴公司办理了完工手续。应编制的会计分录如下。

购入工程物资 。

借：工程物资　　150 000
　　应交税费——应交增值税（进项税额）　　25 500
　　贷：银行存款　　175 500

领用工程物资。

借：在建工程　　150 000
　　贷：工程物资　　150 000

支付杂费和计提建造人员工资。

借：在建工程　　66 000
　　贷：银行存款　　10 000
　　　　应付职工薪酬　　56 000

在建工程转入固定资产。

借：固定资产　　216 000
　　贷：在建工程　　216 000

（二）固定资产折旧的账务处理

企业按月计提的固定资产折旧，应根据固定资产的用途记入相关资产的成本或当期损益，即借记“研发支出”“其他业务成本”“制造费用”“销售费用”以及“管理费用”等科目，贷记“累计折旧”科目。

【例5-11】明兴公司10月末提取固定资产折旧60 000元，其中，生产车间使用车床计提折旧30 000元；管理部门房屋建筑计提折旧20 000元；销售部门固定资产计提折旧10 000元。应编制的会计分录如下。

借：制造费用　　30 000
　　管理费用　　20 000
　　销售费用　　10 000
　　贷：累计折旧　　60 000

知识补充

计提固定资产折旧应该按照受益对象的不同分别记入“管理费用”“制造费用”“销售费用”和“在建工程”等科目。行政管理部门固定资产折旧记入“管理费用”科目；生产车间固定资产折旧记入“制造费用”科目；专设销售机构固定资产折旧记入“销售费用”科目；自建工程使用的固定资产折旧记入“在建工程”科目。

【任务实施】

根据表5-1提供的固定资产资料，完成下列要求。

（1）假设增值税税率为17%，编制取得固定资产的会计分录。

（2）计算2015年该固定资产的累计折旧额，并编制每月计提折旧的会计分录。

表5-1 固定资产资料

项目	内容	项目	内容
固定资产名称	生产机床	使用部门	生产车间
预计使用年限	8年	入账日期	2015年1月31日
预计净残值率	5%	入账价值	500 000元
折旧方法	平均年限法	支付方式	银行存款

（答案参见：光盘\任务实施\项目五\任务二.docx）

任务三 核算企业供应过程业务

企业的供应过程即货币资金转变为储备资金的过程。供应过程业务主要包括材料的采购及采购成本的核算。

【任务目标】

本任务的目标是了解企业供应过程涉及的业务范围，掌握材料采购业务涉及的账户和具体的账务处理。通过本任务的学习，能够熟练对供应过程的业务进行账务处理。

【知识讲解】

一、材料的采购成本

材料的采购成本是指企业物资从采购到入库前所发生的全部支出，包括购买价款、相关税费、保险费、运输费、装卸费以及其他可归属于采购成本的费用。

在实务中，企业也可以将发生的保险费、运输费、装卸费以及其他可归属于采购成本的费用等先进行归集，期末再按所购材料的存销情况进行分摊。

知识补充

非正常损耗（如自然灾害）、采购入库后发生的费用（如仓储费用）和采购人员的差旅费等费用不应计入材料的采购成本，购买材料发生的可抵扣的进项税额也不包括在材料的采购成本中。企业收到来料加工装配业务的原料、零件等，应当设置备查簿进行登记。

试题精讲

【单选题】某增值税一般纳税工业企业本期购入材料一批，进货价格为80万元，增值税为13.60万元，运杂费为1万元。所购材料到达后验收发现商品短缺5%，属于运输途中合理损耗，该商品应计入存货的实际成本为（　　）万元。

A. 6　　B. 56　　C. 80　　D. 81

【答案】D

【解析】由于该企业为一般纳税人，取得的增值税发票中的进项税额是可以抵扣的，所以增值税不计入商品成本。此外，运输途中的合理损耗已提前核算至进货价格中，就不用再重复计入商品实际成本了。因此，该商品应计入存货的实际成本=80＋1=81（万元）。

二、账户设置

材料的日常收发结存中，企业可以采用实际成本法和计划成本法对材料进行核算。采用不同的方法，账户的设置有所不同。

企业通常设置以下账户对材料采购业务进行会计核算。

（一）“原材料”账户

“原材料”账户属于资产类账户，用以核算企业库存的各种材料，包括原料及主要材料、辅助材料、外购半成品（外购件）、修理用备件（备品备件）、包装材料等的计划成本或实际成本。

该账户借方登记已验收入库材料的成本，贷方登记发出材料的成本。期末余额在借方，反映企业库存材料的计划成本或实际成本。该账户可按材料的保管地点（仓库）、材料的类别、品种和规格等进行明细分类核算。

“原材料”账户的结构如图5-12所示。

“原材料”账户

借方	贷方
已验收入库材料的成本	发出材料的成本
期末余额：企业库存材料的计划成本或实际成本	

图5-12 “原材料”账户的结构

（二）“材料采购”账户

“材料采购”账户属于资产类账户，用以核算企业采用计划成本进行材料日常核算而购入材料的采购成本。

该账户借方登记企业采用计划成本核算时，采购材料的实际成本以及材料入库时结转的节约差异，贷方登记入库材料的计划成本以及材料入库时结转的超支差异。期末余额在借方，反映企业在途材料的采购成本。该账户可按供应单位和材料类别进行明细分类核算。

“材料采购”账户的结构如图5-13所示。

“材料采购”账户

借方	贷方
企业采用计划成本核算时，采购材料的实际成本以及材料入库时结转的节约差异	入库材料的计划成本以及材料入库时结转的超支差异
期末余额：企业在途材料的采购成本	

图5-13 “材料采购”账户的结构

（三）“材料成本差异”账户

“材料成本差异”账户属于资产类账户，用以核算企业采用计划成本进行日常核算的材料计划成本与实际成本的差额。

该账户借方登记入库材料形成的超支差异以及转出的发出材料应负担的节约差异，贷方登记入库材料形成的节约差异以及转出的发出材料应负担的超支差异。期末余额在借方，反映企业库存材料等的实际成本大于计划成本的差异；期末余额在贷方，反映企业库存材料等的实际成本小于计划成本的差异。该账户可以分别设置“原材料”“周转材料”等，按照类别或品种进行明细分类核算。

“材料成本差异”账户的结构如图5-14所示。

“材料成本差异”账户

借方	贷方
入库材料形成的超支差异以及转出的发出材料应负担的节约差异	入库材料形成的节约差异以及转出的发出材料应负担的超支差异
期末余额：企业库存材料等的实际成本大于计划成本的差异	期末余额：企业库存材料等的实际成本小于计划成本的差异

图5-14 “材料成本差异”账户的结构

名师点睛

"材料采购"和"材料成本差异"是采用计划成本对材料进行核算时才涉及的账户。"材料成本差异"账户中，应把握一个要点，即借方登记入库材料形成的超支差异，贷方登记入库材料形成的节约差异，而材料转出时应负担的超支或节约差异在其形成的相反方向登记。由于该账户的借方登记形成的超支差异，所以当期末余额在借方时，反映企业库存材料的超支差异；同理可知，当期末余额在贷方时，反映企业库存材料的节约差异。

（四）"在途物资"账户

"在途物资"账户属于资产类账户，用以核算企业采用实际成本（或进价）进行材料、商品等物资的日常核算、货款已付但尚未验收入库的在途物资的采购成本。

该账户借方登记购入材料、商品等物资的买价和采购费用（采购实际成本），贷方登记已验收入库材料、商品等物资应结转的实际采购成本。期末余额在借方，反映企业期末在途材料、商品等物资的采购成本。该账户可按供应单位和物资品种进行明细分类核算。

"在途物资"账户的结构如图5-15所示。

"在途物资"账户

借方	贷方
购入材料、商品等物资的买价和采购费用（采购实际成本）	已验收入库材料、商品等物资应结转的实际采购成本
期末余额：企业期末在途材料、商品等物资的采购成本	

图5-15 "在途物资"账户的结构

（五）"应付账款"账户

"应付账款"账户属于负债类账户，用以核算企业因购买材料、商品和接受劳务等经营活动应支付的款项。

该账户贷方登记企业因购入材料、商品和接受劳务等尚未支付的款项，借方登记偿还的应付账款。期末余额一般在贷方，反映企业期末尚未支付的应付账款余额；若期末余额在借方，则反映企业期末预付账款余额。该账户可按债权人进行明细分类核算。

"应付账款"账户的结构如图5-16所示。

"应付账款"账户

借方	贷方
偿还的应付账款	企业因购入材料、商品和接受劳务等尚未支付的款项
期末余额：企业期末预付账款余额	期末余额：企业期末尚未支付的应付账款余额

图5-16 "应付账款"账户的结构

（六）"应付票据"账户

"应付票据"账户属于负债类账户，用以核算企业购买材料、商品和接受劳务等开出、承兑的商业汇票，包括银行承兑汇票和商业承兑汇票。

该账户贷方登记企业开出、承兑的商业汇票，借方登记企业已经支付或者到期无力支付的商业汇票。期末余额在贷方，反映企业尚未到期的商业汇票的票面金额。该账户可按债权人进行明细分类核算。

“应付票据”账户的结构如图5-17所示。

“应付票据”账户

借方	贷方
企业已经支付或者到期无力支付的商业汇票	企业开出、承兑的商业汇票
	期末余额：企业尚未到期的商业汇票的票面金额

图5-17 “应付票据”账户的结构

（七）“预付账款”账户

“预付账款”账户属于资产类账户，用以核算企业按照合同规定预付的款项。

该账户借方登记企业因购货等业务预付的款项，贷方登记企业收到货物后应支付的款项等。期末余额一般在借方，反映企业预付的款项；期末余额在贷方，反映企业尚须补付的款项。该账户可按供货单位进行明细分类核算。

“预付账款”账户的结构如图5-18所示。

“预付账款”账户

借方	贷方
企业因购货等业务预付的款项	企业收到货物后应支付的款项等
期末余额：企业预付的款项	期末余额：企业尚须补付的款项

图5-18 “预付账款”账户的结构

需要注意的是，预付款项情况不多的的企业，也可以不设置该账户，将预付的款项直接记入“应付账款”账户进行核算。

（八）“应交税费”账户

“应交税费”账户属于负债类账户，用以核算企业按照税法等规定计算应缴纳的各种税费，包括增值税、消费税、营业税、所得税、资源税、土地增值税、城市维护建设税、房产税、土地使用税、车船税、教育费附加、矿产资源补偿费等，企业代扣代缴的个人所得税等，也通过本账户核算。

该账户贷方登记应缴纳的各种税费，借方登记实际已缴纳的税费，期末余额一般在贷方，反映企业尚未缴纳的税费；期末余额在借方，则反映企业多交或尚未抵扣的税费。该账户可按应缴的税费项目进行明细分类核算。

“应交税费”账户的结构如图5-19所示。

“应交税费”账户

借方	贷方
实际已缴纳的税费	应缴纳的各种税费
期末余额：企业多交或尚未抵扣的税费	期末余额：企业尚未交纳的税费

图5-19 “应交税费”账户的结构

试题精讲

【单选题】对“应付账款”账户的描述，下列选项不正确的是（　）。

A. 该账户的借方登记偿还的应付账款

B. 该账户的贷方登记企业因购入材料、商品和接受劳务等尚未支付的款项

C. 该账户的期末余额只能在贷方，反映企业期末尚未支付的应付账款余额

D. 该账户的期末余额可以在借方，反映企业期末预付账款余额

【答案】C

【解析】“应付账款”的期末余额一般在贷方，反映企业期末尚未支付的应付账款余额；如果在借方，反映企业期末预付账款余额。

知识补充

企业的采购和销售业务均会涉及增值税的计算和处理。增值税是以商品（含应税劳务）在流转过程中产生的增值额作为计税依据而征收的一种流转税。凡在我国境内销售货物或者提供加工、修理修配劳务以及进口货物的单位和个人，均为增值税纳税义务人。增值税的纳税人可分为一般纳税人和小规模纳税人。下面对增值税的账务处理进行介绍。

（一）账户设置

一般纳税人应在“应交税费”科目下设置“应交增值税”明细科目，并分别设置“进项税额”“销项税额”等三级科目；小规模纳税人则只须在“应交税费”科目下设置“应交增值税”明细科目。

（二）税率与征收率

一般纳税人适用税率：销售货物或者提供加工、修理修配劳务以及进口货物，采用17%的基本税率和13%的低税率；小规模纳税人适用征收率：征收率为3%。

（三）账务处理

1. 进项税额

一般纳税人采购物资时，按照专用发票上注明的物资成本和增值税税额，借记“原材料”等科目和“应交税费——应交增值税（进项税额）”科目，按照实际支付的价款，贷记“银行存款”等科目。

2. 销项税额

一般纳税人销售物资或提供应税劳务时，按实际收到的金额，借记“银行存款”等科目，按专用发票上注明的物资收入和增值税税额，贷记“主营业务收入”等科目和“应交税费——应交增值税（销项税额）”科目。

3. 小规模纳税人的账务处理

小规模纳税人发生增值税时，直接在“应交税费——应交增值税”科目中核算。

三、账务处理

由于企业采用不同方法对采购过程业务进行核算，账务处理也有所区别，下面将区别实际成本法和计划成本法进行介绍。

（一）实际成本法核算的账务处理

实际成本法下，一般通过“原材料”和“在途物资”等科目进行核算。企业采购材料时，按材料是否验收入库分为以下两种情况。

1. 材料已验收入库

企业的采购业务中，材料已验收入库的情况下，货款的支付存在两种情况，即货款已

支付和货款尚未支付，具体讲解如下。

（1）货款已支付，且材料已验收入库。

如果货款已经支付，发票账单已到，材料已验收入库，则应按支付的实际金额编制如下会计分录。

借：原材料

　　应交税费——应交增值税（进项税额）等

　　贷：银行存款、预付账款等

（2）材料已验收入库，但货款尚未支付。

材料已验收入库，但货款尚未支付存在以下两种情况。

- **已收到发票账单**：如果货款尚未支付，材料已经验收入库，则应按相关发票凭证上应付的金额编制如下会计分录。

借：原材料

　　应交税费——应交增值税（进项税额）等

　　贷：应付账款

- **未收到发票账单**：如果货款尚未支付，材料已经验收入库，但月末仍未收到相关发票凭证，则应按照暂估价入账，编制如下会计分录。

借：原材料

　　贷：应付账款等

下月初做相反分录予以冲回，收到相关发票账单后再编制会计分录，即：

借：应付账款等

　　贷：原材料

【例5-12】明兴公司为增值税一般纳税人。2015年2月1日，明兴公司向海天公司购入生产用甲材料。合同中约定单价为200元/千克，数量为50千克。明兴公司取得增值税专用发票，发票上注明价款为10 000元，增值税税额为1 700元。企业以银行存款支付该笔款项，材料已验收入库。应编制的会计分录如下。

借：原材料——甲材料	10 000	
应交税费——应交增值税（进项税额）	1 700	
贷：银行存款		11 700

【例5-13】接【例5-12】，若明兴公司与海天公司约定，购买该材料须支付20%的预付款，待材料到达时再支付余款。应编制的会计分录如下。

预付账款时。

借：预付账款——海天公司	2 000	
贷：银行存款		2 000

材料到达时。

借：原材料——甲材料	10 000	
应交税费——应交增值税（进项税额）	1 700	
贷：预付账款		2 000
银行存款		9 700

【例5-14】接【例5-12】，若甲材料已验收入库，但货款尚未支付，且未收到发票账单。应编制的会计分录如下。

2月1日，不进行账务处理。

2月末，若还未收到发票账单或类似单据，则按照合同价格编制会计分录。

借：原材料——甲材料　　10 000

　　贷：应付账款——暂估应付款　　10 000

3月初，用红字冲回暂估分录。

借：应付账款——暂估应付款　　10 000

　　贷：原材料——甲材料　　10 000

假设3月5日收到发票账单，货款为10 000元，增值税税额为1 700元，明兴公司以银行存款支付上述款项，则3月5日应编制如下会计分录。

借：原材料——甲材料　　10 000

　　应交税费——应交增值税（进项税额）　　1 700

　　贷：银行存款　　11 700

2. 材料尚未验收入库

如果货款已经支付，发票账单已到，但材料尚未验收入库，则应按支付的金额编制如下会计分录。

借：在途物资

　　应交税费——应交增值税（进项税额）等

　　贷：银行存款等

待验收入库时再做后续分录。

【例5-15】明兴公司为增值税一般纳税人，原材料采用实际成本核算，2015年3月份发生如下经济业务。

（1）2日，购买乙材料一批，总价为58 500元，其中价款50 000元，增值税税额8 500元。购进货物支付保险费、包装费共计600元，贷款及保险费以银行存款支付。

（2）8日，购进的乙材料全部验收入库。应编制的会计分录如下。

材料尚未入库前。

借：在途物资——乙材料　　50 600

　　应交税费——应交增值税（进项税额）　　8 500

　　贷：银行存款　　59 100

材料入库时。

借：原材料——乙材料　　50 600

　　贷：在途物资——乙材料　　50 600

如果购买的材料是直接入库，那么就可以不通过“在途物资”科目进行核算，直接编制以下会计分录即可。

借：原材料　　50 600

　　应交税费——应交增值税（进项税额）　　8 500

　　贷：银行存款　　59 100

（二）计划成本法核算的账务处理

计划成本法下，一般通过“材料采购”“原材料”和“材料成本差异”等科目进行核算。企业外购材料时，按材料是否验收入库分为以下两种情况。

1. **材料已验收入库**

（1）货款已支付，且材料已验收入库。

如果货款已经支付，发票账单已到，材料已验收入库，则应编制如下会计分录。

购入材料时。

借：材料采购（实际采购成本）

　　应交税费——应交增值税（进项税额）

　　贷：银行存款等

验收入库时。

借：原材料（计划成本）

　　贷：材料采购

计算材料成本差异（假设为节约差异）。

借：材料采购

　　贷：材料成本差异（超支差异时做相反会计分录）

（2）材料已验收入库，但货款尚未支付。

- **已收到发票账单**：如果货款尚未支付，材料已经验收入库，则应按相关发票凭证上应付的金额编制如下会计分录。

购入材料时。

借：材料采购

　　应交税费——应交增值税（进项税额）

　　贷：应付账款、应付票据等

验收入库时。

借：原材料

　　贷：材料采购

计算成本差异（假设为节约差异）。

借：材料采购

　　贷：材料成本差异（超支差异时做相反会计分录）

- **未收到发票账单**：如果货款尚未支付，材料已经验收入库，但月末仍未收到相关发票凭证，则应按照暂估价入账，编制如下会计分录。

借：原材料（计划成本）

　　贷：应付账款等

　　下月初做相反分录予以冲回，收到账单后再编制会计分录。

借：应付账款等

　　贷：原材料

2. **材料尚未验收入库**

如果款项已支付，且相关发票凭证已到，但材料尚未验收入库，则应按支付或应付的实际金额，编制如下会计分录。

借：材料采购

　　应交税费——应交增值税（进项税额）

　　贷：银行存款、应付账款等

待验收入库时再做后续分录。

名师点睛

在计划成本法下，购入的材料无论是否验收，都要先通过“材料采购”科目进行核算，以反映企业所购材料的实际成本，从而与“原材料”科目相比较，计算确定材料的成本差异。

【例5-16】明兴公司为增值税一般纳税人企业，2014年8月9日购入丙材料一批，增值税专用发票上记载货款为10 000元，增值税税额为1 700元，发票账单已收到，计划成本为9 000元，材料已验收入库，全部款项以银行存款支付。材料采购采用计划成本核算。应编制的会计分录如下。

（1）购入材料。

借：材料采购——丙材料　10 000
　　应交税费——应交增值税（进项税额）　1 700
　　贷：银行存款　11 700

（2）验收入库并计算材料成本差异。

借：原材料——丙材料　9 000
　　材料成本差异　1 000
　　贷：材料采购——丙材料　10 000

【任务实施】

2015年2月，甲公司有关材料的采购资料如表5-2所示。

表5-2 甲公司材料的采购资料

项目	A材料	B材料	C材料	D材料
实际成本	5元/千克	8元/千克	12元/千克	7元/千克
计划成本	5.5元/千克	—	11元/千克	—
数量	500千克	450千克	300千克	400千克
材料状态	已验收入库	已验收入库	尚未入库	尚未入库
是否已支付款项	是	否	是	是
是否已收到发票	是	否	是	是
成本核算方法	计划成本法	实际成本法	计划成本法	实际成本法
增值税税额	425	612	612	476
未入库材料实际入库及款项支付时间	—	3月12日	2月18日	3月5日

已知该公司货款支付均采用银行转账，根据上述资料，回答以下问题。

（1）根据资料，编制有关A材料购入的会计分录。

（2）根据资料，编制有关B材料购入、暂估入库、冲销、收到发票的会计分录。

（3）根据资料，编制有关C材料购入、验收入库的会计分录。

（4）根据资料，编制有关D材料购入、验收入库的会计分录。

（答案参见：光盘\任务实施\项目五\任务三.docx）

任务四 核算企业生产过程业务

企业的生产过程即企业产品的生产过程和生产资料的消耗过程。企业生产过程的业务伴随着生产费用的产生。在生产过程中发生的各项生产费用是企业为获得收入而预先垫支并需要得到补偿的资金耗费。这些费用最终都要归集、分配到相应的产品中，最后形成产品成本。所以，企业的生产过程即产品成本的形成过程。

【任务目标】

本任务的目标是了解生产费用的构成，掌握核算企业生产过程业务所涉及的账户及其结构。通过本任务的学习，能够正确进行各类费用与成本归集、分配的账务处理。

【知识讲解】

一、生产费用的构成

生产费用是指与企业日常生产经营活动有关的费用，按其经济用途可分为直接材料、直接人工和制造费用，其具体含义如下。

- **直接材料**：直接材料是指构成产品实体的原材料以及有助于产品形成的主要材料和辅助材料。
- **直接人工**：直接人工是指直接从事产品生产的工人的薪酬。
- **制造费用**：制造费用是指企业为生产产品和提供劳务而发生的各项间接费用，包括企业生产部门发生的水电费、固定资产折旧、季节性停工损失等。

二、账户设置

企业通常设置以下账户对生产过程业务进行会计核算。

（一）“生产成本”账户

“生产成本”账户属于成本类账户，用以核算企业生产各种产品（产成品、自制半成品等）、自制材料、自制工具、自制设备等发生的各项生产成本。

该账户借方登记应记入产品生产成本的各项费用，包括直接记入产品生产成本的直接材料费、直接人工费和其他直接支出，以及期末按照一定的方法分配记入产品生产成本的制造费用，贷方登记完工入库产成品应结转的生产成本。期末余额在借方，反映企业期末尚未加工完成的在产品成本。该账户可按“基本生产成本”和“辅助生产成本”进行明细分类核算。其中，“基本生产成本”应分别按照基本生产车间和成本核算对象（如产品的品种、类别、订单等）设置明细账（或成本计算单），并按照规定的成本项目设置专栏。

“生产成本”账户的结构如图5-20所示。

“生产成本”账户

借方	贷方
应记入产品生产成本的各项费用，包括直接记入产品生产成本的直接材料费、直接人工费和其他直接支出，以及期末按照一定的方法分配记入产品生产成本的制造费用	完工入库产成品应结转的生产成本
期末余额：企业期末尚未加工完成的在产品成本	

图5-20 “生产成本”账户的结构

（二）“制造费用”账户

“制造费用”账户属于成本类账户，用以核算企业生产车间（部门）为生产产品和提供劳务而发生的各项间接费用。

该账户借方登记实际发生的各项制造费用，贷方登记期末按照一定标准分配转入“生产成本”账户借方的应记入产品成本的制造费用。期末结转后，该账户一般无余额。该账户可按不同的生产车间、部门和费用项目进行明细分类核算。

“制造费用”账户的结构如图5-21所示。

“制造费用”账户

借方	贷方
实际发生的各项制造费用	期末按照一定标准分配转入“生产成本”账户借方的应记入产品成本的制造费用

图5-21 “制造费用”账户的结构

（三）“库存商品”账户

“库存商品”账户属于资产类账户，用以核算企业库存的各种商品的实际成本（或进价）或计划成本（或售价），包括库存产成品、外购商品以及存放在门市部准备出售的商品等。

该账户借方登记验收入库的库存商品成本，贷方登记发出的库存商品成本。期末余额在借方，反映企业期末库存商品的实际成本（或进价）或计划成本（或售价）。该账户可按库存商品的种类、品种和规格等进行明细分类核算。

“库存商品”账户的结构如图5-22所示。

“库存商品”账户

借方	贷方
验收入库的库存商品成本	发出的库存商品成本
期末余额：企业期末库存商品的实际成本（或进价）或计划成本（或售价）	

图5-22 “库存商品”账户的结构

（四）“应付职工薪酬”账户

“应付职工薪酬”账户属于负债类账户，用以核算企业根据有关规定应付给职工的各种薪酬。

该账户贷方登记本月计算的应付职工薪酬总额，包括各种工资、奖金、津贴和福利费等，借方登记本月实际支付的职工薪酬数额。期末余额在贷方，反映企业应付未付的职工薪酬。该账户可按“工资”“职工福利”“社会保险费”“住房公积金”“工会经费”“职工教育经费”“非货币性福利”“辞退福利”“股份支付”等进行明细分类核算。

“应付职工薪酬”账户的结构如图5-23所示。

“应付职工薪酬”账户

借方	贷方
本月实际支付的职工薪酬数额	本月计算的应付职工薪酬总额，包括各种工资、奖金、津贴和福利费等
	期末余额：企业应付未付的职工薪酬

图5-23 “应付职工薪酬”账户的结构

试题精讲

【单选题】企业缴纳职工住房公积金时，应在借方登记（　　）科目。

A. 其他应收款　　B. 银行存款

C. 应付职工薪酬　　D. 应交税费

【答案】C

【解析】职工住房公积金属于职工薪酬，因此缴纳职工住房公积金时，借记“应付职工薪酬”，贷记“银行存款”。

三、账务处理

（一）材料费用的归集与分配

在确定材料费用时，应根据领料凭证区分车间、部门和不同用途后，按照确定的结果将发出材料的成本做如下账务处理。

借：生产成本

　　制造费用

　　管理费用等

　　贷：原材料

对于不同用途的材料费用，其归集与分配的账务处理有所区别，如表5-3所示。

表5-3 不同用途的材料费用的账务处理

用途	账务处理
直接用于某种产品生产的材料费用	直接记入该产品生产成本明细账中的直接材料费用项目，即记入“生产成本”科目
由多种产品共同耗用，应由这些产品共同负担的材料费用	选择适当的标准在这些产品之间进行分配，按分担的金额记入相应的成本计算对象（生产产品的品种、类别等），即按照各产品分担的金额，记入“生产成本”科目的相应明细科目
为提供生产条件等间接消耗的各种材料费用	先通过“制造费用”科目进行归集，期末再同其他间接费用一起按照一定的标准分配记入有关产品成本
行政管理部门领用的材料费用	记入“管理费用”科目

【例5-17】明兴公司2014年12月发出材料的汇总表如表5-4所示，会计部门根据此表编制发出材料的会计分录。

表5-4 明兴公司2014年12月发出材料汇总表

（数量单位：千克，金额单位：元）

项目		甲材料		乙材料		丙材料		丁材料		金额合计
		数量	金额	数量	金额	数量	金额	数量	金额	
生产耗用	甲产品	250	1 000	200	1 000	150	450	80	160	2 610
	乙产品	300	1 200	150	750	300	900	100	200	3 050
生产车间一般耗用		200	800	100	500	150	450	60	120	1 870
行政管理部门耗用		100	400	50	250	80	240	20	40	930
合计		850	3 400	500	2 500	680	2 040	260	520	8 460

对于明兴公司发出材料应编制的会计分录如下。

借：生产成本——甲产品　2 610

——乙产品　3 050

制造费用　1 870

管理费用　930

贷：原材料——甲材料　3 400

——乙材料　2 500

——丙材料　2 040

——丁材料　520

（二）职工薪酬的归集与分配

职工薪酬是指企业为获得职工提供的服务或解除劳动关系而给予各种形式的报酬或补偿，具体包括短期薪酬、离职后福利、辞退福利以及其他长期职工福利等。

1. 职工薪酬的归集

职工薪酬的归集是指将企业发生的费用中属于职工薪酬的部分进行统一核算。企业在归集职工薪酬时，主要涉及以下几个项目。

- **短期薪酬**：短期薪酬是指企业在职工提供相关服务的年度报告期间结束后，12个月内需要全部予以支付的职工薪酬，主要包括职工工资、奖金、医疗保险以及职工福利费等。因解除与职工的劳动关系给予的补偿不属于短期薪酬。
- **离职后福利**：离职后福利是指企业为获得职工提供的服务而在职工退休或与企业解除劳动关系后，提供的各种形式的福利和报酬。辞退福利和短期薪酬除外。
- **辞退福利**：辞退福利是指企业在职工劳动合同到期之前解除与职工的劳动关系，或者为鼓励员工自愿接受裁减而给予的补偿。
- **其他长期职工福利**：其他长期职工福利是指除短期薪酬、离职后福利、辞退福利之外的所有职工薪酬。

2. 职工薪酬的分配

职工薪酬的分配是指对于归集的职工薪酬项目，企业应当根据职工提供服务的收益对象，分别以下情况进行处理。

- **由生产产品、提供劳务负担的短期职工薪酬，记入产品成本或劳务成本。**

其中，生产工人的短期职工薪酬应记入“生产成本”科目，生产车间管理人员的短期职工薪酬属于间接费用，应记入“制造费用”科目。

另外，当企业采用计件工资制时，生产工人的短期职工薪酬属于直接费用，应直接记入有关产品的成本；当企业采用计时工资制时，对于只生产一种产品的生产工人的短期职工薪酬也属于直接费用，应直接记入产品成本。对于同时生产多种产品的生产工人的短期职工薪酬，则须采用一定的分配标准（实际生产工时或定额生产工时等）分配记入产品成本。

- **由在建工程、无形资产负担的短期职工薪酬，记入建造固定资产或无形资产成本。**
- **除上述两种情况之外的其他短期职工薪酬应记入当期损益。**

如行政管理部门人员的短期职工薪酬和专设销售机构销售人员的短期职工薪酬，应做如下账务处理。

借：管理费用（行政管理部门人员）

销售费用（专设销售机构销售人员）

贷：应付职工薪酬

【例5-18】明兴公司2015年2月末计提职工薪酬40 000元，其中生产工人工资为12 000元，在建工程人员工资15 000元，销售人员工资为8 000元，管理人员工资为5 000元。应编制的会计分录如下。

借：生产成本　　12 000
　　在建工程　　15 000
　　销售费用　　8 000
　　管理费用　　5 000
　　贷：应付职工薪酬　　40 000

（三）制造费用的归集与分配

企业发生的制造费用，应按照合理的分配标准，按月分配记入各成本核算对象的生产成本。具体账务处理如下。

（1）发生制造费用时。

借：制造费用
　　贷：累计折旧、银行存款、应付职工薪酬等

（2）结转或分摊时。

借：生产成本等
　　贷：制造费用

知识补充

在会计实务中，常用的分配标准包括人工工时、人工工资和机器工时等。每种分配标准的计算公式如下。

（1）人工工时分配标准。

制造费用分配率=发生的全部制造费用÷所有产品的生产工人实际工时数

某产品应负担的制造费用=该产品的生产工人实际工时数×制造费用分配率

（2）人工工资分配标准。

制造费用分配率=发生的全部制造费用÷所有产品的生产工人实际工资额

某产品应负担的制造费用=该产品的生产工人实际工资额×制造费用分配率

（3）机器工时分配标准。

制造费用分配率=发生的全部制造费用÷所有产品的生产机器实际工时数

某产品应负担的制造费用=该产品的生产机器实际工时数×制造费用分配率

【例5-19】明兴公司2014年12月的生产工人费用为69 025元，按照生产工时比例分配。甲产品生产工时为57 000小时，乙产品生产工时为68 500小时。应编制的会计分录如下。

借：生产成本——甲产品　　31 350
　　　　　　——乙产品　　37 675
　　贷：制造费用　　69 025

制造费用分配率＝69 025÷（57 000＋68 500）＝0.55元/小时

甲产品分配的制造费用=57 000×0.55=31 350（元）

乙产品分配的制造费用=68 500×0.55=37 675（元）

（四）完工产品生产成本的计算与结转

产品生产成本计算是指将企业生产过程中为制造产品所发生的各种费用按照成本计算

对象进行归集和分配，以便计算各种产品的总成本和单位成本。有关产品成本信息是进行库存商品计价和确定销售成本的依据。

企业应当设置产品生产成本明细账，用来归集应记入各种产品的生产费用。

企业还应根据产品的完工情况，采用不同的产品成本计算方法，具体内容如下。

- **月末产品全部完工**：产品生产成本明细账所归集的费用总额，为该种完工产品的总成本；完工产品总成本除以该种产品的完工总产量即为该种产品的单位成本。
- **月末产品全部未完工**：生产成本明细账所归集的费用总额就是该种产品在产品的总成本。
- **月末产品部分完工，部分未完工**：归集在产品成本明细账中的费用总额须采取适当的分配方法在完工产品和在产品之间进行分配，以计算出完工产品的总成本和单位成本。其中，完工产品成本＝期初在产品成本＋本期发生的生产费用－期末在产品成本。

当产品生产完成并验收入库时，做如下账务处理。

借：库存商品

　　贷：生产成本

【任务实施】

已知甲公司发生的与生产过程有关的业务如表5-5、表5-6、表5-7所示。

表5-5 材料耗费情况　　单位：元

使用部门	材料A	材料B	材料C
生产D产品	1 500	1 800	2 300
生产E产品	1 800	2 000	2 000
车间一般耗用	800	—	1 000
行政管理部门耗用	500	1 300	—

表5-6 固定资产折旧情况　　单位：元

固定资产使用部门	本月折旧金额
生产车间	100
行政管理部门	210
销售部门	180

表5-7 本月职工薪酬计提情况　　单位：元

人员类别	本月薪酬
D产品生产	5 000
E产品生产	4 800
车间管理人员	3 000
销售人员	2 800
公司管理人员	4 000

另外，甲公司本月发生其他未在表格中反映的制造费用合计2 000元。已知：D产品本月生产工时为200小时，E产品本月生产工时为300小时，制造费用按生产工时在产品间进行分配。

要求：根据提供的资料回答以下问题。

（1）编制材料费用归集与分配的会计分录。

（2）编制计提固定资产折旧的会计分录。

（3）编制计提本月职工薪酬的会计分录。

（4）编制未在表格中反映的制造费用的归集与分配的会计分录。

（5）编制D、E产品生产成本结转的会计分录。

（答案参见：光盘\任务实施\项目五\任务四.docx）

任务五 核算企业销售过程业务

企业的销售过程是将生产耗费通过市场取得补偿的过程。企业的销售业务主要包括商品等销售收入的处理和费用、成本及相关税费的处理。

【任务目标】

本任务的目标是了解企业的销售过程，掌握企业商品销售的确认与计量，掌握与销售过程有关的账户设置。通过本任务的学习，能够正确进行销售收入和相关营业税金及附加的账务处理。

【知识讲解】

一、商品销售收入的确认与计量

企业确认销售商品的收入，必须同时符合以下条件。

- **企业已将商品所有权上的主要风险和报酬转移给购货方**：企业已将商品所有权上的主要风险和报酬转移给购货方是指与商品所有权有关的主要风险和报酬同时转移。与商品所有权相关的风险是指商品可能发生减值或毁损等形成的损失；与商品所有权相关的报酬是指商品价值增值或通过使用商品等形成的经济利益。

如果与商品所有权相关的任何损失均不需要销货方承担，就意味着商品所有权上的主要风险报酬转移给了购货方。一般情况下，所有权上的风险和报酬的判断是所有权凭证的转移或实物的交付。

案例阅读与思考

A公司将甲产品销售给B公司，双方约定，B公司在收到货物后3天内支付贷款。2015年2月28日，B公司收到A公司寄来的产品与销售发票，B公司于3月2日将货款打到A公司账上。此项交易中，2月28日B公司已收到产品和销售发票，表明A公司将甲商品所有权上的主要风险和报酬转移给了B公司，因此，A公司应在2月28日确认销售甲产品的收入。

- **企业既没有保留通常与商品所有权相联系的继续管理权，也没有对已售出的商品实施控制**：通常情况下，企业售出商品后不再保留与商品所有权相联系的继续管理权，也不再对售出商品实施有效控制。此时，表明商品所有权上的主要风险和报酬已经转移给购货方，通常应在发出商品时确认收入。

如果售出商品后，企业仍保留与商品所有权相联系的继续管理权，则说明此项销售交易未完成，不应确认销售商品收入；如果商品售出后，企业仍对商品可以实施有效控制，也说明销售不能成立，不应确认销售商品收入。

- **收入的金额能够可靠地计量**：收入的金额能够可靠地计量是指收入的金额能够合理的估计。收入的金额若不能合理估计就无法确认收入。
- **相关的经济利益很可能流入企业**：相关的经济利益很可能流入企业是指销售商品价

款收回的可能性超过50%。企业在确认销售商品价款收回的可能性时，应当结合以前和买方交往的经验、政府的有关政策、其他方面取得信息等因素进行综合分析。

● **相关的已发生或将发生的成本能够可靠地计量**：通常情况下，销售商品相关的已发生或将发生的成本能够合理地估计，如库存商品的成本等。如果库存商品是本企业生产的，其生产成本能够可靠计量；如果是外购的，购买成本能够可靠计量。有时，销售商品相关的已发生或将发生的成本不能合理估计的，企业不能确认收入，已收到的价款应确认为负债。

试题精讲

【单选题】某企业本月销售货物5 000元，并且该批货物所有权已转移给购货方，本月实际收到货款3 000元，余款将于下月收到。该企业以权责发生制为基础确认收入和费用，企业应于本月确认的销售收入金额，正确的是（　　）元。

A. 5 000　　B. 3 000　　C. 0　　D. 2 000

【答案】A

【解析】该企业销售货物的事项同时满足了确认销售收入应满足的条件，故销售金额能够确认，且该企业采用权责发生制确认收入与费用，因此，该企业应该确认的收入为合同协议价，即5 000元。

二、账户设置

企业通常设置以下账户对销售业务进行会计核算。

（一）“主营业务收入”账户

“主营业务收入”账户属于损益类账户，用以核算企业确认的销售商品、提供劳务等主营业务的收入。

该账户贷方登记企业实现的主营业务收入，即主营业务收入的增加额；借方登记期末转入“本年利润”账户的主营业务收入，以及发生销售退回和销售折让应冲减本期的主营业务收入。期末结转后，该账户无余额。该账户应按照主营业务的种类进行明细分类核算。

“主营业务收入”账户的结构如图5-24所示。

“主营业务收入”账户

借方	贷方
期末转入“本年利润”账户的主营业务收入，以及发生销售退回和销售折让应冲减本期的主营业务收入	企业实现的主营业务收入，即主营业务收入的增加额

图5-24 “主营业务收入”账户的结构

（二）“其他业务收入”账户

“其他业务收入”账户属于损益类账户，用以核算企业确认的除主营业务活动以外的其他经营活动实现的收入，包括出租固定资产、出租无形资产、出租包装物和商品、销售材料等。

该账户贷方登记企业实现的其他业务收入，即其他业务收入的增加额，借方登记期末转入“本年利润”账户的其他业务收入。期末结转后，该账户无余额。该账户可按其他业务的种类进行明细分类核算。

“其他业务收入”账户的结构如图5-25所示。

"其他业务收入"账户

借方	贷方
期末转入"本年利润"账户的其他业务收入	企业实现的其他业务收入，即其他业务收入的增加额

图5-25 "其他业务收入"账户的结构

名师点睛 主营业务收入与其他业务收入是相对而言的，一个企业的主营业务收入可能是另一个企业的其他业务收入。如销售某材料取得的收入，对于销售材料企业而言，该项收入属于主营业务收入，但对于一般的生产企业而言，该项收入则属于其他业务收入。

（三）"应收账款"账户

"应收账款"账户属于资产类账户，用以核算企业因销售商品、提供劳务等经营活动应收取的款项。

该账户借方登记由于销售商品以及提供劳务等发生的应收账款，包括应收取的价款、税款和代垫款等，贷方登记已经收回的应收账款。期末余额一般在借方，反映企业尚未收回的应收账款；若期末余额在贷方，反映企业预收的账款。该账户应按不同的债务人进行明细分类核算。

"应收账款"账户的结构如图5-26所示。

"应收账款"账户

借方	贷方
由于销售商品以及提供劳务等发生的应收账款，包括应收取的价款、税款和代垫款等	已经收回的应收账款
期末余额：企业尚未收回的应收账款	期末余额：企业预收的账款

图5-26 "应收账款"账户的结构

（四）"应收票据"账户

"应收票据"账户属于资产类账户，用以核算企业因销售商品、提供劳务等而收到的商业汇票。

该账户借方登记企业收到的应收票据，贷方登记到期收回的应收票据。期末余额在借方，反映企业持有的商业汇票的票面金额。该账户可按开出、承兑商业汇票的单位进行明细分类核算。

"应收票据"账户的结构如图5-27所示。

"应收票据"账户

借方	贷方
企业收到的应收票据	到期收回的应收票据
期末余额：企业持有的商业汇票的票面金额	

图5-27 "应收票据"账户的结构

（五）"预收账款"账户

"预收账款"账户属于负债类账户，用以核算企业按照合同规定预收的款项。

该账户贷方登记企业向购货单位预收的款项等，借方登记销售实现时按实现的收入转销的预收款项等。期末余额一般在贷方，反映企业预收的款项，若期末余额在借方，反映企业已转销但尚未收取的款项。该账户可按购货单位进行明细分类核算。

预收账款不多的企业，可以不设置本账户，将预收的款项直接记入“应收账款”账户。

“预收账款”账户的结构如图5-28所示。

“预收账款”账户

借方	贷方
销售实现时按实现的收入转销的预收款项等	企业向购货单位预收的款项等
期末余额：企业已转销但尚未收取的款项	期末余额：企业预收的款项

图5-28 “预收账款”账户的结构

（六）“主营业务成本”账户

“主营业务成本”账户属于损益类账户，用以核算企业确认销售商品、提供劳务等主营业务收入时应结转的成本。

该账户借方登记主营业务发生的实际成本，贷方登记期末转入“本年利润”账户的主营业务成本。期末结转后，该账户无余额。该账户可按主营业务的种类设置明细账户，进行明细分类核算。

“主营业务成本”账户的结构如图5-29所示。

“主营业务成本”账户

借方	贷方
主营业务发生的实际成本	期末转入“本年利润”账户的主营业务成本

图5-29 “主营业务成本”账户的结构

（七）“其他业务成本”账户

“其他业务成本”账户属于损益类账户，用以核算企业确认的除主营业务活动以外的其他经营活动所发生的支出，包括销售材料的成本、出租固定资产的折旧额、出租无形资产的摊销额、出租包装物的成本或摊销额等。

该账户借方登记其他业务的支出额，贷方登记期末转入“本年利润”账户的其他业务支出额。期末结转后，该账户无余额。该账户可按其他业务的种类设置明细账户，进行明细分类核算。

“其他业务成本”账户的结构如图5-30所示。

“其他业务成本”账户

借方	贷方
其他业务的支出额	期末转入“本年利润”账户的其他业务支出额

图5-30 “其他业务成本”账户的结构

（八）“营业税金及附加”账户

“营业税金及附加”账户属于损益类账户，用以核算企业经营活动发生的营业税、消费税、城市维护建设税、资源税和教育费附加等相关税费。

该账户借方登记企业应按规定计算确定的与经营活动相关的税费，贷方登记期末转入“本年利润”账户的与经营活动相关的税费。期末结转后，该账户无余额。

“营业税金及附加”账户的结构如图5-31所示。

“营业税金及附加”账户

借方	贷方
企业应按规定计算确定的与经营活动相关的税费	期末转入“本年利润”账户的与经营活动相关的税费

图5-31 “营业税金及附加”账户的结构

试题精讲

【单选题】用于核算企业出租固定资产收入的账户是（ ）。

A. 主营业务收入　B. 其他业务收入　C. 主营业务支出　D. 其他业务支出

【答案】B

【解析】“其他业务收入”可核算企业出租固定资产、出租无形资产、出租包装物和商品、销售材料等活动实现的收入。

三、账务处理

（一）主营业务收入的账务处理

企业销售商品或提供劳务实现的收入，应按实际收到、应收或者预收的金额，以及确认的营业收入，做如下账务处理。

借：银行存款、应收账款、应收票据、预收账款等

　贷：主营业务收入

【例5-20】明兴公司2015年2月18日销售一批商品给乙公司，增值税专用发票上注明商品售价为200 000元，增值税税额为34 000元，款项尚未收到，但已符合收入的确认条件，确认为收入。应编制的会计分录如下。

借：应收账款　234 000

　贷：主营业务收入　200 000

　　应交税费——应交增值税（销项税额）　34 000

（二）主营业务成本的账务处理

期（月）末，企业应根据本期（月）销售各种商品、提供各种劳务等实际成本，计算应结转的主营业务成本，并做如下账务处理。

借：主营业务成本

　贷：库存商品、劳务成本等

【例5-21】接【例5-20】，假定该批商品的成本为150 000元。应编制的会计分录如下。

借：主营业务成本　150 000

　贷：库存商品　150 000

（三）其他业务收入与成本的账务处理

1. 其他业务收入的账务处理

当企业发生其他业务收入时，应按确定的收入金额，做如下账务处理。

借：银行存款、应收账款、应收票据等

贷：其他业务收入

2. **其他业务成本的账务处理**

企业在实现销售收入时，应在同一会计期间，根据销售商品的成本，结转其他业务成本，做如下账务处理。

借：其他业务成本

贷：原材料、累计折旧、应付职工薪酬等

【例5-22】明兴公司2015年3月1日销售多余的材料一批。该批材料的成本为4 200元，售价为4 600元，增值税税额为782元，销售收入已存入银行。应编制的会计分录如下。

实现销售收入。

借：银行存款　　5 382

贷：其他业务收入　　4 600

应交税费——应交增值税（销项税额）　　782

结转销售成本。

借：其他业务成本　　4 200

贷：原材料　　4 200

（四）营业税金及附加的账务处理

企业在实现收入后，若涉及相关税费的缴纳，应将需要缴纳的税费计入“营业税金及附加”科目，做如下账务处理。

借：营业税金及附加

贷：应交税费——应交消费税

——应交城市维护建设税

——应交教育费附加等

【例5-23】明兴公司2015年3月1日取得销售商品价款6 000元，已交纳增值税1 020元，已知明兴公司应缴纳的城市维护建设税税率为7%，应缴纳的教育费附加税率为3%。该两项税、费均以缴纳的增值税作为计税依据。

应缴纳的城市维护建设税=1 020×7%=71.4（元）

应缴纳的教育费附加=1 020×3%=30.6（元）

因此明兴公司应编制的会计分录如下。

借：营业税金及附加　　102

贷：应交税费——应交城市维护建设税　　71.4

——应交教育费附加　　30.6

【任务实施】

已知：明兴公司2015年1月的销售资料如表5-8所示。

表5-8 明兴公司2015年1月销售资料

产品名称	单价（元）	数量（千克）	单位成本（元）	增值税税率	收款情况
甲商品	6	800	4	17%	已存入银行
丙材料	5	200	3	17%	已存入银行

要求：根据表中资料，分别为明兴公司编制甲商品及丙材料确认销售收入和结转销售成本的会计分录。

（答案参见：光盘\任务实施\项目五\任务五.docx）

任务六 核算企业期间费用业务

企业的日常经营中，除了涉及产品生产等发生的相关费用外，还包括其他不能直接计入成本的费用，即期间费用。

【任务目标】

本任务的目标是了解期间费用的构成，掌握期间费用的划分及其账务处理。

【知识讲解】

一、期间费用的构成

期间费用是指企业日常活动中不能直接归属于某特定成本核算对象的，在发生时应直接记入当期损益的各种费用，包括管理费用、销售费用和财务费用。

- **管理费用**：管理费用是指企业为组织和管理企业生产经营活动所发生的各种费用，包括企业筹建期间发生的开办费、董事会和行政管理部门在经营管理中发生的各项公司经费等，如聘请中介机构费、诉讼费等。
- **销售费用**：销售费用是指企业销售商品和材料、提供劳务的过程中发生的各种费用，包括保险费、包装费、广告费等。
- **财务费用**：财务费用是指企业为筹集生产经营所需资金等而发生的筹资费用，包括利息支出、汇兑损益及相关的手续费、企业发生的现金折扣等。

二、账户设置

企业通常可设置以下账户对期间费用业务进行会计核算。

（一）“管理费用”账户

“管理费用”账户属于损益类账户，用以核算企业为组织和管理企业生产经营所发生的管理费用。

该账户借方登记发生的各项管理费用，贷方登记期末转入“本年利润”账户的管理费用金额。期末结转后，该账户无余额。该账户可按费用项目进行明细分类核算。

“管理费用”账户的结构如图5-32所示。

“管理费用”账户

借方	贷方
发生的各项管理费用	期末转入“本年利润”账户的管理费用金额

图5-32 “管理费用”账户的结构

（二）“销售费用”账户

“销售费用”账户属于损益类账户，用以核算企业发生的各项销售费用。

该账户借方登记发生的各项销售费用，贷方登记期末转入“本年利润”账户的销售费用金额。期末结转后，该账户无余额。该账户可按费用项目进行明细分类核算。

“销售费用”账户的结构如图5-33所示。

"销售费用"账户

借方	贷方
发生的各项销售费用	期末转入"本年利润"账户的销售费用金额

图5-33 "销售费用"账户的结构

（三）"财务费用"账户

"财务费用"账户属于损益类账户，用以核算企业为筹集生产经营所需资金等而发生的筹资费用，包括利息支出（减利息收入）、汇兑损益以及相关的手续费、企业发生的现金折扣或收到的现金折扣等。

该账户借方登记手续费、利息费用等的增加额，贷方登记应冲减财务费用的利息收入等。期末结转后，该账户无余额。该账户可按费用项目进行明细分类核算。

"财务费用"账户的结构如图5-34所示。

"财务费用"账户

借方	贷方
手续费、利息费用等的增加额	应冲减财务费用的利息收入等

图5-34 "财务费用"账户的结构

试题精讲

【多选题】下列各选项中，属于管理费用核算内容的有（ ）。

A. 企业在筹建期间的注册登记费

B. 企业缴纳的印花税

C. 行政管理部门的固定资产折旧

D. 业务招待费

【答案】A、B、C、D

【解析】"管理费用"账户用以核算企业为组织和管理企业生产经营所发生的管理费用。具体内容可参见上文的讲解。

三、账务处理

（一）管理费用的账务处理

企业"管理费用"科目核算的内容非常多，其内容已在"一、期间费用的构成"中进行了讲解，相应的账务处理如下。

- **筹建期间发生的开办费**：企业在筹建期间内发生的开办费，包括人员工资、办公费、培训费、差旅费等费用，其在发生时，应编制如下会计分录。

借：管理费用

　　贷：应付利息

　　　　银行存款等

- **行政管理部门人员的职工薪酬**：行政管理部门人员的职工薪酬发生时，应编制如下会计分录。

借：管理费用

　　贷：应付职工薪酬

● **固定资产折旧**：行政管理部门计提的固定资产折旧，应编制如下会计分录。

借：管理费用

　　贷：累计折旧

● **其他管理费用**：其他管理费用包括行政管理部门发生的办公费、水电费、业务招待费、聘请中介机构费、咨询费、诉讼费、技术转让费、企业研究费等费用，其在发生时，应编制如下会计分录。

借：管理费用

　　贷：银行存款

　　　　研发支出等

【例5-24】明兴公司2015年1月购买办公用品一批，价款为500元，以现金支付。应编制的会计分录如下。

借：管理费用　　500

　　贷：库存现金　　500

（二）销售费用的账务处理

企业在销售产品或提供劳务过程中发生的销售费用，应按下列方法进行账务处理。

● **各种销售费用**：企业在销售商品过程中发生的包装费、保险费、展览费和广告费、运输费、装卸费等费用，应编制如下会计分录。

借：销售费用

　　贷：库存现金、银行存款等

● **销售人员薪酬和业务费**：企业发生的为销售本企业商品而专设的销售机构的职工薪酬、业务费等费用，应编制如下会计分录。

借：销售费用

　　贷：应付职工薪酬、银行存款、累计折旧等

【例5-25】明兴公司2015年1月发生广告费5 000元，以银行存款支付。应编制的会计分录如下。

借：销售费用——广告费　　5 000

　　贷：银行存款　　5 000

（三）财务费用的账务处理

企业在日常活动中发生的财务费用，应按下列方法进行账务处理。

● **发生的财务费用。**

借：财务费用

　　贷：银行存款

　　　　应付利息等

● **发生的应冲减财务费用的利息收入、汇兑损益、现金折扣。**

借：银行存款

　　应付账款等

　　贷：财务费用

【例5-26】明兴公司2015年1月支付当月的短期借款利息2 000元，以银行存款支付。应编制的会计分录如下。

借：财务费用　　2 000

　　贷：银行存款　　2 000

【任务实施】

甲公司2015年2月发生的与期间费用有关的资料如下。

（1）计提管理部门当月折旧500元，计提管理部门人员工资8 000元。

（2）用银行存款支付当月广告费50 000元，支付当月销售人员工资4 000元。

（3）本月利息收入为2 000元，已存入银行。

要求：分别编制上述各项业务的会计分录。

（答案参见：光盘\任务实施\项目五\任务六.docx）

任务七　核算企业利润形成与利润分配业务

利润是企业经营成果的体现，企业日常经营中对有关利润的处理一般在月末或期末进行，具体包括利润形成业务与利润分配业务的处理。

【任务目标】

本任务的目标是了解企业利润的形成和利润的分配，掌握企业对利润形成与利润分配的账务处理。

【知识讲解】

一、利润的形成及其账务处理

（一）利润的形成

利润是企业一定会计期间的经营成果，包括收入减去费用后的净额，直接记入当期损益的利得和损失等。利润由营业利润、利润总额和净利润三个层次构成。

- **营业利润**：营业利润这一指标能够比较清晰地反映企业管理者的经营业绩，相关计算公式如下。

营业利润＝营业收入－营业成本－营业税金及附加－销售费用－管理费用－财务费用＋投资收益（－投资损失）－资产减值损失＋公允价值变动收益（－公允价值变动损失）

营业收入＝主营业务收入＋其他业务收入

营业成本＝主营业务成本＋其他业务成本

- **利润总额**：利润总额又称税前利润，是营业利润加上营业外收入减去营业外支出后的金额，相关计算公式如下。

利润总额＝营业利润＋营业外收入－营业外支出

- **净利润**：净利润又称税后利润，是利润总额扣除所得税费用后的净额，相关计算公式如下。

净利润＝利润总额－所得税费用

（二）账户设置

企业通常应设置以下账户对利润形成业务进行会计核算。

1.　“本年利润”账户

“本年利润”账户属于所有者权益类账户，用以核算企业当期实现的净利润（或发生的净亏损）。

该账户贷方登记企业期（月）末转入的主营业务收入、其他业务收入、营业外收入和投资收益等，借方登记企业期（月）末转入的主营业务成本、营业税金及附加、其他业务成本、管理费用、财务费用、销售费用、营业外支出、投资损失和所得税费用等。上述结转后，若期末余额在贷方，反映企业当期（月）实现的利润；若期末余额在借方，则反映当期（月）发生的亏损。年度终了时，该账户余额转入“利润分配——未分配利润”账户，结转后该账户无余额。

“本年利润”账户的结构如图5-35所示。

“本年利润”账户

借方	贷方
企业期（月）末转入的主营业务成本、营业税金及附加、其他业务成本、管理费用、财务费用、销售费用、营业外支出、投资损失和所得税费用等	企业期（月）末转入的主营业务收入、其他业务收入、营业外收入和投资收益等

图5-35 “本年利润”账户的结构

2. “投资收益”账户

“投资收益”账户属于损益类账户，用以核算企业确认的投资收益或投资损失。

该账户贷方登记实现的投资收益和期末转入“本年利润”账户的投资净损失，借方登记发生的投资收益和期末转入“本年利润”账户的投资净收益。期末结转后，该账户无余额。该账户可按投资项目进行明细分类核算。

“投资收益”账户的结构如图5-36所示。

“投资收益”账户

借方	贷方
发生的投资收益和期末转入“本年利润”账户的投资净收益	实现的投资收益和期末转入“本年利润”账户的投资净损失

图5-36 “投资收益”账户的结构

3. “营业外收入”账户

“营业外收入”账户属于损益类账户，用以核算企业发生的各项营业外收入，主要包括非流动资产处置利得、非货币性资产交换利得、债务重组利得、政府补助、盘盈利得、捐赠利得等。

该账户贷方登记营业外收入的实现，即营业外收入的增加额，借方登记期末转入“本年利润”账户的营业外收入额。期末结转后，该账户无余额。该账户可按营业外收入项目进行明细分类核算。

“营业外收入”账户的结构如图5-37所示。

“营业外收入”账户

借方	贷方
期末转入“本年利润”账户的营业外收入额	营业外收入的实现，即营业外收入的增加额

图5-37 “营业外收入”账户的结构

4. “营业外支出”账户

“营业外支出”账户属于损益类账户，用以核算企业发生的各项营业外支出，包括非流动资产处置损失、非货币性资产交换损失、债务重组损失、公益性捐赠支出、非常损失、盘亏损失等。

该账户借方登记营业外支出的发生，即营业外支出的增加额，贷方登记期末转入“本年利润”账户的营业外支出额。期末结转后，该账户无余额。该账户可按支出项目进行明细分类核算。

“营业外支出”账户的结构如图5-38所示。

“营业外支出”账户

借方	贷方
营业外支出的发生，即营业外支出的增加额	期末转入“本年利润”账户的营业外支出额

图5-38 “营业外支出”账户的结构

5. “所得税费用”账户

“所得税费用”账户属于损益类账户，用以核算企业确认的应从当期利润总额中扣除的所得税费用。

该账户借方登记企业应记入当期损益的所得税，贷方登记企业期末转入“本年利润”账户的所得税。期末结转后，该账户无余额。

“所得税费用”账户的结构如图5-39所示。

“所得税费用”账户

借方	贷方
企业应记入当期损益的所得税	企业期末转入“本年利润”账户的所得税

图5-39 “所得税费用”账户的结构

知识补充 利润形成还会涉及“资产减值损失”账户，该账户用于核算企业计提各项资产减值准备所形成的损失。期末，应将“资产减值损失”账户余额转入“本年利润”账户，结转后该账户无余额。

（三）账务处理

利润的形成涉及的账务处理主要包括结转各项收入和支出。

1. 结转各项收入、收益和利得

结转各项收入、收益和利得时，相关会计分录如下。

借：主营业务收入、其他业务收入、营业外收入、投资收益等

　　贷：本年利润

2. 结转各项费用和损失

结转各项费用和损失时，相关会计分录如下。

借：本年利润

　　贷：主营业务成本、营业税金及附加、其他业务成本、管理费用、财务费用、销售费用、营业外支出、所得税费用等

【例5-27】假定明兴公司2014年度各项收入和利得、费用和损失科目结转前的余额如表5-9所示。

表5-9 明兴公司科目余额表 单元：元

科目名称	结转前账户余额
主营业务收入	120 000
其他业务收入	70 000
投资收益	50 000
营业外收入	20 000
主营业务成本	90 000
其他业务成本	65 000
营业税金及附加	5 000
销售费用	7 000
管理费用	10 000
财务费用	2 000
营业外支出	8 500

相关会计分录如下。

结转收入、利得。

借：主营业务收入 120 000
　　其他业务收入 70 000
　　营业外收入 20 000
　　投资收益 50 000
　　贷：本年利润 260 000

结转费用、损失。

借：本年利润 187 500
　　贷：主营业务成本 90 000
　　　　其他业务成本 65 000
　　　　营业税金及附加 5 000
　　　　销售费用 7 000
　　　　管理费用 10 000
　　　　财务费用 2 000
　　　　营业外支出 8 500

3. 计算所得税并结转

根据转入“本年利润”的收入和利得、费用和损失，计算应缴纳的所得税，相关会计分录如下。

计提所得税费用。

借：所得税费用
　　贷：应交税费——应交所得税

结转所得税费用。

借：本年利润
　　贷：所得税费用

【例5-28】接【例5-27】，已知该公司适用的所得税税率为25%，计算明兴公司2014年度的利润总额，并编制计提所得税和结转所得税的会计分录。

明兴公司2014年利润总额=260 000－187 500=72 500（元），所得税费用=72 500×25%=18 125（元）。计提所得税与结转所得税的会计分录如下。

借：所得税费用　　18 125

　　贷：应交税费——应交所得税　　18 125

借：本年利润　　18 125

　　贷：所得税费用　　18 125

二、利润分配的核算

利润分配是指企业根据国家有关规定、企业章程和投资者协议等，对企业当年可供分配的利润按特定用途向投资者分配的行为。分配的过程和结果不仅关系到每个股东的合法权益是否得到保障，而且还关系到企业的未来发展。

（一）利润分配的顺序

根据我国《公司法》的规定，企业分配利润时，应按照下列顺序进行。

1. 计算可供分配的利润

企业在进行利润分配前，应根据本年净利润或净亏损与年初未分配利润或亏损、其他转入的金额等项目，计算可供分配的利润。相关计算公式如下：

可供分配的利润＝净利润（或亏损）＋年初未分配利润－弥补以前年度的亏损＋其他转入的金额

如果可供分配的利润为负数（即累计亏损），则不能进行后续分配；如果可供分配为正数（即累计盈利），则可进行后续分配。

2. 提取法定盈余公积

按照《公司法》的规定，公司应按当年净利润（抵减年初累计亏损后）的10%提取法定盈余公积，提取的法定盈余公积累计超过注册资本50%以上时，可以不再提取。

3. 提取任意盈余公积

公司提取法定盈余公积后，经股东会或者股东大会决议，还可以从净利润中提取任意盈余公积。

4. 向投资者分配利润（或股利）

企业可供分配利润扣除提取的盈余公积后，形成可供投资者分配的利润。计算公式如下。

可供投资者分配的利润＝可供分配的利润－提取的盈余公积

企业可采用现金股利、股票股利和财产股利等形式向投资者分配利润（或股利）。

名师点睛

企业在进行利润分配时，应遵守以下原则：①企业以前年度亏损未弥补完，不能提取法定盈余公积金；②在提取法定盈余公积金前，不得向投资者分配利润；③企业如果发生亏损，可以用以后年度实现的利润弥补，也可以用以前年度提取的盈余公积金弥补。

（二）账户设置

企业通过设置以下账户对利润分配业务进行会计核算。

1.“利润分配”账户

“利润分配”账户属于所有者权益类账户，用以核算企业利润的分配（或亏损的弥补）和历年分配（或弥补）后的余额。

该账户贷方登记用盈余公积弥补的亏损额等其他转入数，年末从“本年利润”账户转入的全年实现的净利润；借方登记实际分配的利润，包括提取的盈余公积和分配给投资者的利润，年末从“本年利润”账户转入的全年发生的净亏损。该账户应当分别按“提取法定盈余公积”“提取任意盈余公积”“应付现金股利或利润”“盈余公积补亏”“未分配利润”等进行明细分类核算。

年末，应将“利润分配”账户下的其他明细账户的余额转入“未分配利润”明细账户。结转后，除“未分配利润”明细账户可能有余额外，其他各个明细账户均无余额。

“利润分配”账户的结构如图5-40所示。

“利润分配”账户

借方	贷方
实际分配的利润，包括提取的盈余公积和分配给投资者的利润，年末从“本年利润”账户转入的全年发生的净亏损	用盈余公积弥补的亏损额等其他转入数，年末从“本年利润”账户转入的全年实现的净利润

图5-40 “利润分配”账户的结构

知识补充

“未分配利润”明细账户是“本年利润”与“利润分配”两个科目相抵或合并后的结果。该明细账户的贷方余额为历年累积的未分配利润（即可供以后年度分配的利润），借方余额为历年累积的未弥补亏损（即以后年度弥补的亏损）。

2.“盈余公积”账户

“盈余公积”账户属于所有者权益类账户，用以核算企业从净利润中提取的盈余公积。

该账户贷方登记提取的盈余公积，即盈余公积的增加额，借方登记实际使用的盈余公积，即盈余公积的减少额。期末余额在贷方，反映企业结余的盈余公积。该账户应按“法定盈余公积”“任意盈余公积”进行明细分类核算。

“盈余公积”账户的结构如图5-41所示。

“盈余公积”账户

借方	贷方
实际使用的盈余公积，即盈余公积的减少额	提取的盈余公积，即盈余公积的增加额
	期末余额：企业结余的盈余公积

图5-41 “盈余公积”账户的结构

3.“应付股利”账户

“应付股利”账户属于负债类账户，用以核算企业分配的现金股利或利润。

该账户贷方登记应付给投资者股利或利润的增加额，借方登记实际支付给投资者的股利或利润，即应付股利的减少额。期末余额在贷方，反映企业应付未付的现金股利或利润。该账户按投资者进行明细分类核算。

“应付股利”账户的结构如图5-42所示。

“应付股利”账户	
借方	贷方
实际支付给投资者的股利或利润，即应付股利的减少额	应付给投资者股利或利润的增加额
	期末余额：企业应付未付的现金股利或利润

图5-42 “应付股利”账户的结构

（三）账务处理

1. 净利润转入利润分配

会计期末，企业应将当年实现的净利润转入“利润分配——未分配利润”科目，即进行如下账务处理。

借：本年利润

　　贷：利润分配——未分配利润

（如为净亏损，则编制相反会计分录）

结转前，如果“利润分配——未分配利润”明细科目的余额在借方，上述结转当年所实现净利润的分录同时反映了当年实现的净利润自动弥补以前的年度亏损。因此，在用当年实现的净利润弥补以前年度亏损时，就不需要另行编制会计分录了。

【例5-29】接【例5-28】，计算明兴公司2014年度实现的净利润。利润总额减去所得税费用，则得到明兴公司2014年度实现的净利润。

明兴公司2014年净利润=72 500－18 125=54 375（元）。结转净利润的会计分录如下。

借：本年利润	54 375	
贷：利润分配——未分配利润		54 375

2. 提取盈余公积

企业提取法定盈余公积和任意盈余公积时，分别做如下账务处理。

提取法定盈余公积。

借：利润分配——提取法定盈余公积

　　贷：盈余公积——法定盈余公积

提取任意盈余公积。

借：利润分配——提取任意盈余公积

　　贷：盈余公积——任意盈余公积

【例5-30】接【例5-29】，明兴公司分别按照净利润的10%和8%提取法定盈余公积和任意盈余公积。应编制的会计分录如下。

借：利润分配——提取法定盈余公积	5 437.5	
——提取任意盈余公积	4 350	
贷：盈余公积——法定盈余公积		5 437.5
——任意盈余公积		4 350

3. 向投资者分配利润或股利

企业实现的净利润在提取盈余公积后，按照股东大会或类似机构审议批准的利润分配方案，向投资者分配利润或股利。企业应根据不同支付方式做不同账务处理。

（1）以现金形式分配股利或利润时，应做如下账务处理。

借：利润分配——应付现金股利

　　贷：应付股利等

（2）以股票形式分配股利或利润时，应做如下账务处理。

借：利润分配——转作股本股利

　　贷：股本等

【例5-31】接【例5-29】，该公司董事会决议，经股东大会批准，按可供投资者分配的利润的50%向投资者分配现金股利。

应向投资者分配的利润＝（54 375－5 437.5－4 350）×50%＝22 293.75（元）

相关会计分录如下。

借：利润分配——应付现金股利　　22 293.75

　　贷：应付股利　　22 293.75

4. 盈余公积补亏

盈余公积的主要用途是弥补亏损和转增资本。企业发生的亏损，除了可以用当年实现的净利润弥补外，还可使用提取的盈余公积弥补。以盈余公积弥补亏损时，相关会计分录如下。

借：盈余公积

　　贷：利润分配——盈余公积补亏

【例5-32】假设明兴公司存在尚未弥补完的亏损50 000元，经股东大会批准，其可用以前年度提取的盈余公积弥补当年发生的亏损数额50 000元。应编制的会计分录如下。

借：盈余公积　　50 000

　　贷：利润分配——盈余公积补亏　　50 000

5. 企业未分配利润的形成

年度终了，企业应将“利润分配”科目所属其他明细科目的余额转入该科目的“未分配利润”明细科目，相关会计分录如下。

借：利润分配——未分配利润

　　　　　　——盈余公积补亏等

　　贷：利润分配——提取法定盈余公积

　　　　　　　　——提取任意盈余公积

　　　　　　　　——应付现金股利

　　　　　　　　——转作股本股利等

结转后，“利润分配”科目中除“未分配利润”明细科目外，所属的其他明细科目均无余额。“未分配利润”明细科目的贷方余额表示累积未分配的利润，该科目若出现借方余额，则表示累积未弥补的亏损。

【例5-33】接【例5-30】、【例5-31】，明兴公司结转本年的利润分配。应编制的会计分录如下。

借：利润分配——未分配利润　　32 081.25

　　贷：利润分配——提取法定盈余公积　　5 437.5

　　　　　　　　——提取任意盈余公积　　4 350

　　　　　　　　——应付现金股利　　22 293.75

【任务实施】

已知甲公司2014年度有关科目在结转前的余额如表5-10所示。

表5-10 甲公司2014年部分科目余额表

科目名称	结转前账户余额
主营业务收入	800 000
其他业务收入	300 000
投资收益	100 000
营业外收入	80 000
主营业务成本	500 000
其他业务成本	200 000
营业税金及附加	30 000
销售费用	80 000
管理费用	120 000
财务费用	40 000
营业外支出	65 000

另外，甲公司适用的所得税税率为25%，以前年度没有尚未弥补完的亏损。甲公司分别按照净利润的10%和6%提取法定盈余公积和任意盈余公积；经决议，甲公司向股东分配的现金股利为可供分配利润的30%。

要求：

（1）计算甲公司的净利润，并编制将本年利润转入利润分配的会计分录；

（2）计算甲公司应提取的盈余公积，并编制相关会计分录；

（3）计算甲公司应向投资者分配的利润额，并编制相关会计分录；

（4）编制甲公司结转利润分配的会计分录。

（答案参见：光盘\任务实施\项目五\任务七.docx）

项目总结

本项目主要是对企业日常活动中涉及的主要经济业务的核算进行讲解。本项目按照一般企业的运作流程，对其日常核算中涉及的主要经济业务按照相关知识、账户设置、账务处理的结构进行介绍，读者可根据此种方法，对自己较薄弱的环节进行有针对性的学习，这样将有助于知识的掌握。另外，读者应掌握各类经济业务的特点及其所涉及账户的结构，在此基础上能够正确编制各类主要经济业务下的会计分录。由于本项目的内容是对前面所学知识的运用，初学时难免会遇到一些问题，因此需要多加练习相关内容。

项目实训 编制企业主要经济业务的会计分录

了解企业的主要经济业务是对会计人员的基本要求，编制企业主要经济业务的会计分录是会计人员的日常工作。下面通过实训练习，使读者进一步掌握企业主要经济业务所涉及会计分录的编制，加深对企业各项经济业务的理解。

【实训目标】

根据企业业务资料，明确区分各经济业务所属的类型（资金筹集业务、固定资产业务等），在此基础上正确编制相关业务涉及的会计分录。

【实训资料】

百盛公司是一家从事商品生产与销售的公司，公司资料与2014年度发生的相关业务如表5-11至表5-15所示。

表5-11 百盛公司公司资料

项目	资料	项目	资料
成立时间	2012年1月1日	注册资本	1 500 000元
投资者及其资金份额	A（1/3）、B（1/3）、C（1/3）	投资方式	银行存款

表5-12 百盛公司固定资产资料

固定资产名称	入账价值（元）	使用年限（年）	折旧方法	使用部门	预计净残值率	支付方式
生产设备	300 000	10	平均年限法	生产车间	5%	银行存款
电脑	50 000	3	平均年限法	管理部门	2%	银行存款
销售展台	20 000	6	平均年限法	销售部门	6%	银行存款

表5-13 百盛公司2014年5月采购材料资料

项目	S材料	W材料
单价	12元/千克	8元/千克
数量	300千克	500千克
材料状态	已验收入库	已验收入库
货款支付情况	已支付	已支付
成本核算方法	实际成本法	实际成本法
增值税税额	612元	680元
货款支付方式	银行转账	银行转账

表5-14 百盛公司2014年5月材料耗费及人工薪酬资料

	S材料	W材料	本月薪酬
生产M产品	100千克	220千克	30 000元
生产N产品	80千克	120千克	35 000元
车间管理部门	50千克	80千克	15 000元
行政管理部门	20千克	—	40 000元
销售部门	—	—	33 000元

表5-15 百盛公司2014年5月销售资料

销售商品名称	单价（元）	数量（千克）	单位成本（元）	增值税税率
M产品	32	120	20	17%
N产品	25	100	16	17%

要求：

（1）根据表5-11，编制百盛公司收到投资的会计分录；

（2）根据表5-12，编制百盛公司购买固定资产并计提每月折旧的会计分录；

（3）根据表5-13，编制百盛公司采购材料的会计分录；

（4）根据表5-14，编制百盛公司材料、人工薪酬的归集和分配的会计分录；月底，产品生产完成，验收入库，编制成本结转的会计分录；

（5）已知，本月共生产M产品146件，生产N产品120件。假设M产品的货款已存入银行，N产品的货款还未收到，根据表5-15，编制百盛公司销售商品的会计分录。

【实训指导】

STEP 1 根据各表所提供的资料，判断其所属的业务类型。

STEP 2 确定企业各主要经济业务涉及的账务处理方法。

STEP 3 根据要求编制会计分录。（答案参见：光盘\项目实训\项目五\百盛公司主要经济业务的会计分录.docx）

拓展知识

一、发出存货的计价方法

存货是指企业在日常活动中持有以备出售的原料或产品，处在生产过程中的在产品，在生产过程或提供劳务过程中耗用的材料、物料等，具体包括原材料、在产品、产成品、商品等。

在企业的实际经营中，即使是同一种材料或商品，由于购买时间、购买数量、供应商等不同，其单价都有可能不同。所以，确定发出材料或商品的成本是企业面临的十分重要的问题。现行会计制度中，存货的计价方法主要包括4种，即先进先出法、月末一次加权平均法、移动加权平均法和个别计价法。

- **先进先出法**：先进先出法是以先购入的存货应先发出这一实物流转假设为前提，对发出存货进行计价的方法。采用这种方法时，企业应详细、逐笔登记每一批存货的单价及数量，在发出存货时根据先购入的存货先发出的原则，确认发出存货的成本。

采用先进先出法时，企业不能随意挑选存货计价以调整当期利润，但工作量比较繁琐。当物价上涨时，会高估企业当期利润和库存存货价值。

- **月末一次加权平均法**：月末一次加权平均法是指以本月期初存货数量加上本月合计购入存货数量作为权数，计算出存货的加权单位成本，以此为基础计算当月发出存货的成本和期末存货成本的一种方法。其公式为：

加权平均单价=（期初结存存货实际成本+本期购入存货实际成本）÷（期初结存存货数量+本期购入存货数量）

本期发出存货实际成本=本期发出存货数量×加权平均单价=期初结存存货实际成本+本期购入存货实际成本—本期发出存货实际成本

- **移动加权平均法**：移动加权平均法是指在每次进货以后，立即为存货计算出新的加权平均单位成本，作为下次发出存货计价基础的一种方法。其公式为加权平均单价=（本次购入存货前结存存货实际成本+本期购入存货实际成本）÷（本次购入存货前结存存货数量+本次购入存货数量）

本次发出存货实际成本=本次发出存货数量×加权平均单价

采用月末一次加权平均法和移动加权平均法时，计算方法简单，但不利于核算的及时性；在物价变动幅度较大的情况下，按加权平均单价计算的期末存货价值与现行成本有较大的差异。

- **个别计价法**：个别计价法是指每次发出存货的实际成本按其购入时的实际成本分别计价的方法。

采用个别计价法时，计算发出存货的成本和期末存货的成本比较合理、准确，但实际操作的工作量繁重，困难较大。

二、双倍余额递减法与年数总和法

双倍余额递减法与年数总和法属于固定资产折旧方法中的加速折旧法，考试大纲中以平均年限法和工作量法作为重点，为了知识的完整性，本拓展知识将对双倍余额递减法与年数总和法的计算公式做一个简单的介绍。

采用双倍余额递减法的计算公式如下。

年折旧率=2÷预计使用年限×100%

年折旧额=固定资产账面净值×年折旧率

采用双倍余额递减法计提固定资产折旧时，年折旧额保持不变，由于固定资产账面价值随着折旧的计提逐渐减少，而导致固定资产的折旧额递减。

值得注意的是，采用双倍余额递减法计提固定资产折旧时，一般应在其折旧年限到期前两年内，将固定资产账面净值扣除预计净残值后的余额平均摊销。

年数总和法的计算公式如下。

年折旧率=尚可使用年限÷预计使用年限的年数总和×100%

年折旧额=（固定资产原值—预计净残值）×年折旧率

采用年数总和法计提固定资产折旧时，固定资产原值与预计净残值的差额保持不变，年折旧率随着折旧年限的增加而减小，因此导致固定资产的折旧额递减。

真题精练

一、单选题

1. （　　）是企业收到投资者投入的超出其在企业注册资本（或股本）中所占份额的投资。

A. 实收资本（或股本）　　B. 资本公积

C. 法人资本金　　D. 个人资本金

2. 甲企业系增值税一般纳税人，2014年9月18日接受投资方投入原材料一批，价值70 000元，增值税专用发票上注明增值税为11 900元。甲企业的下述会计处理中，不正确的是（　　）。

A. 原材料入账金额为70 000元

B. “应交税费——应交增值税（进项税额）”借方发生额为11 900元

C. 实收资本增加81 900元

D. 资本公积增加11 900元

3. 2014年4月1日，B公司因生产经营的临时性需要从银行取得借款40 000元，借款期限6个月，借款年利率为6%，利息按季结算，确认4月份利息费用的会计分录是（ ）。

A. 借：财务费用 200
　　贷：短期借款 200

B. 借：管理费用 200
　　贷：应付利息 200

C. 借：财务费用 200
　　贷：应付利息 200

D. 借：应付利息 200
　　贷：银行存款 200

4. 关于固定资产的折旧，下列说法正确的是（ ）。

A. 企业应按年对所有固定资产计提折旧

B. 当月增加的固定资产，当月不计提折旧，从下月起计提折旧

C. 当月减少的固定资产，当月不计提折旧

D. 提前报废的固定资产，仍须计提折旧至提足折旧额

5. （ ）又称直线法，它可以将固定资产的应计折旧额均匀地分摊到固定资产预计使用寿命内。

A. 年限平均法　　B. 工作量法

C. 双倍余额递减法　　D. 年数总和法

6. 某项固定资产的原值为160 000元，预计使用年限为5年，预计净残值为16 000元，按年数总和法计算的第4年的折旧额为（ ）元。

A. 19 200　　B. 20 800　　C. 28 800　　D. 38 400

7. “在建工程”账户的贷方表示（ ）。

A. 新增固定资产的原价　　B. 减少固定资产的原价

C. 完工工程的成本　　D. 在建工程支出

8. 下列不能计入存货采购成本核算的是（ ）。

A. 运输费　　B. 装卸费　　C. 保险费　　D. 采购人员差旅费

9. （ ）账户核算企业库存的各种原材料的实际成本。

A. “原材料”　　B. “在途物资”　　C. “应付账款”　　D. “预付账款”

10. “材料成本差异”账户，期末借方余额反映（ ）。

A. 企业库存材料等的实际成本大于计划成本的差异

B. 企业库存材料等的实际成本小于计划成本的差异

C. 企业期末商品等物资的采购成本

D. 企业在途材料的采购成本

11. 产品生产费用不包括（ ）。

A. 直接人工　　B. 直接材料　　C. 制造费用　　D. 管理费用

12. 某企业只生产一种产品，2014年3月1日期初在产品成本为7万元；3月份发生如下费用：生产领用材料12万元，生产工人工资4万元，制造费用2万元，管理费用3万元，广告费用1.6万元；月末在产品成本为6万元。该企业3月份完工产品的生产成本为（ ）万元。

A. 6　　B. 18　　C. 19　　D. 6

13. 企业应将本期销售商品、提供劳务的成本结转到（　　）账户的借方。

A. “主营业务成本”　　B. “其他业务支出”

C. “营业外支出”　　D. “管理费用”

14. A公司销售给B公司商品一批，增值税发票上的售价为100 000元，增值税为17 000元，A公司的主营业务收入为（　　）元。

A. 100 000　　B. 117 000　　C. 88 300　　D. 50 000

15. 2014年5月10日，A公司开出转账支票支付B公司的产品广告费120 000元，并取回广告发票。关于此经济业务的账务处理，下列选项中说法正确的是（　　）。

A. 借记“管理费用”账户　　B. 借记“财务费用”账户

C. 借记“主营业务支出”账户　　D. 借记“销售费用”账户

16. 某企业2013年实现营业收入5 000 000元，发生营业成本2 200 000元，营业税金及附加120 000元，财务费用50 000元，管理费用25 000元，销售费用15 000元，营业外收入30 000元，营业外支出20 000元，该企业2013年的利润总额应为（　　）元。

A. 620 000　　B. 2 600 000　　C. 590 000　　D. 570 000

二、多选题

1. 企业计提短期借款利息时，涉及的会计科目有（　　）。

A. 制造费用　　B. 财务费用　　C. 应付利息　　D. 短期借款

2. 长期借款计息所涉及的会计科目有（　　）。

A. 管理费用　　B. 财务费用　　C. 长期借款　　D. 应付利息

3. 下列关于固定资产的特征的表述中，正确的有（　　）。

A. 固定资产是为生产商品、提供劳务、出租或者经营管理而持有的

B. 固定资产的使用寿命超过一个会计年度

C. 与固定资产有关的经济利益很可能流入企业

D. 固定资产是一种有形资产

4. 下列选项中，应计入外购固定资产成本的有（　　）。

A. 购买价款　　B. 增值税　　C. 运输费　　D. 安装费

5. 企业可以采用的固定资产折旧方法包括（　　）。

A. 工作量法　　B. 双倍余额递减法　　C. 年限平均法　　D. 年数总和法

6. 下列项目中，应通过“应付职工薪酬”账户核算的有（　　）。

A. 职工工资、奖金、津贴和补贴　　B. 住房公积金

C. 非货币性福利　　D. 解除职工劳动关系补偿

7. 某企业生产车间为生产产品领用原材料20 000元，关于这一事项，下列说法中正确的有（　　）。

A. 借记“生产成本”20 000元　　B. 贷记“原材料”20 000元

C. 资产减少了20 000元　　D. 资产总额不变

8. 应收账款的入账价值包括（　　）。

A. 代购方垫付的运杂费　　B. 代购方垫付的包装费

C. 增值税进项税　　D. 增值税销项税

9. 下列各项中，属于财务费用核算内容的有（　　）。

A. 利息支出　B. 汇兑损失　C. 现金折扣　D. 商业折扣

10. 应计入产品费用的有（　）。

A. 车间管理人员的工资及福利　B. 企业管理人员的工资及福利

C. 生产车间工人的工资及福利　D. 离退休人员的退休金

11. 下列费用中应计入管理费用的有（　）。

A. 车间管理人员的工资　B. 厂部的办公费

C. 行政管理人员的工资　D. 厂部办公用房的折旧费

12. “利润分配”账户应按（　）进行明细核算。

A. 提取法定盈余公积　B. 提取任意盈余公积

C. 应付现金股利或利润　D. 盈余公积补亏

三、判断题

1. 短期借款利息可以预提，也可以在实际支付时直接计入当期损益中。（　）

2. 当月增加的固定资产，当月计提折旧；当月减少的固定资产，当月不计提折旧。（　）

3. 当“材料成本差异”账户是借方余额时，表示实际成本大于计划成本的差异额。（　）

4. 企业应付职工薪酬的提取、结算、使用等情况，应当通过“应付职工薪酬”账户核算。（　）

5. 企业将商品出售给购货方后便可确认销售收入。（　）

6. “营业税金及附加”属于损益类账户，用来核算企业销售过程中，应缴纳的各种税金及附加，包括消费税、营业税、增值税、教育费附加等。（　）

7. 营业利润的计算公式是：营业利润=营业收入－营业成本－营业税金及附加－销售费用－管理费用－财务费用。（　）

8. 企业以前年度亏损未弥补完，不能提取法定盈余公积和任意盈余公积。（　）

四、计算分析题

2013年1月1日，A公司从银行借入资金300万元，借款期限2年，年利率7%（每年末付利息一次，不计复利，到期还本），所借存款已存入银行。2013年1月20日，A公司购买不需要安装的生产设备一台，价款105万元，增值税税额为17.85万元，设备于当日投入使用，该设备采用年限平均法计提折旧，预计可使用10年，预计报废时净残值90 000元。

根据以上材料，回答以下5题。

1. A公司2013年12月31日固定资产实物账面价值是（　）元。

A. 953 750　B. 954 000　C. 962 000　D. 945 000

2. 编制A公司借入长期借款的会计分录。

3. 编制A公司购入生产设备的会计分录。

4. 编制A公司按月计提长期借款利息的会计分录。

5. 编制A公司按月计提固定资产折旧的会计分录。

PART 6

项目六 填制和审核会计凭证

项目引入

杜老师：小叶，现在应该对企业的经营有了系统的认识了吧！

叶丽娜：是的，通过核算企业主要经济业务，我知道了企业的经营流程以及每个流程所涉及会计分录的编制。

杜老师：很好，看来你的进步不小呢！

叶丽娜：可是老师，虽然填制和审核会计凭证是会计核算的第一步，但我好像面对会计凭证还无从下手呢？

杜老师：你这可说到问题的关键了，下面我们要学习的内容就是填制和审核会计凭证，只要你掌握了这个知识，以后处理会计凭证就能轻松应对了。

学习目标

- 了解会计凭证的概念、作用及其传递；
- 熟悉原始凭证与记账凭证的种类；
- 熟悉会计凭证的保管；
- 掌握原始凭证与记账凭证的填制；
- 掌握原始凭证与记账凭证的审核。

考情分析

- 题型与分值：单选题、多选题和判断题，所占分值约为6%。
- 复习重点与建议：本项目更加注重操作能力，重点在于掌握会计凭证的种类、基本内容、填制要求和凭证的审核等知识。

任务一 认识会计凭证

会计凭证是企业最原始、最直接的会计资料，同时，会计凭证的处理也是将企业的经济业务进行会计处理的第一个程序。

【任务目标】

本任务的目标是了解会计凭证的含义和作用，掌握会计凭证的种类，通过本任务的学习能够快速辨别会计凭证的基本分类及其作用。

【知识讲解】

一、会计凭证的含义与作用

（一）会计凭证的含义

会计凭证是记录经济业务发生或完成情况的书面证明，是登记账簿的依据。

任何单位对于发生的每一项经济业务都必须按照规定的程序和要求，取得或填制有关凭证，真实、完整地记录所发生的经济业务的内容、数量和金额等，并在会计凭证上签名或盖章，以保证会计凭证的真实性和正确性。所有的会计凭证都必须经过相关人员的审核，只有经过审核无误的会计凭证才能作为登记账簿的依据。因此，通过填制或取得会计凭证，可以明确经济责任，同时也能对经济业务进行核算和监督。

（二）会计凭证的作用

合法取得并正确填制和审核会计凭证既是会计核算的基本方法之一，也是会计核算工作的起点。通过会计凭证，可以将企业复杂、分散的经济业务进行整理、分类和汇总，这对企业的经营管理具有重要的意义。会计凭证的作用主要包括以下3点。

- **记录经济业务，提供记账依据**：企业发生的每一项经济业务都必须填制或取得会计凭证，通过会计凭证，可以真实、可靠、及时地反映会计信息，可以对经济业务的发生或完成情况提供依据。
- **明确经济责任，强化内部控制**：由于每一项经济业务都要填制或取得会计凭证，并且相关经手人员都要在会计凭证上签名或盖章。这样，不仅可以明确不同人员的经济责任，还能加强有关部门和人员的责任感，防止舞弊行为，强化内部控制。
- **监督经济活动，控制经济运行**：通过会计凭证的审核，可以检查各项经济业务是否符合有关政策、法律等规定；是否符合会计主体目标、财务收支的计划和预算，是否有违法乱纪和铺张浪费行为等。对于检查出的问题，应当采取积极有效的措施进行纠正，实现对经济活动的控制，有效地发挥会计的监督作用。

试题精讲

【单选题】会计日常核算工作的起点是（　　）。

A．设置会计科目　　B．财产清查

C．填制会计凭证　　D．登记账簿

【答案】C

【解析】合法地取得并正确地填制和审核会计凭证是会计核算的专门方法之一，也是会计核算工作的起点。

二、会计凭证的种类

会计凭证的形式有很多种，根据不同的分类标准，其可分为不同的类别。会计凭证按照填制程序和用途的不同，可以分为原始凭证和记账凭证。

（一）原始凭证

原始凭证又称单据，是在经济业务发生或完成时取得或填制的，用以记录或证明经济业务的发生或完成情况，明确有关经济责任的一种原始凭据。

原始凭证是进行会计核算的原始资料和重要依据，其作用是记载经济业务的发生过程和具体内容。

（二）记账凭证

记账凭证又称记账凭单，是会计人员根据审核无误的原始凭证或汇总原始凭证，按照经济业务事项的内容加以归类，并据以确定会计分录后所填制的会计凭证，它是登记账簿的直接依据。

记账凭证的主要作用是确定会计分录，进行账簿登记。记账凭证能反映经济业务的发生或完成情况，监督企业的经济活动，明确相关人员的责任。它也是登记总分类账户和明细分类账户的依据。

名师点睛

原始凭证与记账凭证统称为会计凭证，两者的性质却存在区别。原始凭证记录的是经济信息，它是在经济业务发生或完成时取得或填制的，是编制记账凭证的依据；记账凭证记录的是会计信息，它是根据审核无误的原始凭证填制的，是登记账簿的直接依据，也是会计核算的起点。

会计凭证的分类可归纳为图6-1所示的内容，图中涉及的内容将随后进行详细讲解。

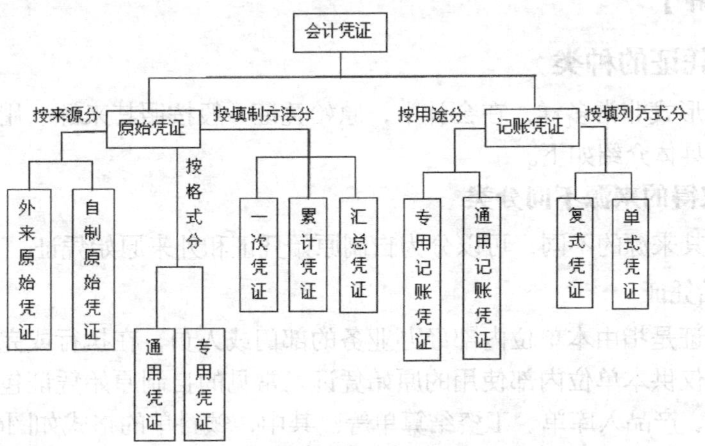

图6-1 会计凭证的分类

案例阅读与思考

某公司员工小王，在上海出差发生的差旅费如下：餐饮发票4张，住宿发票2张，火车票2张，通信发票2张；小王出差回来后，将上述发票向公司会计人员报销，会计人员审核上述发票后予以报销，并编制会计凭证。

上述事项中，小王报销的餐饮发票、住宿发票、火车票和通信发票属于原始凭证，它们都具有法律效力，能够证明小王出差发生费用的事实及金额；会计人员审核上述发票并予以报销后编制的会计凭证属于记账凭证，是会计人员对此经济事项进行的会计核算。

试题精讲

【判断题】记账凭证的主要作用是记载经济业务的发生过程和具体内容。（ ）

【答案】×

【解析】记账凭证的主要作用是确定会计分录，进行账簿登记。题目描述的是原始凭证的主要作用。

【任务实施】

根据前面的内容，回答下列问题。

（1）什么是原始凭证？什么是记账凭证？两者的区别是什么？

（2）指出下列属于原始凭证的票据。

火车票、餐饮发票、快递发票、会计账簿、企业税务登记证、企业工商执照、销售发票、进货发票、借据、请假条。

（答案参见：光盘\任务实施\项目六\任务一.docx）

任务二 取得、填制与审核原始凭证

在企业的日常经营中，接触的原始凭证多种多样，但是对于原始凭证的会计处理主要包括3个环节，即取得、填制和审核。

【任务目标】

本任务的目标是了解原始凭证的分类方法及各种分类下原始凭证的种类，在此基础上掌握原始凭证的取得、填制和审核。

【知识讲解】

一、原始凭证的种类

原始凭证的形式非常多样，在会计中，原始凭证一般按照其来源、用途、填制手续和格式进行分类，具体介绍如下。

（一）按取得的来源不同分类

原始凭证按其来源的不同，可以分为自制原始凭证和外来原始凭证。

1. 自制原始凭证

自制原始凭证是指由本单位内部经办业务的部门或人员，在执行或完成某项经济业务时自行填制的，仅供本单位内部使用的原始凭证。常见的自制原始凭证包括领料单、收料单、产品出库单、产品入库单、工资结算单等。其中，领料单的格式如图6-2所示。

领　料　单

发料仓库　　　　　　　　年　月　日　　　　　　　　领料编号

编号	类别	材料名称	规格	单位	数量		实际金额	
					请领	实发	单价	金额
					领料部门		发料部门	
					负责人	领料人	审批人	发料人
用途								

图6-2 领料单的格式

2. 外来原始凭证

外来原始凭证是指在经济业务发生或完成时，从其他单位或个人直接取得的原始凭证。常见的外来原始凭证包括发票、银行的各种结算凭证、职工出差取得的火车票、飞机票等。其中，增值税专用发票的格式如图6-3所示。

发票联　　No：

开票日期：　　年　月　日

购货	名称				纳税人登记号		
单位	地址、电话				开户银行及账号		
货物或劳务名称		计量单位	数量	单价	金额	税率（%）	税额
合计							
价税合计（大写）		佰　拾　万　仟　佰　拾　元　角　分　¥____					
销货	名称				纳税人登记号		
单位	地址、电话				开户银行及账号		

第二联

图6-3 增值税专用发票的格式

试题精讲

【多选题】下列选项中，属于自制的原始凭证的有（　　）。

A. 工作计划　　B. 收料单　　C. 购货发票　　D. 产品入库单

【答案】B、D

【解析】工作计划不属于原始凭证；购货发票属于外来原始凭证。

（二）按照格式分类

原始凭证按格式的不同，可以分为通用凭证和专用凭证。

1. 通用凭证

通用凭证是指由有关部门统一印制，在一定范围内使用的具有统一格式和使用方法的原始凭证。通用凭证制作部门不同，其使用范围存在差异。其既可以在某一地区、某一行业使用，也可以在全国通用。如全国统一的异地结算银行凭证，部门统一规定的限额领料单、借款单，以及地区统一规定的发货单等。

2. 专用凭证

专用凭证是指由单位自行印制，仅在本单位内部使用的原始凭证。如差旅费报销单、折旧计算表和工资费用分配表等。

（三）按填制的内容和手续分类

原始凭证按照填制的内容和手续不同，可分为一次凭证、累计凭证和汇总凭证。

1. 一次凭证

一次凭证是指一次填制完成，只记录一笔经济业务且仅一次有效的原始凭证。常见的一次凭证包括收据、出库单和发票等。

2. 累计凭证

累计凭证是指在一定时期内多次记录发生的同类经济业务且多次有效的原始凭证。其特点是，在一张凭证内可以连续登记相同性质的经济业务，随时计算出累计数及结余数，并按照费用限额进行费用控制，期末按实际发生额记账。常见的累计凭证包括限额领料单、费用登记表等，其中，限额领料单的格式如图6-4所示。

限额领料单
2014 年 8 月

领料单位：生产车间　　　　编号：10
用途：生产甲产品　　　　材料单价：150
计划产量：1 000　　　　单位消耗定额：0.3

材料名称及规格			计量单位	全月领用限额	全月实额	
					数量	金额
B 材料			公斤	300	200	30 000
领用日期	请领数量	实发数量	结余数	领料人	领料单位	发料人
5 日	50	50	250	王明	陈一明	李丽娟
16 日	100	100	150	叶忠化	陈一明	李丽娟
23 日	10	10	140	沈小江	陈一明	李丽娟
28 日	40	40	100	熊小宇	陈一明	李丽娟

供应部门负责人：李一　　　　领料部门负责人：范宇杰　　　　仓库负责人：蒋欧林

图6-4 限额领料单的格式

3. 汇总凭证

汇总凭证也称原始凭证汇总表，是根据一定时期内反映经济业务内容相同的多张原始凭证，按照一定标准综合填制的原始凭证，如材料发出汇总表、材料耗用汇总表和工资汇总表等，其中，材料发出汇总表的格式如图6-5所示。

材料发出汇总表
2014 年 12 月

单位：元

项目	A 材料		B 材料		C 材料		合计
	数量	金额	数量	金额	数量	金额	
生产 D 产品领用材料	1 000	150 000			2 000	400 000	550 000
车间一般耗用			500	10 000			10 000
管理部门耗用			100	20 000			20 000
专设销售部门耗用					300	60 000	60 000
合计		150 000		30 000		460 000	640 000

图6-5 材料发出汇总表的格式

知识补充

汇总凭证既可提供经营管理所需的总量指标，又可简化核算手续。另外，汇总凭证属于自制凭证；所有的外来原始凭证和大部分的自制原始凭证都属于一次凭证。

试题精讲

【多选题】下列属于一次凭证的有（　　）。

A. 工资结算单　　B. 收据　　C. 工资汇总表　　D. 收料单

【答案】A、B、D

【解析】一次凭证是指一次填制完成，只记录一项经济业务的原始凭证，它是一次有效的凭证，即一经填写完毕就不能再次填写使用的凭证，如收据、发货票、收料单、领料单、工资结算单、借款单和银行结算凭证等。工资汇总表属于汇总凭证。

二、原始凭证的基本内容

虽然原始凭证的种类繁多、形式多样，由于经济业务的性质不同，导致原始凭证的形式和具体内容有所差异，但各种原始凭证都应具备以下基本内容，即原始凭证要素。

- 凭证的名称。
- 填制凭证的日期。
- 填制凭证的单位名称或者填制人姓名。
- 经办人员的签名或者盖章。
- 接受凭证单位名称。
- 经济业务内容。
- 数量、单价和金额。

在实际工作中，根据经营管理的要求和特殊业务的需要，对于一些原始凭证，除具备上述基本内容外，还可自行增加一些必要的内容。如银行统一印制的银行汇票、转账支票和现金支票等原始凭证中就标明了结算双方单位的名称、账号和金额等内容。

三、原始凭证的填制要求

（一）原始凭证填制的基本要求

原始凭证的填制必须符合以下基本要求。

- **记录要真实**：记录要真实是指原始凭证中填制的日期、业务内容、数量、金额等内容必须真实可靠，符合实际情况。
- **内容要完整**：内容要完整是指原始凭证中要求填写的项目要逐项填写齐全，不得遗漏或省略；年、月、日要按照填制原始凭证的实际日期进行填写，有关部门和人员的签名和盖章必须齐全等。
- **手续要完备**：手续要完备是指单位自制的原始凭证必须有经办业务部门和其他指定人员签名盖章；对外开出的原始凭证必须加盖本单位的公章或财务专用章；从外部取得的原始凭证，必须有填制单位公章或财务专用章；从个人取得的原始凭证，必须有填制人员的签名盖章。
- **书写要清楚、规范**：书写要清楚、规范是指原始凭证要按规定填写，文字、数字的书写都要清晰、工整和规范，做到字迹清楚、易于辨认，不得使用未经国务院公布的简化文字。具体要求如下。

大小写金额必须相等且填写规范，小写金额用阿拉伯数字逐个书写，不得写连笔字。大写金额前未印有“人民币”字样的，应加写“人民币”3个字，“人民币”字样和大写金额之间不得留有空白。大写金额用汉字零、壹、贰、叁、肆、伍、陆、柒、捌、玖、拾、佰、仟、万、亿、元、角、分、整等，一律用正楷或行书字书写。大写金额数字到元或角为止的，在“元”或“角”之后应当写“整”或“正”字，如小写金额为¥1 906.00，则大写金额就应该写成“壹仟玖佰零陆元整”。在金额前应该填写币种符号，如人民币符号“¥”。币种符号与阿拉伯数字之间不得留有空白，金额数字一律填写到角分；无角分的，写“00”或者符号“–”；有角无分的，分位写“0”，不得用符号“–”代替。

名师点睛

“书写要清楚”所列的要求中，可用两个词概括，即“封前”和“堵后”，防止在金额前后增加数字进行篡改。上述要求中，大写金额前加“人民币”字样、小写金额前加“¥”符号，就属于“封前”，防止在前面增加数字；大写金额数字到元或角为止的，在“元”或“角”之后应当写“整”或“正”字，就属于“堵后”，防止在后面增加数字。另外，大写金额到“分”为止的，无须再写“整”或“正”字，因为“分”后无法再增加数字了。

- **编号要连续**：编号要连续是指原始凭证应连续编号，以便查找。如果原始凭证已预先印定编号，如发票、收据、支票，都有连续编号，那么，在写坏作废时要加盖“作废”戳记，连同存根一起保管，不得撕毁。
- **不得涂改、刮擦、挖补**：不得涂改、刮擦、挖补是指原始凭证有错误的，应当由出具单位重开或更正，更正处应该加盖出具单位的印章。原始凭证金额有误的，不得在原始凭证上进行更正。
- **填制要及时**：填制要及时是指各种原始凭证必须及时填写，做到不拖延、不积压，不事后补填，并按规定的程序及时送交会计机构、会计人员进行审核。

试题精讲

【单选题】下列有关原始凭证的填制内容中，正确的是（　　）。

A. ¥458.00　　B. ¥85.00

C. 人民币伍拾捌元整　　D. 人民币陆佰柒拾玖元伍角贰分整

【答案】A

【解析】按照规定，人民币符号“¥”与阿拉伯数字之间不得留有空白，因此，选项B错误；“人民币”字样和大写金额之间不得留有空白，因此，选项C错误；大写金额数字有分的，分字后面不写“整”或“正”字，因此，选项D错误。

（二）自制原始凭证的填制要求

不同类别的自制原始凭证，填制要求有所不同。

1. 一次凭证的填制

一次凭证应在经济业务发生或完成时，由相关业务人员一次填制完成。该凭证往往只能反映一项经济业务，或者同时反映若干项同一性质的经济业务。一次凭证包括所有的外来凭证和大部分自制凭证。

【例6–1】2015年1月2日，明兴公司购入编码为010的地砖200箱，单价为500元/箱，共发生运杂费1 000元，暂不考虑增值税，价款已由银行存款支付。公司规定，入库单一式三联，一联留仓库，据以登记材料物资明细账和材料卡片；一联随发票账单到会计处报账；一联交采购人员存查。据此，明兴公司购买地砖的入库单填写如图6-6所示。

入库单

供货单位：XX 公司　　2015 年 1 月　　凭证编号：0134

发票编号：0015　　收料仓库：1 号库

材料类别	材料编号	材料名称及规格	计量单位	数量		金额（元）		
				应收	实收	单价	运杂费	合计
地砖	010	800 mm x800mm	箱	200	200	500	1 000	101 000
备注							合计	101 000

主管　　会计　　记账　　收料

图6-6 入库单的填写

2. 累计凭证的填制

累计凭证应在每次经济业务完成后，由相关人员在同一张凭证上重复填制完成。该凭证能在一定时期内不断重复地反映同类经济业务的完成情况。最具代表性的累计凭证是限额领料单，限额领料单应根据材料类别进行归类，一般情况下，一张限额领料单登记一种材料或一类材料的限额领用情况，在实际使用时，限额领料单应该一式两联，一联交仓库，作为发料依据；一联交领料部门，作为领料凭证。限额领料单的格式在图6-4已做了相应介绍。

3. 汇总凭证的填制

汇总凭证应由相关人员在汇总一定时期内反映同类经济业务的原始凭证后填制完成。该凭证只能将同类型的经济业务进行汇总，不能汇总两类或两类以上的经济业务。发出材料汇总表、工资汇总表等都是典型的汇总凭证，其中，图6-5已介绍了汇总凭证的格式。

（三）外来原始凭证的填制要求

外来原始凭证是在企业同外单位发生经济业务时，由外单位的经办人员填制的。外来原始凭证有较严格的要求，一般由税务局等部门统一印制，或经税务部门批准由经营单位印制，在填制时加盖出具凭证单位的公章才能有效，对于一式多联的原始凭证必须用复写纸套写或打印机套打。会计人员在登记经济业务时，应检查外来原始凭证的填制是否符合规范。

试题精讲

【多选题】下列各项属于原始凭证基本要求的有（　　）。

A. 原始凭证必须加盖公章　　B. 原始凭证的书写要规范

C. 原始凭证的填制要及时　　D. 有大小写的原始凭证，其金额必相等

【答案】B、C、D

【解析】对于自制的原始凭证由指定人员的签名就可以了，不一定要加盖公章。

四、原始凭证的审核

为了使提供的会计信息达到相应的质量要求，企业应该如实地反映经济业务的发生和完成情况，充分发挥会计的监督职能。企业在取得或填制原始凭证后，会计人员必须对原始凭证进行严格审核，只有经过审查无误的凭证，才能作为编制记账凭证和登记账簿的依据。

（一）审核内容

原始凭证的审核主要包括以下几个方面。

- **审核原始凭证的真实性**：原始凭证是企业经济活动首次在文字上的体现，是会计信息的基本来源。只有具有真实性的原始凭证，才能保证会计信息的真实性。真实性的审核主要是对凭证日期、业务情况和金额等的审核。
- **审核原始凭证的合法性**：只有符合国家有关政策、法令和规定等的原始凭证才会受到法律认可，会计机构、会计人员必须按照规定对会计凭证的合法性进行审核。合法性的审核主要是对凭证所反映的经济业务是否合法或是否违反经济制度等的审核。
- **审核原始凭证的合理性**：合理性的审核主要是对原始凭证所记载经济业务是否符合企业的计划、预算等的审核。
- **审核原始凭证的完整性**：完整性的审核主要是对凭证的填制内容和填制手续是否完整的审核，主要包括相关当事人的名称，所记载的经济业务的情况，相关人员

或单位的签字或盖章等是否完整。

- **审核原始凭证的正确性**：正确性的审核主要是对凭证所反映的有关数量、金额等是否正确无误的审核。
- **审核原始凭证的及时性**：及时性的审核主要是对凭证所反映的填制日期与经济业务发生日期是否满足及时性要求的审核。特别是有关支票、银行汇票和银行本票等具有时效性的原始凭证的审核。

（二）审核结果的处理

原始凭证经过审核后，根据不同的审核结果应当区别处理，主要包括以下3种情况。

- **完全符合要求的原始凭证**：对于完全符合要求的原始凭证，应及时据以编制记账凭证入账。
- **真实、合法、合理，但内容不够完整、填写有错误的原始凭证**：对于真实、合法、合理，但内容不够完整、填写有错误的原始凭证，应退回给有关业务单位或个人，由其负责将相关凭证补充完整、更正错误或重开后，再办理正式会计手续。
- **不真实、不合法的原始凭证**：对于不真实、不合法的原始凭证，会计机构、会计人员有权不予接受，并向单位负责人报告。

知识补充

原始凭证若有错误，应按照以下原则进行错误更正：①不得涂改原始凭证所记载的内容；②原始凭证所记载的内容若有错误，应当由开具单位重开或更正，同时在更正处加盖出具单位印章；③若原始凭证的金额有错误，不得更正，只能由其出具单位重开。

试题精讲

【多选题】下列各项对原始凭证的处理，正确的是（　　）。

A. 对于完全符合要求的原始凭证，应当及时编制记账凭证入账

B. 对于不真实、不合法的原始凭证，会计机构和会计人员有权不予接受，但不一定要向单位负责人报告

C. 对于真实、合法、合理，但内容不够完整、填写有错误的原始凭证，应退回给有关经办人员

D. 对于不真实、不合法的原始凭证，会计机构和会计人员有权不予接受，并向单位负责人报告

【答案】A、C、D

【解析】对于经审核的原始凭证，应根据不同情况分别处理：①对于完全符合要求的原始凭证，应当及时编制记账凭证入账；②对于真实、合法、合理，但内容不够完整、填写有错误的原始凭证，应退回给有关经办人员；③对于不真实、不合法的原始凭证，会计机构和会计人员有权不予接受，并向单位负责人报告。

【任务实施】

（1）请将下列票据或单据前的序号填入相应的原始凭证分类的括号中。（1个序号可能填入多个括号中）

票据或单据：

①工资结算单　②收料单　③采购发票　④限额领料单

⑤费用登记表　⑥差旅费报销单　⑦北京市通用普通发票

⑧铁路运单　　⑨银行结算发票　　⑩明兴公司固定资产折旧计算表

原始凭证分类：

自制原始凭证（　　　　）　　外来原始凭证（　　　　）

一次凭证　（　　　　）　　累计凭证　（　　　　）

汇总凭证　（　　　　）　　通用凭证　（　　　　）

专用凭证　（　　　　）

（2）甲公司生产车间由于生产需要，于2015年2月5日派小王向B仓库申请领购A材料600盒。已知该批材料的编码为001，每盒成本为50元。经相关人员核实、审批，生产车间实际收到A材料合计500盒。请根据上述资料为该生产车间填制1张领料单，领料单格式如图6-7所示。

年　　月　　日

领用部门：　　　　　　　　　　　　领料编号：

领料用途：　　　　　　　　　　　　发料仓库：

材料编号	名称	计量单位	申请数量	实发数量	单位成本	金额	备注

领料人：　　　　审批人：　　　　发料人：　　　　领料部门负责人：

图6-7　领料单

（答案参见：光盘\任务实施\项目六\任务二.docx）

任务三 编制与审核记账凭证

记账凭证是根据审核无误的原始凭证编制的，是会计核算工作的起点。本任务将对记账凭证的编制和审核进行具体介绍。

【任务目标】

本任务的目标是了解记账凭证的种类及其用途，理解编制记账凭证的基本要求，通过本任务的学习，可以与已学的有关分录的知识相结合，在处理实际业务时，可根据发生的经济业务编制记账凭证并进行审核。

【知识讲解】

一、记账凭证的种类

记账凭证可按不同的标准进行分类，按凭证的用途可分为专用记账凭证和通用记账凭证；按凭证的填列方式可分为单式记账凭证和复式记账凭证。

（一）按凭证的用途分类

1. 专用记账凭证

专用记账凭证是指分类反映经济业务的记账凭证，按其反映的经济业务内容，可以进一步细分为收款凭证、付款凭证和转账凭证。各类专用凭证的具体介绍如下。

- **收款凭证**：收款凭证是指用于记录库存现金和银行存款收款业务的会计凭证。收款凭证又可分为库存现金收款凭证和银行存款收款凭证，分别根据库存现金和银行存款收款业务的原始凭证填制，作为登记库存现金日记账、银行存款日记账以及相关明细账和总账等账簿的依据。收款凭证的格式如图6-8所示。

收款凭证

借方科目＿＿＿＿＿＿　　年　月　日　　收字第＿＿＿号

摘　要	贷方科目		记　账	金额									
	一级科目	二级或明细科目		千	百	十	万	千	百	十	元	角	分
合计													

附件　张

会计主管：　记账：　出纳：　审核：　制单：

图6-8 收款凭证的格式

- **付款凭证**：付款凭证是指用于记录现金和银行存款付款业务的会计凭证。付款凭证又可分为库存现金付款凭证和银行存款付款凭证，分别根据库存现金和银行存款付款业务的原始凭证填制，作为登记库存现金日记账、银行存款日记账以及相关明细账和总账等账簿的依据。付款凭证的格式如图6-9所示。

付款凭证

贷方科目＿＿＿＿＿＿　　年　月　日　　付字第＿＿＿号

摘　要	借方科目		记　账	金额									
	一级科目	二级或明细科目		千	百	十	万	千	百	十	元	角	分
合计													

附件　张

会计主管：　记账：　出纳：　审核：　制单：

图6-9 付款凭证的格式

- **转账凭证**：转账凭证是指用于记录不涉及库存现金和银行存款业务的会计凭证。转账凭证是根据不涉及库存现金和银行存款业务的原始凭证填制的，是登记有关明细账和总账等账簿的依据。转账凭证的格式如图6-10所示。

转账凭证

贷方科目＿＿＿＿＿＿　　年　月　日　　转字第＿＿号

摘　要	借方科目		记　账	金额									
	一级科目	二级或明细科目		千	百	十	万	千	百	十	元	角	分
合计													

附件　张

会计主管：　记账：　出纳：　审核：　制单：

图6-10 转账凭证的格式

2. 通用记账凭证

通用记账凭证是指用来反映所有经济业务的记账凭证，为各类经济业务所共同使用，通用记账凭证的格式与转账凭证的格式基本相同。

试题精讲

【单选题】下列业务中，应该填制现金收款凭证的是（ ）。

A. 出售商品一批，但货款未收　　B. 出售商品一批，收到转账支票一张

C. 从银行提取现金　　D. 出售多余的材料，收到现金

【答案】D

【解析】选项A应填制转账凭证，选项B和C分别填制银行存款收款凭证和银行存款付款凭证。

（二）按凭证的填列方式分类

1. 单式记账凭证

单式记账凭证是指在每一张凭证上只填列经济业务事项所涉及的一个会计科目及其金额的记账凭证。若某一项经济业务涉及几个会计科目，就需要填制几张单式记账凭证，通过将其连续编号使之产生联系。填列借方科目的称为借项记账凭证，填列贷方科目的称为贷项记账凭证。单式记账凭证的格式如图6-11和图6-12所示。

借项记账凭证

对应科目：　　年　月　日　　编号

摘　要	一级科目	二级或明细科目	金　额	记　账

附件　张

会计主管　记账　审核　出纳　制单

图6-11 借项记账凭证的格式

贷项记账凭证

对应科目：　　年　月　日　　编号

摘　要	一级科目	二级或明细科目	金　额	记　账

附件　张

会计主管　记账　审核　出纳　制单

图6-12 贷项记账凭证的格式

2. 复式记账凭证

复式记账凭证是指将每一笔经济业务事项所涉及的全部会计科目及其发生额均在同一张凭证中反映的一种记账凭证。复式记账凭证是实际工作中普遍采用的记账凭证，上面介绍的收款凭证、付款凭证、转账凭证和通用凭证均属于复式记账凭证。

（三）单式记账凭证与复式记账凭证的比较

单式记账凭证只反映一个会计科目及其金额，内容比较单一，便于汇总计算每一个会计科目的发生额，有助于记账的分工。但是，单式记账凭证编制的工作量大，在一张凭证上不能完整地反映每一笔经济业务的全貌，不便于检验会计分录的正确性。

复式记账凭证可以将每笔经济业务涉及的会计科目及其金额均反映在同一张记账凭

证中，因此减少了凭证张数，减少了编制凭证的工作量，同时也能全面反映经济业务的账户对应关系，有利于检查会计分录的正确性。但是，复式记账凭证不便于会计记账工作的分工。

试题精讲

【判断题】虽然单式记账凭证编制工作量大，但由于其便于分工记账，企业一般采用单式记账凭证。（　）

【答案】×

【解析】虽然单式记账凭证便于分工记账，但是由于其反映内容单一，且不能在一张凭证上反映经济业务的全貌，不便于检验会计分录的正确性，因此，企业中普遍采用复式记账凭证。

二、记账凭证的基本内容

虽然记账凭证的分类繁多，其反应的经济内容也不尽相同，但记账凭证应当具备以下基本内容。

- **填制凭证的日期**：填制记账凭证的日期不等于原始凭证上的日期，而应当是编制记账凭证的当日日期。
- **凭证编号**：记账凭证的编号一般可按凭证的不同类别分别进行连续编号，如“收字第1、2、3……号”“付字第1、2、3……号”“转字第1、2、3……号”，这样便于装订保管和登记账簿，也便于日后检查。
- **经济业务摘要**：经济业务的摘要一般能简单、清晰地反映经济业务的内容。
- **会计科目**：记账凭证必须包含每项经济业务涉及的所有会计科目。
- **金额**：经济业务涉及的会计科目的金额。
- **所附原始凭证张数**：原始凭证是编制记账凭证的依据，若没有原始凭证，则无法审核记账凭证的正确性。
- **相关人员的签名或盖章**：包括填制凭证人员、稽核人员、记账人员、会计机构负责人、会计主管人员签名或者盖章，收款凭证和付款凭证还须由出纳人员签名或盖章。

以自制的原始凭证或原始凭证汇总表代替记账凭证的，也必须具备记账凭证应有的项目。

试题精讲

【单选题】下列各项中，（　）不属于记账凭证的基本内容。

A. 经济业务事项所涉及的会计科目及其记账方向

B. 凭证的日期和编号

C. 交易或事项的数量、单位和金额

D. 记账凭证的名称

【答案】D

【解析】记账凭证的基本内容共包括上述7项，但不包括“记账凭证的名称”。

三、记账凭证的填制要求

记账凭证是根据审核无误的原始凭证或原始凭证汇总表编制的，同时也是登记账簿的依据。记账凭证的正确与否将直接影响最终提供的会计信息的质量。因此，与原始凭证的填制相同，记账凭证的填制也应当满足记录真实、内容完整、手续齐全、填制及时等要求。

（一）记账凭证填制的基本要求

记账凭证填制的基本要求有以下几项。

- **记账凭证各项内容必须完整：**记账凭证各项内容必须完整，即记账凭证必须完整反映原始凭证所反映的经济内容。
- **记账凭证的书写应清楚、规范：**相关要求与原始凭证相同。
- **记账凭证应当连续编号：**一般情况下，记账凭证应采用顺序编号法，即将记账凭证按照编制日期先后编号，也可按照收、付、转等凭证类型分别进行顺序编号。如果在连续编号中，有一笔业务涉及的会计科目较多，需要多张记账凭证时，则可加入分数编号法。

案例阅读与思考

某公司的记账凭证采用统一的顺序编号法，即所有的记账凭证按照编制时间的先后进行编号。2015年3月2日，凭证已编到第11号，即该公司本月已发生了11笔业务，若第12笔业务比较复杂，涉及的会计科目较多，需要3张记账凭证才能编制完，则第12笔经济业务涉及的记账凭证可以按照“第12 1/3号”“第12 2/3号”“第12 3/3号”进行编号。

- **除结账和更正错误的记账凭证可以不附原始凭证外，其他记账凭证必须附有原始凭证：**记账凭证上应注明所附原始凭证的张数，以便核查。

知识补充

记账凭证的填制还应注意以下细节。

（1）如果根据同一原始凭证填制了多张记账凭证，则应在未附原始凭证的记账凭证上注明“附件××张，见第××号记账凭证”。

（2）如果原始凭证需要另行保管，则应在附件栏内加以注明。

（3）如果记账凭证中附有原始凭证汇总表，则应该把所附原始凭证和原始凭证汇总表的张数一起计入附件的张数之内。

（4）一张原始凭证若涉及多张记账凭证，可将原始凭证附在一张主要记账凭证后面，同时，在其他记账凭证上注明附有该原始凭证的记账凭证编号或附上该原始凭证的复印件。

（5）一张原始凭证所列支出需要由几个单位共同负担时，应当由保存该原始凭证的单位出具原始凭证分割单给其他应负担单位，且原始凭证分割单必须具备原始凭证的基本内容。

- **记账凭证的填制依据：**记账凭证可以根据每一张原始凭证填制，或根据若干张同类原始凭证汇总填制，还可以根据原始凭证汇总表填制，但不得将不同内容和类别的原始凭证汇总填制在一张记账凭证上。

案例阅读与思考

某公司的管理制度有以下规定：①出差人员回公司报销时，应将出差涉及的车费、住宿费和餐饮费等票据一并粘贴在公司的报销单上，会计人员将其作为一笔经济业务处理。②每月末须进行制造费用与本月损益的结转，会计人员应根据结转结果编制会计分录。

根据上述资料，规定①中，会计人员是根据若干张同类原始凭证来填制记账凭证的；规定②中，会计人员填制的记账凭证属于“结转”性质的记账凭证，因此可以不附原始凭证。

- **记账凭证发生错误时的处理：**填制记账凭证时，若发生错误应当重新填制，对于已登记入账的记账凭证要进行错误更正。已登记入账的记账凭证在当年内发现填写错误时，应当采用红字冲销，即用红字填写一张与原内容相同的记账凭证，然后在摘要栏注明“注销某月某日某号凭证”字样，同时，再用蓝字重新填制一张正确的记账凭证，注明“订正某月某日某号凭证”字样。如果会计科目没有错误，只是金额错误，也可将正确数字与错误数字之间的差额，另编一张调整的记账凭证，调增金额用蓝字、调减金额用红字。发现以前年度记账凭证有错误的，应当用蓝字填制一张更正的记账凭证。

- **记账凭证出现空行的处理：**记账凭证填制完成后，如有空行，应当自金额栏最后一笔金额数字下的空行至合计数上的空行画线注销。

（二）收款凭证的填制要求

收款凭证是根据审核无误的有关库存现金和银行存款的收款业务的原始凭证填制的。根据收款凭证的一般格式，收款凭证的填制应当满足以下要求。

- 收款凭证左上角的“借方科目”按收款的性质填写“库存现金”或“银行存款”。
- 日期填写的是填制本凭证的日期。
- 右上角填写填制收款凭证顺序号。
- “摘要”栏填写对所记录的经济业务的简要说明。
- “贷方科目”栏填写与收入“库存现金”和“银行存款”相对应的会计科目。
- “记账”是指该凭证已登记账簿的标记，防止经济业务事项的重记或漏记。
- “金额”栏内填写该项经济业务的发生额。
- 该凭证右侧“附件×张”根据所附原始凭证的张数填写。
- 凭证最下方分别由有关人员签章，以明确经济责任。

【例6–2】2015年1月18日，明兴公司收到新月公司的前欠货款15万元，该款项已存入银行。明兴公司编制的收款凭证如图6-13所示。

收款凭证

借方科目：银行存款　　2015 年 1 月 18 日　　银收字第 3 号

摘　要	贷方科目		记　账	金额									
	一级科目	二级或明细科目		千	百	十	万	千	百	十	元	角	分
收到新月公司欠款15万元	应收账款	新月公司	✓			1	5	0	0	0	0	0	0
合计					¥	1	5	0	0	0	0	0	0

附件 1 张

会计主管：金天华　记账：王平　出纳：赵天琪　审核：李明　制单：王苗

图6-13 收款凭证的填制

（三）付款凭证的填制要求

付款凭证是根据审核无误的有关库存现金和银行存款的付款业务的原始凭证填制的。付款凭证的填制方法与收款凭证的填制方法基本相同，只是涉及“借方科目”与“贷方科目”的填制有所区别，即左上角的“借方科目”换为“贷方科目”，凭证中间的“贷方科目”换为“借方科目”。

需要注意的是，若某项业务既涉及“库存现金”，又涉及“银行存款”的核算，如从银行提取现金或将现金存入银行的业务，为了避免重复记账，一般只填制付款凭证，不再填制收款凭证。

出纳人员在办理收款或付款业务时，应在原始凭证上加盖“收讫”或“付讫”戳记，以免重复登记。

【例6-3】2015年3月3日，明兴公司购入B材料一批，买价为[illegible]项税额为17 000元，共计117 000元，货款以银行存款支付。出[illegible]证填制付款凭证，如图6-14所示。

付款凭证

贷方科目：银行存款　　　　2015 年 3 月 3 日　　　　付字第 1 号

摘 要	借方科目		记 账	金额										
	一级科目	二级或明细科目		千	百	十	万	千	百	十	元	角	分	
购买材料	物资采购	B材料	√			1	0	0	0	0	0	0		附件
	应交税费	应交增值税	√				1	7	0	0	0	0		1
														张
合计					¥	1	1	7	0	0	0	0		

会计主管：金天华　记账：王平　出纳：赵天珙　审核：李明　制单：王苗

图6-14 付款凭证的填制

（四）转账凭证的填制要求

转账凭证通常根据相关转账业务的原始凭证填制。转账凭证的填制与收付款凭证的填制大体相同，但主要存在以下两点区别。

- 转账凭证的应借、应贷科目全部列入记账凭证之内。
- 转账凭证将经济业务事项中所涉及的全部会计科目，按照先借后贷的顺序记入"会计科目"栏中的"一级科目"和"二级或明细科目"，并按照各科目应借或应贷的方向分别填入"借方金额"或"贷方金额"栏内。

另外，对于既涉及现金或银行存款的收款业务，又涉及转账业务的综合性业务，应当分别编制记账凭证。

【例6-4】2015年2月1日，明兴公司购入价值200 000元的生产设备一台，以银行存款支付50 000元，剩余款项签发半年期银行汇票一张支付。关于该项经济业务，明兴公司应分别填制付款凭证和转账凭证，如图6-15和图6-16所示。

付款凭证

贷方科目：银行存款　　　　2015 年 2 月 1 日　　　　付字第 2 号

摘 要	借方科目		记 账	金额										
	一级科目	二级或明细科目		千	百	十	万	千	百	十	元	角	分	
购买生产设备一台	固定资产	生产设备	√				5	0	0	0	0	0	0	附件
														1
														张
合计						¥	5	0	0	0	0	0	0	

会计主管：金天华　记账：王平　出纳：赵天珙　审核：李明　制单：王苗

图6-15 付款凭证

转账凭证

2015 年 2 月 1 日　　　　转字第 6 号

摘 要	会计科目		记 账	借方金额	贷方金额	
	一级科目	二级或明细科目				
购买生产设备签发半年期银行汇票一张	固定资产	生产设备		150 000		附件 1
	应付票据				150 000	张
合计				¥ 150 000	¥ 150 000	

会计主管：金天华　记账：王平　出纳：赵天珙　审核：李明　制单：王苗

图6-16 转账凭证

名师点睛

在实际工作中，规模较小、业务量较少的单位也可以不根据经济业务的内容分别填制收、付、转记账凭证，而统一使用单一格式的记账凭证。但对于规模较大、收付业务较多的单位则须采用收、付、转记账凭证。

试题精讲

【单选题】下列关于记账凭证填制的基本要求，不正确的是（　　）。

A. 记账凭证各项内容必须完整，并且应当连续编号

B. 填制记账凭证时若发生错误，应当重新填制

C. 记账凭证填制完经济业务事项后，如有空行，应当自金额栏最后一笔金额数字下的空行处至合计数上的空行处划线注销

D. 所有的记账凭证都必须附原始凭证

【答案】D

【解析】除结账和更正错误的记账凭证可以不附原始凭证外，其他记账凭证必须附有原始凭证，故选项D的说法不正确。

【单选题】付款凭证左上角的“贷方科目”可能登记的科目有（　　）。

A. 预付账款　　B. 银行存款　　C. 预收账款　　D. 其他应收款

【答案】B

【解析】付款凭证登记的是库存现金和银行存的减少，因此，付款凭证左上角“贷方科目”应填列的会计科目是银行存款或库存现金。

四、记账凭证的审核

为了保证会计信息的质量，在填制完记账凭证后，记账之前，必须由相关稽核人员对记账凭证的真实性、合法性、合理性等进行严格审核。记账凭证的审核主要包括以下内容。

- **内容是否真实**：内容是否真实是指记账凭证是否有原始凭证为依据，所附原始凭证的内容是否与记账凭证的内容一致，记账凭证汇总表的内容与其所依据的记账凭证的内容是否一致。
- **项目是否齐全**：项目是否齐全是指记账凭证各项目的填写是否齐全，如日期、凭证编号、摘要、金额和所附原始凭证张数，以及有关人员签章等。
- **科目是否正确**：科目是否正确是指记账凭证的应借、应贷科目是否正确，账户对应关系是否清晰，所使用的会计科目是否符合国家统一会计制度的规定。
- **金额是否正确**：金额是否正确是指记账凭证所记录的金额与原始凭证的有关金额是否一致，计算是否正确，记账凭证汇总表的金额与记账凭证的金额合计是否相符等。
- **书写是否规范**：书写是否规范是指记账凭证中记录的文字是否工整、数字是否清晰，是否按规定进行更正等。
- **手续是否完备**：手续是否完备是指出纳人员在办理收款或付款经济业务时，是否在原始凭证上加盖“收讫”或“付讫”的戳记。

在会计凭证的审核过程中，如果发现错误或不符合要求的地方，应及时查明原因，按照规定的方法加以更正。只有经过审核无误的记账凭证，才能作为登记账簿的依据。

试题精讲

【单选题】下列选项中，不属于记账凭证审核内容的是（ ）。

A. 凭证是否符合有关的计划和预算　　B. 会计科目是否正确

C. 凭证内容与所附原始凭证内容是否一致　　D. 凭证金额与所附原始凭证金额是否一致

【答案】A

【解析】凭证是否符合有关的计划和预算是原始凭证的审核内容。

【任务实施】

已知甲公司2015年2月取得如下原始凭证。

（1）2日，收到提取现金4 000元的银行回单，回单上注明：该款项用于备用金支出。

（2）8日，收到银行到账通知回单，回单上注明：该款项为上月销售给乙公司的销售收入款50 000元。

（3）15日，收到丙公司开具的收据，收据上注明：丙公司已收到甲公司作为抵债用的A材料500千克，共计18 000元。

要求：分别于月末为甲公司的上述原始凭证编制记账凭证。（记账凭证的相关格式参见图6-8至图6-10）

（答案参见：光盘\任务实施\项目六\任务三.docx）

任务四 传递、装订与保管会计凭证

会计凭证的传递、装订与保管是一个连续的过程，填制的记账凭证经过审核、记账后，还须采用统一的规定进行装订，然后作为完整的会计资料进行传递与保管。

【任务目标】

本任务的目标是了解会计凭证的装订方法，熟悉会计凭证的传递程序及其过程，从而掌握会计凭证保管的相关要求。

【知识讲解】

一、会计凭证的传递

会计凭证的传递是指会计凭证从取得或填制时起至归档保管过程中，在单位内部各有关部门和人员之间的传送程序。

会计凭证的传递效率将影响企业的内部管理，会计凭证能否正确、及时地传递对会计的核算与监督都有重要的意义。因此，企业应根据具体情况，针对本单位的特点，从会计凭证的传递程序、传递时间和传递过程3方面出发，制订出各类凭证的传递程序和方法。具体内容如下。

- **会计凭证的传递程序：**制订会计凭证的传递程序时，应根据经济业务的特点、机构设置和人员分工情况而定。做到既可以使各有关部门和人员了解经济活动情况，及时办理手续，又可避免不必要的环节，达到加快传递速度的目的。
- **会计凭证的传递时间：**确定会计凭证的传递时间时，应按照正常情况下完成办理经济业务手续所需的时间而定。避免出现时间过紧或过松的情况，以保证凭证传递的及时性。

- **会计凭证传递过程**：规范会计凭证的传递过程时，应重点关注传递过程中的交接手续，做到手续完备、严密和责任明确。凭证的收发、交接都应当按一定的手续制度办理，以保证会计凭证的安全和完整。

二、会计凭证的装订

会计凭证的装订是指把定期整理完毕的会计凭证按照编号顺序，外加封面、封底、护角，装订成册，并在装订线上加贴封签。

会计凭证的装订步骤可概括为以下几点。

- **装订前的准备**：对会计凭证进行排序、粘贴和折叠。
- **添加封面、封底和护角**：将凭证封面和封底裁开，分别附在凭证前面和后面，再拿一张质地相同的纸(可以再找一张凭证封皮，裁下一半用，另一半为订下一本凭证备用)放在封面上角，做护角线。
- **装订凭证**：利用装订机和装订线将凭证各部分装订起来。
- **加贴封签并签名或盖章**：装订人在凭证的封签上写上“×年 ×月 第×册 共×册”的字样，并在装订线封签处签名或盖章。

三、会计凭证的保管

会计凭证的保管是指会计凭证记账后的整理、装订、归档和存查工作。会计凭证作为记账依据，是重要的经济档案和历史资料，因此，对会计凭证必须妥善整理和保管，不得丢失和任意销毁。任何企业在完成经济业务手续和记账之后，必须按规定立卷归档，形成会计档案资料，妥善保管，以便日后随时查阅。会计凭证的保管要求主要包括以下几点。

- **会计凭证应定期装订成册，防止散失**：会计部门在依据会计凭证记账以后，应定期（每天、每旬或每月）对各种凭证进行分类整理，并将各种记账凭证按编号顺序，连同所附原始凭证和原始凭证汇总表一起装订成册，并加具封面、封底。从外单位取得的原始凭证遗失时，应取得原签发单位盖有公章的证明，并注明原始凭证的号码、金额和内容等，由经办单位会计机构负责人、会计主管人员和单位负责人批准后，才能代作原始凭证。若确实无法取得证明的，如车票丢失，则应由当事人写明详细情况，由经办单位会计机构负责人、会计主管人员和单位负责人批准后，代作原始凭证。

为防止会计凭证被任意拆装，应在装订处贴上封签，并由装定人员在封签处加盖骑缝章。会计凭证封面的一般格式如图6-17所示。

<table>
<tr><td rowspan="2">年
月
份

第
册</td><td>（企业名称）
收款　　　　年　　月份共　××　册第　××　册
付款　　　　凭证第　××　号至　××　张
转账　　　　　附：原始凭证　××　张</td></tr>
<tr><td>会计主管：　　　　　　保管：</td></tr>
</table>

图6-17 会计凭证封面的一般格式

- **会计凭证封面应注明有关事项，及会计主管和保管人员的签章**：会计凭证封面应注明单位名称、凭证种类、凭证张数、起止号数、年度、月份、会计主管人员和装订人员等有关事项，会计主管和保管人员应在封面上签章。

- **会计凭证应加贴封条，防止抽换凭证**：原始凭证不得外借，如有特殊原因确实需要使用时，经本单位会计机构负责人、会计主管人员批准，可以复制。向外单位提供的原始凭证复制件，应在专设的登记簿上登记，并由提供人员和收取人员共同签名、盖章。
- **会计凭证上应注明日期、编号和种类**：原始凭证较多时，可单独装订，但应在凭证封面注明所属记账凭证的日期、编号和种类，同时，在所属的记账凭证上应注明“附件另订”及原始凭证的名称和编号，方便日后查阅。对各种重要凭证，如押金收据、提货单，以及各种需要随时查阅的退回单据，则应另编目录，单独保管，并在有关的记账凭证和原始凭证上分别注明日期和编号。
- **严格遵守会计凭证的保管期限要求，期满前不得任意销毁**：每年装订成册的会计凭证，在年终时可暂由单位会计机构保管1年，期满后应当移交本单位档案机构统一保管；未设置档案机构的单位，应当在会计机构内部指定专人保管。出纳人员不得兼管会计档案。

知识补充

会计凭证等会计档案的保管期限和销毁手续，应严格按照《会计档案管理办法》文件进行管理。对于一般的会计凭证，保管期限为15年；银行对账单为5年；会计账簿为15年，其中现金和银行存款日记账为25年；会计报表为10年，其中年度决算表永久保存。同时，重要的会计凭证应长期保存。另外，对于保存期满的会计凭证必须开列销毁清单，经本单位领导审核，报上级主管部门批准后，方可销毁。

试题精讲

【单选题】关于会计凭证的保管，下列说法不正确的是（　　）。

A. 会计凭证应定期装订成册，防止散失

B. 会计主管人员和保管人员应在封面上签章

C. 原始凭证不得外借，其他单位如有特殊原因确实需要使用时，经本单位负责人批准，可以复制

D. 经单位领导批准，会计凭证在保管期满前可以销毁

【答案】D

【解析】根据会计凭证的保管期限要求，期满前不得任意销毁。

【任务实施】

1. 根据前面的内容，回答下列问题。

（1）会计凭证的传递主要包括哪些要求，各要求的具体内容是什么？

（2）在装订会计凭证时，一般应包括哪些步骤？

2. 请将下列各类凭证的保管期限填入其后面的括号中。

银行对账单	（　　）	会计报表	（　　）
会计账簿	（　　）	银行存款日记账	（　　）
一般会计凭证	（　　）	年度决算报表	（　　）
某企业的重要会计凭证	（　　）	库存现金日记账	（　　）

（答案参见：光盘\任务实施\项目六\任务四.docx）

项目总结

本项目主要是对会计凭证知识的讲解。会计凭证按照填制程序和用途的不同，可以分为原始凭证和记账凭证。因此，根据此种分类依据分别对原始凭证与记账凭证进行介绍。具体包括原始凭证的取得、填制和审核以及记账凭证的编制与审核。在此基础上，本项目还介绍了会计凭证的传递、装订与保管。本项目中，读者应重点掌握原始凭证的分类，以及不同分类依据下各类原始凭证的具体内容；另外，本项目的另一个重点在于记账凭证的编制，通过本项目的学习，读者应该能够根据原始凭证，正确地编制记账凭证，并在此基础上掌握记账凭证审核的要求。

结合会计工作中的实际需要，本项目的实训内容将对会计实务中经常接触的有关支票和报销单的填制进行训练。

项目实训一 填制支票

支票是企业日常支付结算接触较多的一种票据，支票可分为现金支票、转账支票、普通支票，现金支票只能用于支取现金，转账支票只能用于转账，普通支票可以用于支取现金，也可以用于转账，在普通支票左上角划两条平行线的，为划线支票，划线支票只能用于转账，不得支取现金。

不同银行的支票样式有所区别，但在填制支票时一般需要填写包括出票日期、付款银行名称、收款人、出票人账号、支票金额、用途等内容。

【实训目标】

认识支票的种类，并能根据经济业务准确填制支票。

【实训资料】

2015年2月18日，百盛公司向供应商明兴公司购入商品一批，价值580 000元，准备以转账支票的方式支付该笔货款。假设你是该公司的出纳人员，请为该笔业务填制转账支票。

相关资料如下。

百盛公司开户行名称：工行高新支行莲桂分理处；

百盛公司的开户行账号：6262027449900088888；

百盛公司全称：广州百盛科技有限公司；

明兴公司全称：上海明兴商贸有限公司。

【实训指导】

STEP 1 填写出票日期：即用大写汉字填写支票的出票日期，本实训的出票日期为“贰零壹伍年零贰月壹拾捌日”。

STEP 2 填写收款人名称：即填写对方单位名称，本实训的收款人名称为“上海明兴商贸有限公司”。

STEP 3 填写付款银行名称和出票人账号：即填写本单位的开户行名称和本单位在开户行的银行账号，本实训的付款银行名称为“工行高新支行莲桂分理处”，出票人账号为“6262027449900088888”。

STEP 4 填写人民币（大写、小写）金额：即在对应位置填写应支付的人民币的大写金额和小写金额。本实训中的人民币金额：大写金额为“伍拾捌万元整”；小写金额为“¥580 000.00”。

STEP 5 填写用途：即该转账支票的支取用途，本实训的用途为“支付货款”。

STEP 6 盖章：即在支票的指定位置盖公司的财务专用章和法人章。（答案参见：光盘\项目实训\项目六\转账支票的填制.docx）

项目实训二 填制费用报销单

在企业的日常经营中，经常会发生复杂、分散的各种费用支出，为了规范企业的财务制度，了解各项费用支出的具体情况，加强公司的财务管理工作，每项费用的报销都需要明确责任，填制统一格式的费用报销单，做到有章可循，

【实训目标】

了解费用报销单的格式，明确费用报销单中各项内容的填制要求，并能根据企业日常经济业务正确填制费用报销单。

【实训资料】

小王是百盛公司的一名销售人员，2015年2月22日，小王经公司安排到北京出差，经批准其从财务部门领取现金4 000元作为差旅费。2015年2月26日，小王出差归来，将剩余的差旅费1 200元归还给财务部门。出差期间小王发生的有关费用如下（假设各项费用均获取了相关凭证）。

①酒店A发票300元，酒店B发票500元；②机票费：1 200元；③通讯费：100元；④饭店C发票100元，饭店D发票150元，饭店E发票150元：⑤出租车发票50元，长途汽车发票200元，公交车发票50元。

请根据上述资料，为小王填制费用报销单，费用报销单的格式如图6-18所示。

费用报销单 编号

报销部门： 年 月 日填 单据及附件共 页（含本页）

序	报销项目/用途	分类编号	金额（元）	备注	
1					
2					
3					
4				领导审批	
5					
	合计				
金额大写： 佰 拾 万 仟 佰 拾 元 角 分				原借款（日 期）	应退余额（日 期）
报销人	部门主管	部门财务	部门总监	领款人	
财务审计	出 纳	复 核	主办会计		

图6-18 费用报销单的格式

【实训指导】

STEP 1 将小王获取的各类凭证按照类别进行分类粘贴，如将酒店A与酒店B的发票作为住宿类发票粘贴到一起，将饭店C、D、E的发票作为餐饮类发票粘贴到一起。

STEP 2 根据分类粘贴的发票填制费用报销单，并将原始凭证粘贴在费用报销单上。

STEP 3 将费用报销单提交相关部门审批、签字。

STEP 4 退还未用完的差旅费用。（答案参见：光盘\项目实训\项目六\小王费用报销单的填制.docx）

拓展知识

一、原始凭证与记账凭证的联系与区别

原始凭证与记账凭证是会计凭证按照其用途和填制程序进行的分类，两者的联系表现在原始凭证是记账凭证的记账依据和基础，记账凭证是原始凭证的表现形式。两者的区别主要有以下几点。

- **填制人员不同**：原始凭证是由经办人员填制的；记账凭证是由会计人员填制的。
- **填制依据不同**：原始凭证是根据已经发生或完成的经济业务填制的；记账凭证是根据审核后的原始凭证填制的。
- **填制方式不同**：原始凭证仅用以记录、证明经济业务已经发生或完成；记账凭证要依据会计科目对已经发生或完成的经济业务进行归类、整理。
- **发挥作用不同**：原始凭证是填制记账凭证的依据；记账凭证是登记账簿的依据。

二、原始凭证的整理与粘贴方法

为了规范财务管理工作，加强会计工作的标准化与规范化，在整理与粘贴原始凭证时，应按照一定的方法进行。原始凭证的整理与粘贴可概括为“从下向上，从左至右，齐线齐边，超大剪折”，具体介绍如下。

- 原始凭证应按照报销的费用类型进行分类整理，如办公费、通讯费、差旅费、快递费等，然后按照类别，将相同费用项目的原始凭证粘贴在一起。
- 需准备空白报销单，将整理好的原始凭证按照“小票在下、大票在上”的要求，从左至右、齐线齐边地呈阶梯状依次粘贴。
- 在粘贴过程中，若遇到比空白报销单大很多的原始凭证，在不影响主要内容的情况下，可将多余部分修剪后再粘贴；如果超大的原始凭证是不可修剪的，则可以通过折叠的办法处理。

真题精练

一、单选题

1. 会计凭证按其（　　）的不同，可以分为原始凭证和记账凭证。

A. 来源　　B. 填制的程序和用途

C. 填列手续　　D. 内容

2. 用来作为填制会计分录的依据的是（　　）。

A. 原始凭证　B. 一次凭证　C. 汇总凭证　D. 累计凭证

3. 下列选项中，属于通用凭证的是（　　）。

A. 收料单　B. 增值税专用发票

C. 折旧计算表　D. 差旅费报销单

4. 下列选项中，不能作为会计核算的原始凭证的是（　　）。

A. 借款单　B. 飞机票　C. 入库单　D. 合同书

5. 下列不属于汇总原始凭证的是（　　）。

A. 发料凭证汇总表　B. 限额领料单

C. 差旅费报销单　D. 工资结算汇总表

6. 下列各项中，不符合填制原始凭证要求的是（　　）。

A. 一式几联的原始凭证，必须注明各联的用途

B. 不得使用未经国务院公布的简化字

C. 填写阿拉伯金额数字时，有角无分的，分位应用“—”表示

D. 原始凭证不得涂改、刮擦、挖补

7. 如果企业取得的原始凭证出现金额错误，应采取（　　）。

A. 由本单位在错误处更正

B. 由出具单位更正并加盖出具单位印章

C. 必须由出具单位重开

D. 由本企业在错误处更改，但必须盖章

8. 以下经济业务中，应填制转账凭证的是（　　）。

A. 职工借支差旅费5 000元　B. 以现金2 000元购买办公用品

C. 销售甲产品收入现金3 000元　D. 购入设备一台，价款60 000元未付

9. 企业将现金存入银行，应填制的记账凭证是（　　）。

A. 银行存款收款凭证　B. 银行存款付款凭证

C. 现金收款凭证　D. 现金付款凭证

10. 出纳人员付出货币资金的依据是（　　）。

A. 收款凭证　B. 付款凭证

C. 转账凭证　D. 原始凭证

11. 下列关于记账凭证填制的基本要求，不正确的是（　　）。

A. 记账凭证各项内容必须完整，并且应当连续编号

B. 填制记账凭证时若发生错误，应当重新填制

C. 记账凭证填制完经济业务事项后，如有空行，应当自金额栏最后一笔金额数字下的空行处至合计数上的空行处划线注销

D. 所有的记账凭证都必须附原始凭证

二、多选题

1. 会计凭证在会计核算中的作用有（　　）。

A. 明确经济责任，强化内部控制　B. 预测经济前景，提高经济效益

C. 记录经济业务，提供记账依据　D. 监督经济活动，控制经济运行

2. 下列各项中，属于自制原始凭证的包括（　　）。

A. 借款单　　B. 领料单

C. 工资结算汇总表　　D. 材料请购单

3. 原始凭证按照格式的不同，可分为（　　）。

A. 累计原始凭证　　B. 汇总原始凭证

C. 通用原始凭证　　D. 专用原始凭证

4. 原始凭证应具备的基本内容有（　　）。

A. 填制原始凭证的日期　　B. 经济业务的内容

C. 填制单位签章　　D. 数量、单位和金额

5. 原始凭证的审核内容包括：审核原始凭证（　　）等方面。

A. 真实性　　B. 合法性

C. 正确性　　D. 合理性

6. 下列各项中，属于记账凭证的基本内容有（　　）。

A. 金额　　B. 经济业务摘要

C. 凭证编号　　D. 会计科目

7. 下列说法正确的有（　　）。

A. 记账凭证上的日期指的是经济业务发生的日期

B. 对于涉及库存现金和银行存款之间的业务，一般只编制付款凭证

C. 出纳人员不能直接依据有关收付款业务的原始凭证办理收付款业务

D. 出纳人员必须根据经会计主管或其指定人员审核无误的收付款凭证办理收付款业务

8. 记账凭证的审核主要内容包括（　　）。

A. 内容是否真实　　B. 项目是否齐全

C. 科目是否正确　　D. 金额是否正确

三、判断题

1. 在每项经济业务发生和完成时取得或自行填制的会计凭证是原始凭证。（　　）

2. 外来原始凭证一般都属于一次凭证，自制原始凭证一般都属于累计凭证。（　　）

3. 一张原始凭证所列支出需要几个单位共同负担的，应当将其他单位负担的部分用复印件提供给其他单位。（　　）

4. 对各种重要的原始凭证，如押金收据、提货单等，以及各种需要随时查阅和退回的单据，应另编目录，单独保管，并在有关的记账凭证和原始凭证上分别注明日期和编号。（　　）

5. 对于涉及现金和银行存款之间的经济业务，一般只编制收款凭证，不编制付款凭证。（　　）

6. 付款凭证只有在库存现金减少时才填制。（　　）

PART 7

项目七 登记会计账簿

项目引入

叶丽娜：杜老师，通过前面的学习，我觉得自己应该能够处理一个公司的账务了。

杜老师：真的吗，这么厉害呀！我这里有一家公司上月的记账凭证，请你帮我将它们登记入账，如果有问题，再进行查账，将错账进行更正；如果问题都解决了，就可以结账了。

叶丽娜：啊，会计不就是将经济业务录入记账凭证吗？你说的“登记入账”“查账”“结账”等，我怎么感觉一头雾水呢。

杜老师：小叶，你可把会计工作想得太简单了。它可不是录入记账凭证这么简单。在录入凭证的基础上，还需要根据记账凭证等登记账簿，如果账簿记录出现错误，还要进行查账，采用专门的方法进行错账更正，只有确认无误后，才能结账。

叶丽娜：原来是这样啊，那我得立即去学习有关会计账簿的知识了。

学习目标

- 了解会计账簿的概念与分类；
- 了解会计账簿的更换与保管；
- 熟悉会计账簿的登记要求；
- 熟悉总分类账与明细分类账平行登记的要点；
- 掌握日记账、总分类账及有关明细分类账的登记方法；
- 掌握对账与结账的方法；
- 掌握错账查找与更正的方法。

考情分析

- 题型与分值：单选题、多选题和判断题，分值约占5%。
- 复习重点与建议：本项目涉及的内容较多，其中错账的查找及其更正方法是历年常考的内容，读者应在学习账簿的含义、分类及登记方法等相关知识的基础上，对错账的原因和更正方法进行重点关注。

任务一 认识会计账簿

会计账簿是会计信息使用者接触的比较系统、完整的会计资料，通过账簿记录，能够全面、系统地记录和反映企业的经济业务内容，并能够把分散在会计凭证中的大量核算资料加以集中，使得会计信息能够较为清晰地进行传递。

【任务目标】

本任务的目标是了解会计账簿的概念及作用，通过对会计账簿的基本内容及其与账户关系的学习，理解会计账簿的分类及不同分类依据下所包含的具体内容。

【知识讲解】

一、会计账簿的含义与作用

（一）会计账簿的含义

会计账簿简称账簿，是指由一定格式账页组成的，以经过审核的会计凭证为依据，全面、系统、连续地记录各项经济业务的簿籍。各单位应当按照国家统一的会计制度规定和会计业务的需要设置会计账簿。

对于账簿的含义，可以从以下两方面进行理解记忆。

- **外表形式**：从外表形式看，账簿是由具有一定格式的账页联结而成的簿籍。
- **记账内容**：从记账内容看，账簿是对各项经济业务进行分类和序时记录的簿籍。

（二）会计账簿的作用

企业日常的经济活动复杂且分散，这些经济业务通过填制和审核会计凭证进行会计核算，会计凭证能够记录各类经济业务所涉及的详细内容，可以反映和监督每项经济业务的发生和完成情况。但是，由于每张会计凭证的记录只能反映单一的业务内容，会计凭证的数量多且分散，因此，它们提供的信息都是零散的，不能连续、系统、全面地反映企业在一定时期内所发生的全部经济业务。因此，通过设置账簿这一会计核算的专门方法，就可以将会计凭证上单一、分散的核算资料进行集中和归类，进而提供系统、完整的核算资料。

会计账簿是编制会计报表的基础，是连接会计凭证与会计报表的中间环节，在会计核算中具有重要意义。会计账簿的作用主要体现在以下几个方面。

- **记载和存储会计信息**：通过设置和登记账簿，可以记载、存储会计信息，即将会计凭证记录的经济业务在账簿中进行登记，保存好账簿记录可以为会计分析和会计检查提供依据，以便随时查阅。
- **分类和汇总会计信息**：通过设置和登记账簿，可以分类、汇总会计信息，即将会计凭证中零散的核算资料进行分类、汇总、整理，然后登记到账簿中，得到更为全面、系统的数据，及时为企业提供各种会计要素的变动情况和各方面所需要的会计信息，为管理者提供决策信息。
- **检查和校正会计信息**：通过设置和登记账簿，可以使会计凭证的信息得到进一步整理，同时也可以为会计分析与会计检查提供重要依据。利用账簿上已有的数据与实存数据进行核对，可以检查财产物资是否妥善保管、账面数据与实物数据是否相符。
- **编报和输出会计信息**：为及时反映企业财务状况、经营成果和现金流量，应定期进行结账工作，并对相关账簿进行核对，为会计报表的编制提供系统的数据来源，然后根据需要编制符合要求的会计报表，向企业等有关方面提供所需的会计信息。

试题精讲

【多选题】下列对会计账簿的描述，正确的有（　　）。

A. 会计账簿是由一定格式的账页组成的　　B. 会计账簿记载和储存会计信息

C. 会计账簿分类和汇总会计信息　　D. 会计账簿编报和输出会计信息

【答案】A、B、C、D

【解析】选项A是对会计账簿概念的叙述，其他选项是对会计账簿作用的描述，除此之外，会计账簿还有检查和校正会计信息作用。

二、会计账簿的基本内容

在会计实务中，由于不同会计账簿所记录的经济业务不同，账簿格式也多种多样，但各种账簿都应具有封面、扉页和账页三个基本要素。

（一）封面

封面主要用来标明账簿的名称，如总分类账、各种明细分类账、库存现金日记账和银行存款日记账等。

（二）扉页

扉页主要列明科目索引、账簿启用和经管人员一览表等，其主要起到目录的作用。一般而言，扉页包括单位名称、账簿名称、起止页数、册次、启用日期和截止日期、负责人、经管人员、移交人和移交日期、接管人和接管日期，以及账户目录等信息。科目索引、账簿启用登记和经管人员一览表分别如表7-1和图7-1所示。

表 7-1　科目索引

页数	科目名称	页数	科目名称	页数	科目名称	页数	科目名称

账簿启用和经管人员一览表

账簿名称：________	单位名称：________
账簿编号：________	账簿册数：________
账簿页数：________	启用日期：________
会计主管：________	记账人员：________

移交日期			移交人		接管日期			接管人		会计主管	
年	月	日	签名	签章	年	月	日	签名	签章	姓名	主管

图7-1　账簿启用登记和经管人员一览表

知识补充

科目索引是由记账人员根据账簿中开设的科目，按照一定的顺序将每个科目的名称和页数进行登记。活页账、卡片账装订成册后，也应填写账簿启用日期、经管人员一览登记表和账簿启用等，形成账簿扉页。

（三）账页

账页是账簿用来记录经济业务事项的载体，包括账户的名称、登记账户的日期栏、凭证种类和号数栏、摘要栏、金额栏、总页次和分页次等基本内容。

试题精讲

【单选题】下列不属于账簿扉页项目的是（　　）。

A. 科目索引　　B. 账簿启用表　　C. 账簿交接记录　　D. 总页次和分户页次

【答案】D

【解析】根据前面的讲解，选项A、B、C属于扉页应记载的项目，选项D属于账页的基本内容。

三、会计账簿与账户的关系

账簿是由若干账页组成的一个整体，账簿中的每一个账页就是账户存在的形式和载体。没有账簿，账户就无法存在；账簿序时、分类地记载经济业务，是在各个具体账户中完成的。因此，账簿只是一个外在形式，账户才是它的真实内容。简而言之，账簿与账户的关系是形式和内容的关系。

四、会计账簿的分类

在会计实务中，由于各单位的经营管理内容不同，对账簿所提供信息的要求不同，账簿的种类及格式存在区别。一般而言，账簿可以按用途、账页格式和外形特征进行分类。

（一）按用途分类

会计账簿按照用途进行分类，可以分为序时账簿、分类账簿和备查账簿。

1. 序时账簿

序时账簿又称日记账，是按照经济业务发生或完成时间的先后顺序逐日、逐笔进行登记的账簿。按照序时账簿登记对象的不同，其可分为普通日记账和特种日记账。

- **普通日记账**：普通日记账是对全部经济业务的发生情况按发生时间的先后顺序逐日、逐笔登记的账簿，如日记总账。
- **特种日记账**：特种日记账是对某一类经济业务的发生情况按发生时间的先后顺序逐日、逐笔登记的账簿。企业通常将某一类比较重要、重复大量发生的经济业务设置特种日记账，如库存现金日记账和银行存款日记账。各单位还可根据自身的经营特点来确定是否需要设置其他特种日记账，如购货日记账、销货日记账等。

普通日记账的一般格式如表7-2所示。

表 7-2 普通日记账

年		凭证字号	会计科目	摘要	金额	借方金额	贷方金额
月	日						

名师点睛

普通日记账不仅登记工作量大，而且不便于登记分类账。除此以外，由于普通日记账不是分类记录经济业务，不便于日后查阅，不利于对重要经济业务的监管，所以，目前使用较少，我国企业通常采用的是特种日记账。

2. 分类账簿

分类账簿是按照会计要素的具体类别而设置的分类账户进行登记的账簿。按照反映经济业务的详略程度不同，分类账簿可分为总分类账簿和明细分类账簿。

- **总分类账簿**：总分类账簿简称总账，是根据总分类账户开设的，能够全面反映企业的经营活动。
- **明细分类账簿**：明细分类账簿简称明细账，是根据明细分类账户开设的，用来提供明细的核算资料。

总账对所属明细账起统驭作用，明细账对总账进行补充和具体说明。分类账簿提供的核算信息是编制会计报表的主要依据。

3. **备查账簿**

备查账簿又称辅助登记簿或补充登记簿，是对某些在序时账簿和分类账簿等主要账簿中都不予登记或登记不够详细的经济业务事项进行补充登记时使用的账簿。如租入固定资产登记簿、受托加工材料登记簿、代销商品登记簿和应收（付）票据备查簿等。

备查账簿没有固定的格式要求，可以由各单位根据需要进行设置。此外，备查账簿不是对其他账簿记录的一种补充，与其他账簿之间不存在严密的依存和勾稽关系。

备查账簿与序时账簿和分类账簿相比，主要有以下两点不同之处。

- **登记依据可能不需要记账凭证**：备查账簿在登记时，其数据来源可能不需要记账凭证，甚至不需要一般意义上的原始凭证。
- **账簿的格式和登记方法不同**：备查账簿的主要栏目不记录金额，它更注重用文字来表述某项经济业务的发生情况。

试题精讲

【多选题】下列属于序时账的有（　　）。

A. 库存现金日记账　B. 银行存款日记账　C. 应收账款明细账　D. 主营业务收入明细账

【答案】A、B

【解析】序时账簿也称为日记账，库存现金日记账和银行存款日记账是典型的序时账簿。“应收账款明细账”和“主营业务收入明细账”属于分类账。

【单选题】一般情况下，不需要根据记账凭证登记的账簿是（　　）。

A. 总分类账　　B. 明细分类账　　C. 备查账　　D. 日记账

【答案】C

【解析】备查账簿的作用是对序时账簿和分类账簿进行补充说明。根据单位实际需要，可灵活设置。

（二）按账页格式分类

会计账簿按照账页格式进行分类，可以分为两栏式账簿、三栏式账簿、多栏式账簿、数量金额式账簿和横线登记式账簿。

1. **两栏式账簿**

两栏式账簿是指只有借方和贷方两个基本金额栏目的账簿。普通日记账和转账日记账一般采用两栏式账簿。

2. **三栏式账簿**

三栏式账簿是指设有借方、贷方和余额三个基本栏目的账簿。特种日记账、总分类账及资本、债权和债务明细账一般采用三栏式账簿。三栏式账簿根据是否设有对方科目，又可分为设对方科目的三栏式账簿和不设对方科目的三栏式账簿。这两种账簿的区别在于“摘要”栏和“借方科目”栏之间是否存在一栏“对方科目”。设有对方科目的三栏式账簿的格式如表7-3所示。

表 7-3 设有对方科目的三栏式账簿

年		凭证字号	对方科目	摘要	借方	贷方	借或贷	余额
月	日							

3. 多栏式账簿

多栏式账簿是指在账簿的两个金额栏（借方和贷方）按需要分设若干专栏的账簿。收入、成本、费用、利润等明细账一般采用这种格式的账簿。

多栏式账簿的专栏设置在“借方”还是在“贷方”，或是两方同时设置专栏，以及专栏的数量等，均应根据需要确定。假设某公司“管理费用”账户下设置了“办公费”“招待费”“社保费”“快递费”等明细账户，则该公司管理费用多栏式明细分类账如表7-4所示。

表 7-4 管理费用多栏式明细分类账

年		凭证字号	摘要	借方（项目）				贷方	余额
月	日			办公费	招待费	社保费	快递费		

4. 数量金额式账簿

数量金额式账簿是指在借方、贷方和余额三个栏目内，都分设数量、单价和金额三个小栏，借以反映财产物资的实物数量和价值量的账簿，如原材料、库存商品等存货明细账一般都采用数量金额式账簿。数量金额式账簿的格式如表7-5所示。

表 7-5 数量金额式账簿

类别：　　　　计量单位：
名称：　　　　存放地点：
编号：　　　　储备定额：

年		凭证字号	摘要	收入			支出			结存		
月	日			数量	单价	金额	数量	单价	金额	数量	单价	金额

5. 横线登记式账簿

横线登记式账簿又称平行式账簿，它是将前后密切相关的经济业务登记在同一行上，以便检查每笔业务的发生和完成情况的账簿。

试题精讲

【单选题】下列账簿中，不采用三栏式账页格式的是（　）。

A. 现金日记账　B. 银行存款日记账　C. 总分类账　D. 包装物明细分类账

【答案】D

【解析】包装物明细分类账采用数量金额式账簿。

（三）按外形特征分类

会计账簿按照不同外形特征，可分为订本式账簿、活页式账簿和卡片式账簿。

1. 订本式账簿

订本式账簿简称订本账，是指启用之前就已将账页装订在一起，并对账页进行了连续编号的账簿。

订本式账簿的优点是能避免账页散失和防止抽换账页，从而保证账簿信息的安全和完整；缺点是不能准确地为各账户预留账页，且同一账簿在同一时间只能由一人进行登记，不便于记账人员分工记账。

订本式账簿一般适用于比较重要的、具有统驭性的账簿，如总分类账、现金日记账和银行存款日记账等。

2. 活页式账簿

活页式账簿简称活页账，是指在登记完毕之前并不固定装订在一起，而是将一定数量的账页装在活页账夹中的账簿。当账簿登记完后（通常是一个会计年度结束之后），才将账页予以装订，加具封面，并给各账页连续编号。

活页账的优点是记账时可以根据实际需要，随时将空白账页装入账簿，或抽取不需要的账页，既不浪费账页，也便于分工记账；缺点是如果监管不严，可能会造成账页散失或故意抽换账页的舞弊行为发生。为了克服这一缺点，要求空白账页使用时必须连续编号，装在账夹中或临时装订成册，并由有关人员盖章。活页账通常适用于各种明细分类账。

3. 卡片式账簿

卡片式账簿简称卡片账，是指将一定数量的卡片式账页存放在卡片箱内，可根据需要随时增添账页的账簿。

严格说来，卡片账也是一种活页账，其优缺点与活页账相同。在我国，企业一般只对固定资产明细账的核算采用卡片账形式，也有少数企业在材料核算中使用材料卡片。

试题精讲

【单选题】日记账从账簿的外形特征上一般采用（　　）账簿。

A. 活页式　　B. 卡片式　　C. 订本式　　D. 任意一种

【答案】C

【解析】根据账簿分类的特点，日记账一般采用订本账形式。

【任务实施】

1. 根据前面所学内容，回答下列问题。

（1）什么是会计账簿，其与账户有什么关系？

（2）会计账簿的基本内容包括哪些？

2. 结合前文讲解，将下列序号涉及的账簿填入表7-6的账簿分类中。

①特种日记账　②普通日记账　③固定资产明细账　④营业收入明细账

⑤应收账款明细账　⑥库存商品明细账　⑦库存现金总账　⑧银行存款日记账

⑨总分类账　⑩库存现金日记账

表7-6 账户的分类及举例

分类依据	用途			账页格式					外形特征		
具体分类	序时账	分类账	备查账	两栏式账	三栏式账	多栏式账	数量金额式账	横线登记式账	订本式账	活页式账	卡片式账
举例		—									

（答案参见：光盘\任务实施\项目七\任务一.docx）

任务二 启用与登记会计账簿

会计账簿的启用与登记并不是随意的，企业应该根据《会计基础工作规范》的规定，按照国家统一的会计准则规定和经济业务或事项的需要，建立会计账簿。

【任务目标】

本任务的目标是熟悉会计账簿的启用与登记要求，掌握主要账簿的设置和登记规则，为会计实际工作打好基础。

【知识讲解】

一、会计账簿的启用和登记规则

（一）会计账簿的启用

启用会计账簿时，应当在账簿封面写明单位名称和账簿名称，并在账簿扉页上附启用表，启用表应包括单位名称、账簿名称、账簿编号、账簿页数、启用日期、记账人员和会计主管人员姓名等内容，并加盖有关人员的名章和单位公章。

关于账簿的启用，还应注意以下几点。

- 启用订本式账簿应当从第一页到最后一页顺序编订页数，不得跳页、缺号。
- 使用活页式账页应当按账户顺序编号，并定期装订成册，装订后再按实际使用的账页顺序编定页码，另加目录以记录每个账户的名称和页次。
- 更换记账人员时，应办理交接手续，在交接记录内填写交接日期和交接人员姓名并签章。
- 在年度开始启用新账簿时，应把上年度的年末余额记入新账的第一行，并在摘要栏中注明“上年结转”或“年初余额”字样，这样才能保证年度之间账簿记录的相互衔接。

试题精讲

【单选题】在启用会计账簿时，应当在账簿封面上写明（　　）。

A. 单位负责人名字　　B. 单位、账簿名称

C. 会计主管名字　　D. 记账人员名字

【答案】B

【解析】封面主要用来标明账簿的名称，如总分类账、各种明细分类账、现金日记账和银行存款日记账等。

（二）会计账簿的登记规则

为了保证账簿记录的正确性，必须根据审核无误的会计凭证登记会计账簿，并符合相关法律、法规和国家统一会计制度的规定。会计人员在登记账簿时，必须遵守以下规则。

1. 准确完整

登记会计账簿时，应当将会计凭证日期、编号、业务内容摘要、金额和其他有关资料逐项记入账内，做到数字准确、摘要清楚、登记及时和字迹工整。账簿记录中的日期，应该填写记账凭证上的日期，以自制原始凭证作为记账依据的，如领料单、收料单等，账簿记录中的日期应按有关自制凭证上的日期填列。

2. 注明记账符号

账簿登记完毕后，要在记账凭证上签名或盖章，并在记账凭证的“过账”栏内注明已

经登账的符号，如“√”，表示已经记账完毕，避免重记、漏记。

3. 书写留空

账簿中书写的文字和数字上面要留有适当的空隙，不要写满格，一般应占格距的1/2。这样不仅能方便日后查看账簿信息，也能在登账发生错误时进行修改。

4. 正常记账使用蓝黑墨水

为了保持账簿记录的持久性，防止涂改，登记账簿必须用蓝黑墨水笔或碳素墨水笔书写，不得用圆珠笔（银行的复写账簿除外）或铅笔书写。

5. 特殊记账使用红墨水

在会计工作中，红色数字一般表示负数，下列情况可以使用红色墨水笔记账。

- 按红字冲账的记账凭证，冲销错误记录。
- 在不设借贷等栏的多栏式账页中，登记减少数。
- 在三栏式账户的余额栏前，如未印明余额方向的，在余额栏内登记负数余额。
- 根据国家统一会计制度的规定可以用红字登记的其他会计记录。

6. 顺序连续登记

在登记各种会计账簿时，应按页码顺序连续登记，不得隔页、跳行。若发生隔页、跳行现象，则应在空页、空行处用红色墨水画对角线注销，或注明“此页空白”或“此行空白”字样，并由记账人员签名或盖章确认。

7. 结出余额

凡需要结出余额的账户，结出余额后，应当在“借或贷”栏目内注明“借”或“贷”字样，以示余额的方向。对于没有余额的账户，应在“借或贷”栏内写“平”字，并在“余额”栏用“θ”表示。现金日记账和银行存款日记账必须逐日结出余额。

8. 过次承前

每一账页登记完毕结转下页时，应当结出本页合计数及余额，并写在本页最后一行和下页第一行有关栏内，同时要在摘要栏内注明“过次页”和“承前页”字样。也可以将本页合计数及余额只写在下页第一行有关栏内，并在摘要栏内注明“承前页”字样，以保持账簿记录的连续性，便于对账和结账。

> **名师点睛**
>
> “过次页”和“承前页”的标记是一个承前启后的作用，并不是专门的一种会计核算方法，它们只是保持账簿记录的连续性的方法，便于以后对账和结账。

9. 不得涂改、刮擦、挖补

如发生账簿记录错误，不得刮擦、挖补或用褪色药水更正字迹，而应采用规定的方法进行更正。

试题精讲

【单选题】登记账簿时，正确的做法是（　　）。

A. 文字或数字的书写必须占满格　　B. 书写可以使用蓝黑墨水笔、圆珠笔或铅笔

C. 用红字冲销错误记录　　D. 发生的空行、空页一定要补充书写

【答案】C

【解析】根据会计账簿的登记规则，只有选项C符合规定，其他选项的做法均是错误的。

二、日记账的格式和登记方法

日记账是按照经济业务发生或完成的时间先后顺序逐笔进行登记的账簿。设置日记账是为了使经济业务的时间顺序清晰地反映在账簿记录中。根据核算和监督经济业务的范围，日记账分为特种日记账和普通日记账。在会计实务中，各单位一般只设置库存现金日记账和银行存款日记账，加强对货币资金的监督和管理。本书将以特种日记账中的库存现金日记账和银行存款日记账为例，对日记账的格式和登记方法进行介绍。

（一）库存现金日记账的格式和登记方法

库存现金日记账是用来核算和监督库存现金每天的收入、支出和结存情况的序时账簿，其格式主要有三栏式和多栏式两种。无论采用三栏式现金日记账还是多栏式现金日记账，都必须使用订本账。

1. 三栏式库存现金日记账

三栏式库存现金日记账是用来登记库存现金增减变动及其结果的日记账。设借方、贷方、余额三个金额栏目，一般将其分别称为收入、支出、结余三个基本栏目。同时，为了清晰地反映与现金业务相关的账户对应关系，还应在“摘要”栏后设置“对方科目”栏。

三栏式现金日记账是由出纳人员按照“上日余额＋本日收入－本日支出＝本日余额”的计算公式，根据库存现金收款凭证、库存现金付款凭证以及银行存款付款凭证，按照库存现金收款、付款业务和银行存款付款业务发生时间的先后顺序逐日、逐笔登记的。

三栏式库存现金日记账的格式如表7-7所示。

表 7-7 三栏式库存现金日记账的格式

年		凭证字号	摘要	对方科目	借方	贷方	借或贷	余额
月	日							

根据表7–7所示的内容，表中各项目的填列方法具体如下。

- **“年 月 日”栏**：登记记账凭证的日期，应与库存现金实际收付日期一致。
- **“凭证字号”栏**：登记入账的收付款凭证的种类和编号。如“库存现金收（付）款凭证”简写为“现收（付）”，“银行存款收（付）款凭证”简写为“银收（付）”。凭证栏还应登记凭证的编号，以便于查账和核对。
- **“摘要”栏**：说明登记入账的经济业务的内容，该栏文字在能说明问题的情况下应尽量简洁。
- **“对方科目”栏**：登记现金收入的来源科目或支出的用途科目。如银行提取现金，其来源科目（即对方科目）为“银行存款”。该栏的作用在于了解经济业务的来龙去脉。
- **“借方”“贷方”栏**：登记现金实际收付的金额。
- **“借或贷”栏**：登记余额的借贷方向，一般情况下，库存现金日记账的余额在借方。
- **“余额”栏**：登记具体的余额数。每日终了，应分别计算现金收入和支出的合计数，结出余额，同时将余额与出纳员的库存现金核对，即“日清”，如账款不符，应查明原因，并记录备案；月终同样要计算现金收、付和结存的合计数，即“月结”。

2. 多栏式库存现金日记账

多栏式库存现金日记账是在三栏式库存现金日记账基础上发展起来的。这种日记账的借方（收入）和贷方（支出）金额栏都按对方科目设置若干专栏。在月末结账时，可以结出各收入来源专栏和支出用途专栏的合计数，便于对现金收支的合理性、合法性进行审核分析，多栏式库存现金日记账的格式如表7-8所示。

表 7-8 多栏式库存现金日记账的格式

年		凭证字号	摘要	借方					贷方					余额
				应贷科目				合计	应借科目				合计	
月	日			银行存款	主营业务收入	其他业务收入	…		管理费用	销售费用	其他业务支出	…		

知识补充

对于多栏式库存现金日记账，在实际工作中，如果收支业务较多，会导致借贷方对应的科目太长，使得账页过长，不便于记账和保管。因此，在实际工作中，一般将现金收入业务和支出业务分设为“库存现金收入日记账”和“库存现金支出日记账”。其中，库存现金收入日记账按对应的贷方科目设置专栏，另设“支出合计”栏和“余额（结余）”栏；库存现金支出日记账则只按支出的对方科目（借方）设专栏，不设“收入合计”栏和“余额（结余）”。

多栏式库存现金日记账的的具体登记方法如下。

- 根据有关现金收入业务的记账凭证登记库存现金收入日记账，根据有关现金支出业务的记账凭证登记库存现金支出日记账。
- 每日终了，根据库存现金支出日记账结出的支出合计数，将其转入库存现金收入日记账的“支出合计”栏中，并结出当日余额填入“结余”栏，然后与库存现金实有数核对。

试题精讲

【多选题】下列有关多栏式现金日记账的表述正确的有（　　）。

A. 按现金收支的对应账户设置专栏

B. 只能分别设置现金收入和现金支出两本账

C. 按不同的收入来源和支出用途分类序时登记

D. 可清晰地揭示现金增减变化情况

【答案】A、C、D

【解析】多栏式日记账中收入和支出栏登记实际收付金额。对于多栏式现金日记账，如果收支业务较多，导致借贷方对应的科目太长，使得账页过长，不便于记账和保管。此种情况下，一般常把现金收入业务和支出业务分设为“库存现金收入日记账”和“库存现金支出日记账”两本账。故选项B的说法不正确。

（二）银行存款日记账的格式和登记方法

银行存款日记账是用来核算和监督银行存款每日的收入、支出和结余情况的账簿，它应按企业在银行开立的账户和币种分别设置，每个银行账户设置一本日记账。银行存款日记账应由出纳人员根据与银行存款收付业务有关的记账凭证，按时间先后顺序逐日逐笔进行登记，并于每日结出存款余额。

银行存款日记账的格式与库存现金日记账的格式类似，既可以采用三栏式，也可以采用多栏式。多栏式可以将收入和支出的核算放在一本账上进行，也可以分设“银行存款收入日记账”和“银行存款支出日记账”。三栏式银行存款日记账的格式如表7-9所示。

表 7-9 三栏式银行存款日记账的格式

年		凭证字号	摘要	对方科目	借方	贷方	借或贷	余额
月	日							

银行存款日记账的登记方法与库存现金日记账的登记方法基本相同，具体如下。

- **“年、月、日”栏**：登记记账凭证的日期。
- **“凭证字号”栏**：登记入账的收付款凭证的种类和编号（与库存现金日记账的登记方法一致）。
- **“摘要”栏**：说明登记入账的经济业务的内容，该栏文字在能说明问题的情况下应尽量简洁。
- **“对方科目”栏**：登记银行存款收入的来源科目或支出的用途科目。如开出一张用于支付购料款的支票，其支出的用途科目（即对方科目）为“物资采购”科目，其作用在于了解经济业务的来龙去脉。
- **“借方”“贷方”栏**：登记银行存款实际收付的金额。
- **“借或贷”栏**：登记余额的借贷方向，一般情况下，银行存款日记账的余额在借方。
- **“余额”栏**：登记具体的余额数。每日终了，应分别计算银行存款收入和支出的合计数，结算出余额，做到日清；月终应计算出银行存款全月收入、支出的合计数，做到月结。

在实际工作中，不论银行存款日记账的格式设置为三栏式还是多栏式，一般都应在恰当位置增设“结算凭证”栏，以便记账时标明每笔经济业务的结算凭证和编号，便于与银行核对账目。

试题精讲

【多选题】登记银行存款日记账时，下列做法正确的是（　　）。

A. 将每日发生的业务汇总登记

B. 按业务的发生顺序逐日逐笔登记

C. 每页结出存款的账面余额

D. 每日结出存款的账面余额

【答案】B、D

【解析】银行存款日记账由出纳人员根据银行存款的收款、付款凭证，逐日逐笔顺序登记。每日终了应结出当日收入、支出合计数，结算出余额，做到日清。银行存款日记账定期或不定期与开户银行提供的对账单进行核对，每月至少核对一次，并通过编制银行存款余额调节表来检查银行存款记录的正确性。

三、总分类账的格式与登记方法

（一）总分类账的格式

总分类账是指按照总分类账户分类登记以提供总括会计信息的账簿。总分类账中的账页是按照总账科目开设的总分类账户，其一般要求采用订本式账簿。总分类账的常用格式为三栏式，设置有借方、贷方和余额三个基本金额栏目。三栏式总分类账的格式如表7-10所示。

表 7-10 三栏式总分类账的格式

会计科目：　　　　　　　　　　　　　　　　　　　　　　　　第　页（单位：）

年		凭证字号	摘要	借方	贷方	借或贷	余额
月	日						

（二）总分类账的登记方法

总分类账的登记方法因登记依据不同而有所差别。对于经济业务少的单位，其总分类账可以根据记账凭证逐笔登记；对于经济业务多的大中型单位，其总分类账可以根据记账凭证汇总表（又称科目汇总表）或汇总记账凭证等定期登记。每月终了，在全部经济业务登记入账后，结出各账户的本期发生额和期末余额。

试题精讲

【多选题】登记总分类账的依据可以是（　　）。

A. 原始凭证　　B. 记账凭证　　C. 科目汇总表　　D. 原始凭证汇总表

【答案】B、C

【解析】总分类账可根据记账凭证逐笔登记，也可根据经过汇总的科目汇总表或汇总记账凭证等进行登记。

四、明细分类账的格式与登记方法

明细分类账是根据有关明细分类账户设置并登记的账簿。由于明细分类账能够分类登记某一类经济业务事项，从而为企业提供某类业务事项比较详细的会计信息。明细分类账一般采用活页式账簿和卡片式账簿，根据各种明细分类账所记录经济业务的特点，其主要分为三栏式、多栏式、数量金额式和横线登记式4种，下面将分别介绍各种形式下的账簿格式及其登记方法。

（一）明细分类账的格式

1. 三栏式明细分类账

三栏式明细分类账设有借方、贷方和余额三个栏目，用以分类核算各项经济业务，提供详细核算资料，具体格式与三栏式总账相同，如表7-11所示。

表 7-11 三栏式明细分类账

明细科目：　　　　　　　　　　　　　　　　　　　　　　　　第　页（单位：）

年		凭证字号	摘要	借方	贷方	借或贷	余额
月	日						

三栏式明细分类账适用于只进行金额核算的资本、债权和债务类账户，如“应收账款”“应付账款”和“应交税费”等往来结算账户。

2. 多栏式明细分类账

多栏式明细分类账将属于同一总账科目的各个明细科目合并在一张账页上进行登记，即在账页的借方或贷方金额栏内按照明细项目设置若干专栏。以管理费用明细账为例，多栏式明细分类账的格式如表7-12所示。

表 7-12 多栏式明细分类账的格式（管理费用明细账）

明细科目：　　　　　　　　　　　　　　　　　　　　第　页

年		凭证字号	摘要	借方				贷方	借或贷	余额
月	日			办公费	折旧费	交通费	……			

多栏式明细分类账适用于收入、成本、费用、利润和利润分配明细账的核算，如“生产成本”和“管理费用”等账户。

3. 数量金额式明细分类账

数量金额式明细分类账提供了企业有关财产物资数量和金额的收、发、存的详细信息，其账页的借方（收入）、贷方（发出）和余额（结存）都分别设有数量、单价和金额三个专栏，既要进行金额核算，又要进行数量核算，因此可以加强财产物资的实物管理和使用监督。数量金额式明细分类账的格式如表7-13所示。

表 7-13 数量金额式明细分类账的格式

明细科目：　　　　　　　　　　　　　　　　　　　　第　页
类别：　　品名及规格：　　计量单位：　　存放地点：

年		凭证字号	摘要	借方			贷方			余额		
月	日			数量	单价	金额	数量	单价	金额	数量	单价	金额

数量金额式明细分类账适用于既要进行金额核算又要进行数量核算的存货类账户。

4. 横线登记式明细分类账

横线登记式账页是采用横线登记，即将每一笔相关的业务登记在同一行，从而可依据每一行各个栏目的登记是否齐全来判断该项业务的进展情况。这种明细账实际上也是一种多栏式明细账，它适用于登记材料采购业务、应收票据和一次性备用金业务等。以“其他应收款——备用金”明细账为例，横线登记式明细分类账的格式如表7-14所示。

表 7-14 横线登记式明细分类账的格式（其他应收款——备用金明细分类账）

明细科目：　　　　　　　　　　　　　　　　　　　　第　页

年		凭证字号	摘要	借方			凭证字号	摘要	贷方			余额
月	日			原借	补付	合计			报销	退还	合计	

（二）明细分类账的登记方法

对于不同类型的经济业务，各单位可以根据管理需要和记账凭证、原始凭证、汇总原始凭证逐日逐笔或定期汇总登记明细分类账。具体的登记方法如下。

- **固定资产、债权、债务等明细账**：固定资产、债权、债务等明细账应逐日逐笔登记。
- **库存商品、原材料、收入、费用明细账**：库存商品、原材料、收入、费用明细账可以逐笔登记，也可以定期汇总登记。
- **库存现金、银行存款明细账**：库存现金、银行存款明细账由于已设置了日记账，可以不再进行明细账登记，其日记账即是一种明细账。

试题精讲

【多选题】不同类型经济业务的明细分类账可根据管理需要，依据（　　）逐日逐笔登记或定期登记。

A. 记账凭证　　B. 科目汇总表　　C. 原始凭证　　D. 汇总原始凭证

【答案】A、C、D

【解析】“科目汇总表”属于总分类账的登记依据。

【多选题】下列选项中，可以采用三栏式明细分类账核算的是（　　）。

A. 实收资本　　B. 生产成本　　C. 原材料　　D. 短期投资

【答案】A、D

【解析】三栏式明细账适用于只进行金额核算的账户，所以选项A、D正确；选项B适用多栏式明细账；选项C适用数量金额式明细账。

五、总分类账户与明细分类账户的平行登记

（一）总分类账户与明细分类账户的关系

总分类账户与明细分类账户既有内部联系，又存在区别。其中，总分类账户与明细分类账户的关系主要表现为以下两点。

- **统驭与辅助的关系**：总分类账户是所属明细分类账户的统驭账户，能对明细分类账户起到控制的作用；明细分类账户是总分类账户的从属账户，能对总分类账户起到辅助作用；因此两者在会计核算中发挥的作用不同。
- **提供资料的相互补充**：总分类账户与明细分类账户核算的对象和反映的内容是相同的，只是总分类账户提供的资料具有总括性，而明细分类账户提供的资料更加详细，二者反映经济业务内容的详细程度不同，只有将它们结合起来，才能既总括又详细地反映同一核算内容。因此，总分类账户与明细分类账户必须进行平行登记。

（二）总分类账户与明细分类账户平行登记的要点

平行登记是指对所发生的每一项经济业务都要以会计凭证为依据，一方面要记入有关总分类账户，另一方面也要记入有关总分类账户所属明细分类账户的方法。进行平行登记时，应注意以下要点。

- **依据相同**：依据相同是指将企业发生的交易或事项在总分类账户与明细分类账户间进行平行登记时，所依据的会计凭证相同。虽然登记总分类账户与明细分类账户的直接依据可能不同，但其依据的原始凭证是相同的。
- **方向相同**：方向相同是指对发生的每一项经济业务，记入总分类账户和其所属的明细分类账户的方向必须相同，即总分类账户记入借方，其所属明细分类账户也应记入借方；总分类账户记入贷方，其所属明细分类账户也应记入贷方。
- **期间一致**：期间一致是指对发生的每一项经济业务，在记入总分类账户和所属明细分类账户过程中，可以有先后，但应在同一会计期间登记入账。
- **金额相等**：金额相等是指记入总分类账户的金额与记入其所属明细分类账户的合计金额相等，即总分类账户与明细分类账户在平行登记时应满足以下等式：

总分类账户期初余额＝所属各明细分类账户期初余额合计

总分类账户期末余额＝所属各明细分类账户期末余额合计

总分类账户借方发生额＝所属各明细分类账户借方发生额合计

总分类账户贷方发生额＝所属各明细分类账户贷方发生额合计

【例7-1】明兴公司2015年2月底原材料总账账户余额为25 100元，其所属明细账账户的余额如下：甲材料：每千克15元，500千克，共计7 500元；丙材料：每千克22元，800千克，共计17 600元。明兴公司3月与原材料有关的经济业务如下：

3月5日，购入200千克甲材料，单价为15元，共计3 000元，材料已验收入库；

3月8日，生产车间领用甲材料600千克和丙材料700千克，用于生产产品。

假设上述业务已编制记账凭证，据此对原材料总分类账和明细分类账进行平行登记。

原材料的总分类账和明细分类账的登记结果如表7-15、表7-16、表7-17所示。

表 7-15 原材料总分类账

会计科目：原材料　　　　第 × 页（单位：元）

2015年		凭证字号	摘要	借方	贷方	借或贷	余额
月	日						
3	1		月初余额			借	25 100
	5	×××	购入甲材料	3 000		借	28 100
	8	×××	生产领用		24 400	借	3 700
	31		本月发生额及余额	3 000	24 400	借	3 700

表 7-16 甲材料明细分类账

明细科目：甲材料　　　　第 × 页（单位：元）

2015年		凭证字号	摘要	借方	贷方	借或贷	余额
月	日						
3	1		月初余额			借	7 500
	5	×××	购入甲材料	3 000		借	10 500
	8	×××	生产领用		9 000	借	1 500
	31		本月发生额及余额	3 000	9 000	借	1 500

表 7-17 丙材料明细分类账

明细科目：丙材料　　　　第 × 页（单位：元）

2015年		凭证字号	摘要	借方	贷方	借或贷	余额
月	日						
3	1		月初余额			借	17 600
	8	×××	生产领用		15 400	借	2 200
	31		本月发生额及余额		15 400	借	2 200

平行登记后，为了检查登记结果是否正确，还应编制“总账与明细账发生额和余额对照表”，对照表的格式和内容如表7-18所示。

表 7-18 原材料总账与明细账发生额和余额对照表

单位：元

总账账户	明细账户	期初余额			本期发生额						期末余额		
					借方			贷方					
		数量	单价	金额	数量	单价	金额	数量	单价	金额	数量	单价	金额
原材料	甲材料	500	15	7 500	200	15	3 000	600	15	9 000	100	15	1 500
	丙材料	800	22	17 600				700	22	15 400	100	22	2 200
	合计			25 100			3 000			24 400			3 700

试题精讲

【单选题】平行登记要点中的“依据相同”是指（　　）。

A. 明细分类会计科目要根据总分类会计科目来登记

B. 根据同一会计凭证登记

C. 由同一个会计人员进行登记

D. 总分类会计科目要根据明细分类会计科目来登记

【答案】B

【解析】“依据相同”是指所依据会计凭证相同。

【任务实施】

已知：甲公司2015年1月末“应收账款”总账余额为60 000元，相关明细账余额如下：“应收账款——A公司”为15 000元，“应收账款——B公司”为36 000元，“应收账款——C公司”为9 000元。甲公司2015年2月有关应收账款的资料如下。

2月1日，向A公司销售商品，价款合计20 000元，款项尚未收到。

2月9日，B、C公司分别以银行存款归还前欠货款25 000元、5 000元。

2月20日，向B公司销售商品，货款合计18 000元，款项尚未收到。

要求：根据上述资料编制记账凭证，并据此对“应收账款”账户进行平行登记。（总账、明细账的账簿格式参见表7-10、表7-11）

（答案参见：光盘\任务实施\项目七\任务二.docx）

任务三 对账与结账

对账与结账是对会计记录正确性的核对与总结，是会计工作不可缺少的步骤，通过对账与结账，可以使提供的会计信息更具有严谨性，达到会计信息的质量要求。

【任务目标】

本任务的目标是了解对账与结账的概念及其内容，掌握对账与结账的方法。

【知识讲解】

一、对账

（一）对账的概念

对账是指对账簿、账户记录所进行的核对工作。在实际工作中难免会发生差错，出现账簿记录与实际情况不符。因此，为了保证账簿记录的真实、完整和准确，在记账以后、结账之前，必须对账簿记录进行核对，以便为编制会计报表提供真实、可靠的数据资料。

（二）对账的内容

对账的内容主要包括账证核对、账账核对和账实核对，具体介绍如下。

1. 账证核对

账证核对是指对账簿记录与原始凭证、记账凭证的核对。核对的内容包括会计账簿记录与各类凭证的时间、凭证字号、内容和金额是否一致，记账方向是否相符等。账证核对一般在日常编制凭证和记账过程中进行。通常，日记账应与收款、付款凭证相核对，总账应与记账凭证相核对，明细账应与记账凭证或原始凭证相核对。

2. 账账核对

账账核对是指对不同会计账簿之间的账簿记录是否相符的核对。具体核对内容主要包括以下4个方面。

- **总分类账簿之间的核对：**即将全部总分类账簿的本期借方发生额合计数、期末借方余额合计数分别与全部总分类账簿的本期贷方发生额合计数、期末贷方余额合计数进行核对，检查总分类账簿的登记是否正确。
- **总分类账簿与所属明细分类账簿的核对：**即核对总分类账簿的期末余额与其所属明细分类账簿期末余额之和是否相符，检查两者的登记是否正确。
- **总分类账簿与序时账簿的核对：**即核对库存现金日记账、银行存款日记账期末余额是否分别与库存现金总分类账、银行存款总分类账相符。
- **明细分类账簿之间的核对：**即核对会计部门各种财产物资明细分类账的期末余额与财产物资保管或使用部门有关明细账的期末余额是否相符。

3. 账实核对

账实核对是指各项财产物资、债权、债务等账面余额与实有数额之间的核对，主要包括以下4个方面。

- **核对库存现金日记账账面余额与库存现金数额是否相符：**即每天将库存现金日记账的账面余额与库存现金库存数进行核对，不得白条抵库，做到现金的日清月结。

> **知识补充**
>
> 白条抵库是指单位支出现金时没有发票或收据等正规的付款凭证，只是用白纸写了一个收条或欠条作为现金支出的凭证，这是库存现金管理工作中的一种典型违法行为。

- **核对银行存款日记账账面余额与银行对账单的余额是否相符：**即将银行存款日记账的账面余额与银行寄送的本单位银行对账单进行核对，一般至少应一月核对一次。
- **核对各项财产物资明细账账面余额与财产物资的实有数额是否相符：**即将各项财产物资，如原材料、库存商品、固定资产等明细分类账的账面余额与其实有数进行核对，保证各项财产物资的监管。
- **核对有关债权、债务明细账账面余额与对方单位的账面记录是否相符：**即企业应定期向有关单位寄送应收款、应付款等结算款项及税费的交纳记录，核对账实是否相符。

试题精讲

【单选题】对账时，账账核对不包括（　　）。

A. 总账各账户的余额核对　　B. 总账与明细账之间的核对

C. 总账与备查账之间的核对　　D. 总账与日记账的核对

【答案】C

【解析】账账核对主要包括总账各账户的余额核对、总账与明细账核对、总账与日记账（序时账）核对、会计部门财产物资明细账与财产物资保管和使用部门明细账的核对。

二、结账

（一）结账的概念

结账是一项将账簿记录定期结算清楚的账务工作，即在会计期末（月末、季末或年末）将本期内所有发生的经济业务全部登记入账以后，计算出本期发生额和期末余额的过程。结账的内容通常有以下两个方面。

- 结清各种损益类账户，并据以计算确定本期利润。
- 结出各资产、负债和所有者权益类账户的本期发生额合计和期末余额。

（二）结账的程序

结账工作的开展可分为4个步骤，具体程序如下。

- **结账前**：应保证本期发生的经济业务事项全部登记入账，并确保其正确性。不得为赶制会计报表而提前结账，或把本期发生的经济业务事项延至下期登账，也不得先编制会计报表后结账。对于发现的错误，应采用适当的方法进行更正。
- **调整有关账项**：在本期经济业务全部登记入账的基础上，根据权责发生制的要求，调整有关账项，合理确定本期应计的收入和应计的费用。账项的调整可概括为以下4类。

①应计收入的调整。应计收入是指那些已在本期实现，因款项未收而未登记入账的收入。对于此类事项，应确认为本期收入，借记“应收账款”等科目，贷记“主营业务收入”等科目；待收妥款项后，将原记入“应收账款”等科目的金额，借记“银行存款”等科目。

②应计费用的调整。应计费用是指已在本期发生但尚未支付的费用。根据权责发生制要求，对于此类事项应借记“管理费用”等科目，贷记“应付利息”等科目；待以后支付款项后，将原记入“应付利息”等科目的金额，贷记“银行存款”等科目。

③收入分摊的调整。收入分摊是指企业已经收取相关款项，但尚未完成销售商品或提供劳务等事项，须在期末按本期已完成的比例，分摊确认本期已实现收入的金额，来调整预收款项时形成的负债。对于此类事项，在收到预收款项时，借记“银行存款”等科目，贷记“预收账款”等科目；待以后确认当期收入时，进行期末账项调整，借记“预收账款”等科目，贷记“主营业务收入”等科目。

④成本分摊的调整。成本分摊是指为了正确计算各个会计期间的盈亏情况，企业将已发生且能使若干会计期间受益的支出在其受益的会计期间进行合理分配。如企业已支出，但应由本期和以后各期负担的预付款项。对于此类事项，应借记“其他应付款”等科目，贷记“银行存款”等科目；待期末进行调整时，借记“研发支出”“管理费用”等科目，贷记“其他应付款”等科目。

- **结平所有损益类账户**：调整相关账项后，将损益类科目转入“本年利润”科目，结平所有损益类科目。在本期全部业务登记入账的基础上，结清各项收入和费用账户，计算确定本期的成本、利润或亏损，并反映在账上。
- **计算资产、负债、所有者权益账户的本期发生额和余额**：上述工作完成后，结算出资产、负债和所有者权益科目的本期发生额和余额，并结转至下期。

以上程序完成后，就可以根据总分类账和明细分类账的本期发生额和期末余额，分别进行试算平衡。

（三）结账的方法

由于企业各类账户的性质以及作用不同，其结账的方法也存在区别，具体区别如下。

- **不需要按月结计本期发生额的账户**：对于不需要按月结计本期发生额的账户，每次记账以后都要随时结出余额，每月最后一笔余额即为月末余额。月末结账时，只须在最后一笔经济业务事项记录之下通栏画单红线，不需要再结计一次余额。

- **需要按月结计本期发生额的账户**：对于库存现金日记账、银行存款日记账和需要按月结计发生额的收入、费用等明细账，每月结账时要结出本月发生额和余额，在摘要栏内注明“本月合计”字样，并在下面通栏画单红线。
- **需要结计本年累计发生额的明细账户**：对于需要结计本年累计发生额的明细账户，每月结账时应在“本月合计”行下结出自年初起至本月末止的累计发生额，登记在月份发生额下面，在摘要栏内注明“本年累计”字样，并在下面通栏画单红线。12月末的“本年累计”就是全年累计发生额，全年累计发生额下通栏画双红线。
- **总账账户**：对于总账账户，平时只须结出月末余额。年终结账时，将所有总账账户结出全年发生额和年末余额，在摘要栏内注明“本年合计”字样，并在合计数下通栏画双红线。

在年度终了结账时，有余额的账户要将其余额结转至下年，并在摘要栏注明“结转下年”字样；在下一会计年度新建有关会计账户的第一行余额栏内填写上年结转的余额，并在摘要栏注明“上年结转”字样，使年末有余额账户如实地在账户中加以反映，此时不必编制会计凭证。

试题精讲

【单选题】下列结账方法中不正确的是（ ）。

A. 对于不需要按月结计发生额的账户，每月最后一笔余额即为月末余额。月末结账时，只需要在最后一笔经济业务记录之下通栏画单红线

B. 结账时“全年累计”发生额下通栏划双红线

C. 总账账户在年终结账时，在“本年合计”栏下通栏划双红线

D. 现金、银行存款日记账，每月结账时，在摘要栏注明“本月合计”字样，并在下面通栏划双红线

【答案】D

【解析】现金和银行存款日记账每月结账时，在摘要栏注明“本月合计”字样，并在下面通栏划单红线，选项D错误。

【任务实施】

根据前文的讲解，回答下列问题。

（1）什么是对账，对账的内容有哪些？

（2）什么是结账，结账的程序有哪些？对于不同类别的账户，其结账的方法是什么？

（答案参见：光盘\任务实施\项目七\任务三.docx）

任务四 错账查找与更正

会计工作中难免会产生错误，在对账过程中发现各种各样的差错时，都应该采取相应的方法进行更正。在会计工作中，针对某些差错，有实用的查找与更正方法。

【任务目标】

本任务的目标是掌握错账的查找与更正方法，通过本任务的学习能够查找出企业的账簿错误，并对其进行错账更正。

【知识讲解】

一、错账查找

在会计核算中，产生错误的原因有很多，如重记、漏记、数字颠倒、数字错位、科目记错、借贷方向记反等，都会影响会计信息的正确性。为了弥补此类错误，会计人员应对会计记录的内容进行及时查找并予以更正。常见的错账查找方法包括以下几种。

（一）差数法

差数法是指按照错账的差数查找错账的方法。这种差错形成的原因主要是漏记了借方或贷方任意一方的数字。

案例阅读与思考

某公司2月发生管理费用5 000元，其中差旅费3 000元，折旧费500元，交通费1 500元，均用银行存款支付。会计人员在对账时发现：管理费用总账借方发生额比其所属明细账借方发生额合计数多了500元，那么在查账时，就应考虑是否是折旧费用明细账漏记了该笔款项。对于此类差错，一般应首先回忆是否有相同金额的记账凭证，然后再进行查找。

（二）尾数法

尾数法是指对于发生的差错只查找末位数，以提高查错效率的方法。这种方法适合于借贷方金额其他位数都一致，而只有末位数出现差错的情况。如试算平衡时，发生贷方合计数比借方多了0.8元，则可查找尾数为0.8元的经济业务是否有误。

（三）除2法

除2法是指以差数除以2来查找错账的方法。当某个借方金额错记入贷方（或贷方金额错记入借方）时，出现错账的差数表现为错误的2倍，将此差数用2去除，得出的商即是反向的金额。除2法适用于重记或记账方向错误等情况。

案例阅读与思考

某公司3月从银行提取现金5 000元作为备用金。会计人员在对账时发现：银行存款明细账余额合计数比其总账余额多了10 000元。那么在查账时，就应考虑是否在登记银行存款明细账时，将应贷记的金额写成了借记的金额。如果将多出的10 000元除以2，正好等于5 000元。为了查找是否是因为借、贷错误使总账与明细账不符，此时就应查看是否有某笔5 000元的业务发生了记账错误。

（四）除9法

除9法是指以差数除以9来查找错账的方法，适用于以下3种情况。

- **将数字写小**：如错将300写成30，此时错误数字比正确数字小9倍，将差数270（300－30）除以9，商30即为错误数字，将其扩大10倍后便可得到正确数字300。
- **将数字写大**：如错将50写成500，错误数字比正确数字大9倍，将差数450（500－50）除以9，商50即为正确数字，将其扩大10倍后便可得到错误数字500。
- **数字颠倒**：数字颠倒是指两个相邻的数字前后颠倒，所造成的差额是9的倍数。如将38写成83，它们的差值为45，可以被9整除，然后据此找出错误所在。

二、错账更正

在记账过程中，对于发现的账簿记录错误要采用正确、规范的方法予以更正，不得涂改、挖补、使用药水消除字迹等。错账更正方法包括以下几种。

（一）划线更正法

划线更正法又称红线更正法。此种方法适用于结账前发现账簿记录有文字或数字错误，而记账凭证没有错误的情况。

采用划线更正法的具体操作为：在错误的文字或数字上画一条红线，在红线的上方填写正确的文字或数字，并由记账及相关人员在更正处盖章。对于错误的数字，应全部画红线更正，不得只更正其中的错误数字；对于文字错误，可只画去错误的部分。

【例7-2】明兴公司2015年3月发生一笔从银行提取现金30 000元的业务，由于会计人员的疏忽，将“提现”写成了“提砚”，将“30 000”写成了“50 000”，采用划线更正法进行错账更正的结果如图7-2所示。

提砚　　50 000　　→　　现　　30 000
　　　　　　　　　　　　~~提砚~~　　~~50 000~~

图7-2 划线更正法举例

（二）红字更正法

红字更正法是指用红字冲销原有错误的账户记录或凭证记录，以更正或调整账簿记录的一种方法。此种方法适用于以下两种错误的更正。

- **记账后在当年内发现记账凭证所记的会计科目错误**：记账后在当年内发现记账凭证所记的会计科目错误，导致账簿记录错误，可以采用红字更正法。具体更正方法为：记账凭证会计科目错误时，用红字填写一张与原记账凭证完全相同的记账凭证，并在摘要栏注明“冲销第×号凭证”，以示注销原记账凭证，然后用蓝字填写一张正确的记账凭证，并据以记账。

【例7-3】明兴公司2015年3月，购买10 000元原材料一批，以银行存款支付，但会计人员记账时，误记为以库存现金支付，则采用红字更正法进行错账更正的结果如图7-3所示。

原错误凭证。

借：原材料　　10 000
　　贷：库存现金　　10 000

首先利用红字重新填制与错误凭证相同的内容。

借：原材料　　[10 000]
　　贷：库存现金　　[10 000]

然后用蓝字填制一张正确的记账凭证。

借：原材料　　10 000
　　贷：银行存款　　10 000

图7-3 红字更正法举例

- **会计科目无误而所记金额大于应记金额**：会计科目无误而所记金额大于应记金额，从而引起记账错误，可以采用红字更正法。具体更正方法为：按多记的金额（即差额），用红字编制一张与原记账凭证应借、应贷科目完全相同的记账凭证，在摘要栏内写明“冲销第×号记账凭证多记金额”，以冲销多记的金额，并据以记账。

【例7-4】明兴公司2015年3月，发生了58 000元的取现业务一笔，由于会计人员的疏忽，将“58 000”写成了“85 000”，采用红字更正法进行错账更正的结果如图7-4所示。

原错误凭证将银行提现58 000元误录为85 000元。

借：库存现金　　85 000

　　贷：银行存款　　85 000

利用红字重新填制与错误凭证相同的分录，金额数值为误差数值。

借：库存现金　　27 000

　　贷：银行存款　　27 000

图7-4 红字更正法举例

（三）补充登记法

补充登记法是在记账后发现记账凭证填写的会计科目无误，只是所记金额小于应记金额时所采用的一种更正方法。具体更正方法为：按少记的金额（即差额）用蓝字编制一张与原记账凭证应借、应贷科目完全相同的记账凭证，在摘要栏内写明“补记第×号记账凭证少记金额”，以补充少记的金额，并据以记账。

【例7-5】接【例7-4】，若会计人员将“58 000”写成了“48 000”，并登记入账，错误的会计分录如下。

借：库存现金　　48 000

　　贷：银行存款　　48 000

采用补充登记法进行错账更正时，应编制如下记账凭证。

借：库存现金　　10 000

　　贷：银行存款　　10 000

试题精讲

【单选题】以银行存款支付水电费3 000元，在编制记账凭证时将金额错记为5 000元，并已经登记入账，应采用（　）进行错账更正。

A. 划线更正法　　B. 红字更正法　　C. 补充更正法　　D. 蓝字更正法

【答案】B

【解析】会计科目无误而所记金额大于应记金额时，可用红字更正法进行更正。

【多选题】采用划线更正法更正错误的数字时，正确的做法是（　）。

A. 将错误数字全部划销　　B. 只划销写错的个别数码

C. 划销的数字，原有字迹仍能辨认　　D. 划销的数字，应全部涂抹

【答案】A、C

【解析】采用划线更正法时，对于错误的数字，应全部划红线更正，不得只更正其中的错误数字；划线注销的数字应保持其原有字迹仍可辨认，然后在划线上方填写正确的数字，并由记账人员在更正处盖章。

【任务实施】

已知甲公司的会计人员记账时发生以下错误：

（1）将管理部门使用固定资产的折旧费用580元，登记为560元。

（2）将生产车间管理人员的工资50 000元记入了管理费用。

（3）职工王玮出差预支差旅费2 000元时，将其名字“王玮”写成了“王伟”。

根据以上资料，编制各事项的错误分录，并针对每种错误，采用正确的错账更正方法，对上述错误进行错账更正。

（答案参见：光盘\任务实施\项目七\任务四.docx）

任务五 会计账簿的更换与保管

会计账簿是企业会计核算形成的具有实物形态的会计资料，是企业会计信息的综合反映，会计账簿的更换与保管制度是企业管理制度的体现。

【任务目标】

本任务的目标是了解会计账簿的更换与保管制度，为会计实务的操作做好知识准备。

【知识讲解】

一、会计账簿的更换

会计账簿的更换通常在新会计年度建账时进行。一般来讲，总账、日记账和多数明细账应每年更换一次。但是，对于有些财产物资明细账和债权、债务明细账，由于材料品种、规格和往来单位较多，更换新账时重抄的工作量较大，因此可以跨年度继续使用。另外，各种备查账簿也可以跨年度连续使用，不必每年更换新账。

更换新账时，应将各账户的余额结转到新账簿第一行的余额栏内，并注明方向，同时在摘要栏内注明"上年结转"字样。

二、会计账簿的保管

年度终了，各种账户在结转至下年，建立新账户后，一般都应将旧账进行集中统一管理。会计账簿暂由本单位财务会计部门保管1年，期满之后，由财务会计部门编造清册移交本单位的档案部门保管。

各种账簿应当按年度分类归档，编造目录，妥善保管。既要保证查阅迅速，又要保证账簿的安全和完整。按国家规定，一般的日记账的保管期限为15年；现金和银行存款日记账的保管期限为25年；总账和明细账的保管期限为15年；固定资产卡片在固定资产清理报废后其保管期限为5年；辅助账簿的保管期限为15年；涉及外事和重大事项的会计账簿应永久保管。保管期满后，还要按照规定的审批程序经批准后才能销毁。

【任务实施】

根据前文的讲解，回答下列问题。

（1）会计账簿的更换有哪些规定？

（2）各类会计账簿的保管年限有什么不同？

（答案参见：光盘\任务实施\项目七\任务五.docx）

项目总结

本项目主要介绍了会计账簿的相关知识，首先是会计账簿的含义、作用、基本内容及其分类，接着介绍了各类会计账簿的格式及其登记方法，此部分内容对于会计实务的操作十分重要，具有一定的实践性。另外，本项目中对账与结账的概念及其方法，对于实务操作也具有一定的指导作用，可以使读者提前接触实际工作中可能会遇到的问题，并掌握其解决方法。在此基础上，本项目介绍了错账的查找与更正，其中各类更正方法适用的错误应特别注意。最后，本项目对会计账簿的更换与保管进行了简单介绍，此部分内容做一般性了解即可。

项目实训 登记日记账

在会计日常核算中，企业一般会设置库存现金日记账和银行存款日记账两种日记账，此两种账簿均由出纳人员进行记录和登记，本实训将以企业某月部分有关库存现金与银行存款的经济业务为例，进行日记账的登记。

【实训目标】

能够从企业日常经营中的各项业务提炼出与登记日记账相关的业务，并据此登记库存现金日记账和银行存款日记账。

【实训资料】

百盛公司2015年3月发生的部分经济业务如下。

（1）3月1日，从银行提取现金4 800元。

（2）3月6日，以库存现金购入办公用品300元。

（3）3月12日，产品生产完成，验收入库，结转相关成本。

（4）3月18日，收到加州公司的前欠货款20 000元，存入银行。

（5）3月20日，以银行存款6 000元购买原材料。

（6）3月22日，销售员小李出差预支差旅费3 000元，以现金支付。

（7）3月31日，小李出差归来，退还未用完的差旅费，收到现金500元。

已知百盛公司3月初库存现金余额为50 000元，银行存款余额为100 000元。上述业务涉及的凭证字号分别为银付1号、现付1号、转字1号、银收1号、银付2号、现付2号、现收1号。

要求：根据上述资料，为百盛公司登记日记账。

【实训指导】

STEP 1 从上述事项中提炼出涉及库存现金及银行存款日记账的业务。

STEP 2 将上一步骤中的业务分为涉及库存现金日记账的业务和涉及银行存款日记账的业务。

STEP 3 分别编制库存现金日记账和银行存款日记账。（答案参见：光盘\项目实训\项目七\登记日记账.docx）

拓展知识

账簿管理注意事项

会计账簿是企业重要的会计资料，其在登记与保管时应严格按照规定进行，会计账簿管理制度的完善将有助于企业提供高质量的会计信息，为投资者决策提供帮助。会计账簿管理应注意以下问题。

- **分项目管理**：分项目管理是指根据账簿的不同类别进行管理，如按照总账、明细账进行管理；按照企业的经营特点，分原材料、辅助账和销售明细账等进行管理；按照会计要素的分类，分资产类、负债类和所有者权益类等进行管理。
- **根据人员类别设置账簿的查阅权限**：即按照企业从业人员的类别或管理级次不同，对其设置不同的账簿查阅权限。如高级管理人员可对企业所有账簿进行查阅，而中层管理人员只能对自身业务范围相关的账簿进行查阅，这样可以避免企业重要资料的泄露。

- **账簿信息要完善，并加盖相关印章**：即账簿装订完成后，应在封面填写好相应信息，这样将方便以后查阅。另外，账簿的封口处还应由会计主管人员和装订人员加盖印章，明确责任。

真题精练

一、单选题

1. 下列关于账簿的表述，错误的是（　　）。

A. 账簿可以为定期编制会计报表提供资料

B. 登记账簿是会计核算的一种重要方法

C. 总账可以提供每一项交易的发生日期

D. 账簿是考核企业经营成果、加强经济核算的重要依据

2. 账簿的格式繁多，下列不属于账簿应具备的基本内容的是（　　）。

A. 封面　　B. 账夹　　C. 扉页　　D. 账页

3. 关于会计账簿与账户的关系，下列说法错误的是（　　）。

A. 账簿中的每一张账页就是账户的存在形式和载体

B. 账簿与账户的关系，是形式和内容的关系

C. 账簿序时、分类地记录经济业务，是在个别账户中完成的

D. 账户是账簿的外在形式，没有账户，账簿就无法存在

4. 下列不属于按外型特征不同分类的账簿是（　　）。

A. 备查账簿　　B. 订本式账簿　　C. 活页式账簿　　D. 卡片式账簿

5. 下列不采用订本式账簿的是（　　）。

A. 总分类账　　B. 库存现金日记账

C. 银行存款日记账　　D. 固定资产明细账

6. 账簿记录中的日期，应该填写（　　）上的日期。

A. 原始凭证　　B. 记账凭证　　C. 登账日期　　D. 汇总原始凭证

7. 银行存款日记账是根据（　　）逐日逐笔登记的。

A. 银行存款收款、付款凭证　　B. 转账凭证

C. 库存现金收款凭证　　D. 银行对账单

8. 下列关于分类账的格式和登记方法的说法中，错误的是（　　）。

A. 总分类账应采用货币计量单位和实物计量单位进行登记

B. 三栏式明细账的基本结构为“借方”“贷方”和“余额”三栏

C. 数量金额式明细账的基本结构为“收入”“发出”和“结存”三栏

D. 记账凭证记载单项经济业务的，可根据记账凭证登记明细账

9. 对所发生的每一项经济业务都要以会计凭证为依据，一方面记入有关总分类会计科目，另一方面记入有关总分类会计科目所属明细分类会计科目的方法称为（　　）。

A. 借贷记账法　　B. 平行登记

C. 复式记账法　　D. 试算平衡

10. 结账时应划通栏双红线的情形是（ ）。

A. 月结　　B. 季结

C. 半年结　　D. 年结

11. 下列账簿记录情况中，可以用划线更正法更正错误的是（ ）。

A. 在结账前发现账簿记录有文字或数字错误，而记账凭证没有错误

B. 登账后发现记账凭证中会计科目发生错误

C. 登账后发现记账凭证中科目正确但所记金额小于应记金额

D. 登账后发现记账凭证中应借、应贷方向发生错误

12. A公司用现金发放工资50 000元，记账后发现记账凭证中应记科目、借贷方向无误，但是金额误记为5 000元。更正该错误的正确方法是（ ）。

A. 编制一张与原错误记账凭证应记科目、借贷方向相同，金额为45 000元的蓝字记账凭证，并据以登记入账

B. 编制一张与原错误记账凭证应记科目、借贷方向相同，金额为45 000元的红字记账凭证，并据以登记入账

C. 编制一张与原错误记账凭证应记科目、借贷方向相同，金额为50 000元的蓝字记账凭证，并据以登记入账

D. 编制一张与原错误记账凭证应记科目、借贷方向相同，金额为50 000元的红字记账凭证，并据以登记入账

13. 可以跨年度继续使用而不必每年更换的账簿是（ ）。

A. 原材料总账　　B. 现金日记账

C. 生产成本明细账　　D. 固定资产明细账

二、多选题

1. 在下列各账户中，明细账可以采用数量金额式账页的有（ ）。

A. 应收账款　B. 原材料　C. 库存商品　D. 生产成本

2. “原材料”“库存商品”等存货类明细账，一般不采用（ ）账簿。

A. 三栏式　B. 多栏式　C. 数量金额式　D. 横线登记式

3. 会计账簿启用时，扉页附的启用表的内容应包括（ ）。

A. 启用日期　　B. 记账人员和会计主管姓名

C. 目录　　D. 账簿编号

4. 在登记各种账簿时，如无意发生隔页、跳行现象时，正确处理方式有（ ）。

A. 在空页、空行处用红色墨水划线注销，并由记账人员签名或者签章

B. 在空页、空行处用蓝黑或碳素墨水划对角线注销，并由记账人员签名或者签章

C. 注明“此页空白”或“此行空白”字样，并由记账人员签名或者签章

D. 注明“此页空白”或“此行空白”字样，并由单位负责人签名或者签章

5. 下列有关现金日记账的格式和登记方法的说法中，正确的有（ ）。

A. 现金日记账必须使用订本账

B. 对于从银行提取现金的业务，应根据有关现金收款凭证登记

C. 现金余额的计算公式：本日余额=上日余额+本日收入−本日支出

D. “年”“月”“日”“凭证号数”“摘要”“对方科目”均按现金收款凭证和现金付款凭证逐日逐笔序时登记

6. 下列选项中，必须逐日逐笔登记明细账的有（　　）。

A. 应付账款　　B. 应收账款　　C. 原材料　　D. 管理费用

7. 总分类和明细分类账平行登记的要点包括（　　）。

A. 依据相同　　B. 金额相等　　C. 方向相同　　D. 期间相同

8. 对账包括（　　）。

A. 账证核对　　B. 账账核对　　C. 账实核对　　D. 账表核对

9. 下列各项中，会导致账实不符的有（　　）。

A. 记账中漏记

B. 记账中错记

C. 收、发财产时，计量不准确而造成数量上的差错

D. 因账单未到达，造成与其他企业结算往来款不符

10. 下列选项中属于账实核对的有（　　）。

A. 库存现金日记账账面余额与实存数的核对

B. 银行存款日记账账面余额与银行对账单的核对

C. 各种应收、应付款项明细账余额与有关债务人、债权人相关账面余额的核对

D. 各种财产物资明细账账面余额与实存数的核对

11. 错账查找方法主要有（　　）。

A. 差数法　　B. 尾数法　　C. 除2法　　D. 除9法

三、判断题

1. 会计账簿与账户是内容与形式的关系，账簿是实质内容，账户只是一个外在形式。（　　）

2. 登记账簿要用蓝黑墨水笔或者碳素墨水笔书写，不得使用圆珠笔（银行的复写账簿除外）或者铅笔书写。（　　）

3. 银行存款日记账应按企业在银行开立的账户和币种分别设置。（　　）

4. 银行存款日记账期末余额应同银行对账单余额核对相符，若不相符则要进行调账。（　　）

5. 结账是指在会计期末将本期内的某些经济业务登记入账，并计算出累计发生额和余额的过程。（　　）

6. 由于编制的记账凭证会计科目错误，导致账簿记录错误，更正时，可以将错误的会计科目划红线注销，然后在划线上方填写正确的会计科目。（　　）

7. 如果在结账前发现账簿记录有文字或数字错误，而记账凭证没有错误，则可采用划线更正法，也可采用红字更正法。（　　）

8. 会计账簿应暂由本单位财务会计部门保管一年，期满之后，由财务会计部门编造清册交本单位的档案部门保管。（　　）

PART 8

项目八 账务处理程序

项目引入

叶丽娜：杜老师，通过前面的学习，我觉得虽然我对会计账务处理所涉及的步骤都有所了解，但好像还是感觉有些懵。

杜老师：别担心，我们前面是按照账务处理的每个部分分别讲解的，所以你会有这种感觉，我们需要对其进行总结。

叶丽娜：杜老师，由于各个企业的经营不同，各会计的工作特点也有差异，那么账务处理的方法是不是也有很多种呢？

杜老师：这正是我们接下来会讲解的内容，看来小叶你主动学习的欲望越来越强烈了。

叶丽娜：嘿嘿！我还需要多多学习呢！

学习目标

- 了解企业账务处理程序的概念与意义；
- 熟悉账务处理程序的一般步骤；
- 掌握企业账务处理程序的种类；
- 掌握记账凭证账务处理程序的内容；
- 掌握汇总记账凭证账务处理程序的内容；
- 掌握科目汇总表账务处理程序的内容。

考情分析

- 题型与分值：单选题、多选题和判断题，分值约占4%。
- 复习重点与建议：学习本项目时应重点掌握各种账务处理程序的一般步骤、特点、优缺点和适用范围。在学习过程中可通过对比的方法来理解、记忆不同点，并仔细观察每种账务处理程序的相同之处和不同之处 。

任务一 认识账务处理程序

对企业经济业务进行账务处理是会计工作的核心内容，在进行账务处理时，应当按照一定的程序才能使得会计工作更加高效、高质地完成。

【任务目标】

本任务的目标是了解账务处理程序的含义及其作用，掌握账务处理程序的分类，为后面各种账务处理程序的具体运用打好理论基础。

【知识讲解】

一、账务处理程序的含义和意义

（一）账务处理程序的含义

账务处理程序又称会计核算组织程序或会计核算形式，是指会计凭证、会计账簿、财务报表相结合的方式，包括账簿组织和记账程序。其中，账簿组织是指会计凭证和会计账簿的种类、格式以及会计凭证与账簿之间的联系方法；记账程序是指从填制、审核原始凭证到填制、审核记账凭证，再到登记日记账、明细分类账和总分类账，最后编制财务报表的工作程序和方法等。

（二）账务处理程序的意义

在实际工作中，由于各单位的具体情况，如经营范围、组织规模、管理要求等存在区别，其对会计凭证、会计账簿的种类、格式的要求不同，各单位应根据自身需要，采用适合本单位经济业务特点的账务处理程序。因此，科学、合理地选择账务处理程序对于会计工作的有效进行具有十分重要的意义，具体包括以下几点。

- 有利于规范会计工作，保证会计信息加工过程的严密性，提高会计信息质量。
- 有利于保证会计记录的完整性和正确性，增强会计信息的可靠性。
- 有利于减少不必要的会计核算环节，提高会计工作效率，保证会计信息的及时性。

试题精讲

【多选题】下列选项中，属于科学、合理地选择适用于本单位的账务处理程序的意义有（　　）。

A. 有利于会计工作程序的规范化　　B. 有利于增强会计信息的可靠性

C. 有利于提高会计信息的质量　　D. 有利于保证会计信息的及时性

【答案】A、B、C、D

【解析】账务处理程序是对会计主体会计制度设计的一项重要内容。科学、合理地选择适用于本单位的账务处理程序，对于提高会计核算工作效率、保证会计核算工作质量、有效地组织会计核算具有重要意义。

二、账务处理程序的种类

企业常用的账务处理程序主要包括记账凭证账务处理程序、汇总记账凭证账务处理程序和科目汇总表账务处理程序。它们的主要区别是登记总分类账的依据和方法不同。

（一）记账凭证账务处理程序

记账凭证账务处理程序是指对发生的经济业务，先根据原始凭证或汇总原始凭证填制记账凭证，再直接根据记账凭证登记总分类账的一种账务处理程序。

（二）汇总记账凭证账务处理程序

汇总记账凭证账务处理程序是指先根据原始凭证或汇总原始凭证编制记账凭证，定期根据记账凭证分类编制汇总收款凭证、汇总付款凭证和汇总转账凭证，再根据汇总记账凭证登记总分类账的一种账务处理程序。

（三）科目汇总表账务处理程序

科目汇总表账务处理程序又称记账凭证汇总表账务处理程序，是指先根据记账凭证定期编制科目汇总表，再根据科目汇总表登记总分类账的一种账务处理程序。

试题精讲

【单选题】直接根据记账凭证逐笔登记总分类账的账务处理程序是（　　）账务处理程序。

A. 记账凭证　　B. 科目汇总表

C. 多栏式日记账　　D. 汇总记账凭证

【答案】A

【解析】根据前文的讲解，只有记账凭证账务处理程序才是直接根据记账凭证逐笔登记总分类账。

【任务实施】

根据前文的讲解，回答下列问题。

（1）什么是账务处理程序？账务处理程序的意义是什么？

（2）账务处理程序的分类依据是什么？各种账务处理程序的特点是什么？

（答案参见：光盘\任务实施\项目八\任务一.docx）

任务二 运用记账凭证账务处理程序

记账凭证账务处理程序是最基本的账务处理程序，它对于理解和掌握其他账务处理程序具有基础性的作用。

【任务目标】

本任务的目标是掌握记账凭证账务处理程序的内容，在此基础上掌握记账凭证账务处理程序的一般步骤，通过学习，能够准确运用记账凭证账务处理程序进行账务处理。

【知识讲解】

一、记账凭证账务处理程序的一般步骤

记账凭证账务处理程序的一般步骤如下。

（1）根据原始凭证编制汇总原始凭证。

（2）根据原始凭证或汇总原始凭证，填制收款凭证、付款凭证和转账凭证，也可以填制通用记账凭证。

（3）根据收款凭证和付款凭证逐笔登记库存现金日记账和银行存款日记账。

（4）根据原始凭证、汇总原始凭证和记账凭证，登记各种明细分类账。

（5）根据记账凭证逐笔登记总分类账。

（6）期末，将库存现金日记账、银行存款日记账和明细分类账的余额同有关总分类账的余额核对相符。

（7）期末，根据总分类账和明细分类账的记录，编制会计报表。

总的来说，记账凭证处理程序的步骤从原始凭证开始，到会计报表终止，整个步骤示意图如图8-1所示。

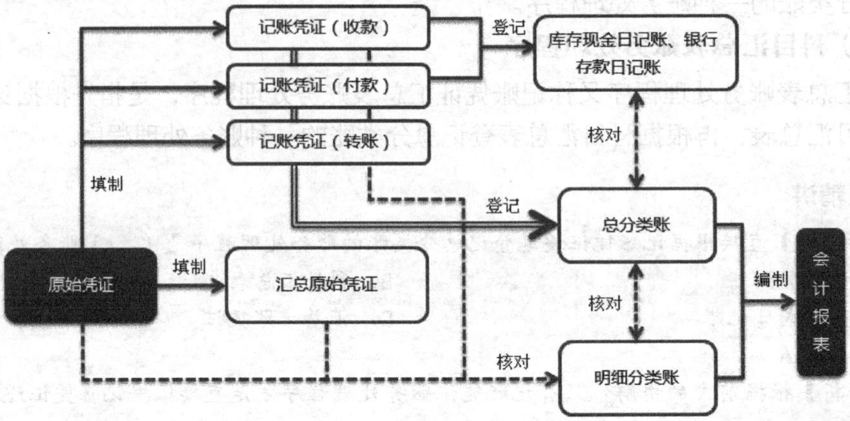

图8-1 记账凭证处理程序的一般步骤

试题精讲

【多选题】在记账凭证账务处理程序下，应设置（　　）。

A. 收款、付款、转账凭证或通用记账凭证

B. 科目汇总表或汇总记账凭证

C. 库存现金和银行存款日记账

D. 总分类账和若干明细分类账

【答案】A、C、D

【解析】账务处理程序分为记账凭证账务处理程序、汇总记账凭证账务处理程序和科目汇总表账务处理程序3种。对于记账凭证账务处理程序，应设置包括选项A、C、D在内的各项内容。

二、记账凭证账务处理程序的特点、优缺点及适用范围

（一）特点

记账凭证账务处理程序对于发生的经济事项，均要根据原始凭证或原始凭证汇总表编制记账凭证，然后再根据记账凭证逐笔登记总分类账。记账凭证账务处理程序区别于其他账务处理程序最显著的特点是：直接根据记账凭证逐笔登记总分类账。其中，记账凭证可以是通用记账凭证，也可以是收款凭证、付款凭证和转账凭证。

知识补充

在记账凭证账务处理程序下，需要设置的账簿一般包括：库存现金日记账、银行存款日记账、明细分类账和总分类账。其中库存现金日记账、银行存款日记账和总分类账一般采用三栏式，明细分类账根据需要可采用三栏式、多栏式和数量金额式。

（二）优缺点

记账凭证账务处理程序的优缺点分别如下。

- **优点**：直接根据记账凭证登记总分类账，简单明了，易于理解，总分类账可以较详细地反映经济业务的发生情况，便于了解经济业务的动态以及账目核查。

● **缺点**：登记总分类账的工作量较大，对于经济业务较多、经营规模较大的企业，总分类账的登记工作过于繁重。

（三）适用范围

记账凭证账务处理程序适用于规模较小、经济业务量较少的单位。

试题精讲

【多选题】关于记账凭证账务处理程序，下列说法正确的有（　　）。

A. 根据记账凭证逐笔登记总分类账，是最基本的账务处理程序

B. 简单明了，易于理解，总分类账可以较详细地反映经济业务的发生情况

C. 登记总分类账的工作量较大

D. 适用于规模较大、经济业务量较多的单位

【答案】A、B、C

【解析】记账凭证账务处理程序适用于规模较小、经济业务量较少的单位。

【任务实施】

根据前文的讲解，回答下列问题。

（1）简述记账凭证账务处理程序的一般步骤。

（2）记账凭证账务处理程序的优缺点分别有哪些？其适用于哪些单位？

（答案参见：光盘\任务实施\项目八\任务二.docx）

任务三 运用汇总记账凭证账务处理程序

汇总记账凭证账务处理程序的内容与记账凭证账务处理程序的内容大体相同，只是增加了一个步骤，即定期将同类记账凭证进行汇总，编制汇总记账凭证，从而节约登记总分类账的时间。

【任务目标】

本任务的目标是掌握汇总记账凭证账务处理程序的内容，包括汇总记账凭证的编制、汇总记账凭证账务处理的一般步骤及其特点等。通过本任务的学习，能够熟悉汇总记账凭证的编制，并采用汇总记账凭证账务处理程序处理企业日常账务。

【知识讲解】

一、汇总记账凭证的编制方法

汇总记账凭证是指对一段时期内同类记账凭证进行定期汇总而编制的记账凭证。汇总记账凭证分为汇总收款凭证、汇总付款凭证和汇总转账凭证3种格式，分别根据收款凭证、付款凭证和转账凭证定期汇总编制。具体编制方法如下。

（一）汇总收款凭证的编制

汇总收款凭证是指按照“库存现金”和“银行存款”账户的借方分别进行设置的一种汇总记账凭证。具体的编制方法是：定期（一般可以是5天或10天）将这一期间内全部的“库存现金”收款凭证和“银行存款”收款凭证，分别按其对应的贷方账户加以归类、汇总，计算出每个贷方账户的发生额合计数，将其填入汇总收款凭证中。

月终，根据库存现金、银行存款汇总收款凭证的合计数，分别记入总分类账的“库存

现金”“银行存款”账户的借方，以及各个对应账户的贷方。

汇总收款凭证的一般格式如图8-2所示。

汇总收款凭证

借方账户：银行存款　　　　年　　月　　　　单位：元　第　号

贷方账户	金额				总账页数	
	1~10日收款凭证	11~20日收款凭证	21~30日收款凭证	合计	借方	贷方
主营业务收入						
应收账款						
其他应收款						
合计						

图8-2 汇总收款凭证

（二）汇总付款凭证的编制

汇总付款凭证是指按照“库存现金”和“银行存款”账户的贷方分别进行设置的一种汇总记账凭证。具体的编制方法是：定期（一般可以是5天或10天）将这一期间内的全部“库存现金”付款凭证和“银行存款”付款凭证，分别按其对应的借方账户加以归类、汇总，计算出每个借方账户的发生额合计数，将其填入汇总付款凭证中。

月终，结算出汇总付款凭证的合计数，据以登记总分类账。登记总分类账时，根据汇总付款凭证的合计数，记入“库存现金”“银行存款”总分类账户的贷方；根据汇总付款凭证内各借方科目的合计数记入相应的总分类账户的借方。

汇总付款凭证的一般格式如图8-3所示。

汇总付款凭证

贷方账户：库存现金　　　　年　　月　　　　单位：元　第　号

借方账户	金额				总账页数	
	1~10日付款凭证	11~20日付款凭证	21~30日付款凭证	合计	借方	贷方
管理费用						
应付账款						
其他应付款						
合计						

图8-3 汇总付款凭证

试题精讲

【单选题】汇总收款凭证应按“库存现金”和“银行存款”账户的（　）设置。

A. 借方　　B. 借方和贷方

C. 贷方　　D. 借方或贷方

【答案】A

【解析】汇总收款凭证应按“库存现金”和“银行存款”账户的借方设置，汇总付款凭证则按“库存现金”和“银行存款”账户的贷方设置。

（三）汇总转账凭证的编制

汇总转账凭证是指按每一账户的贷方分别设置的，用来汇总一定时期内转账业务的一种汇总记账凭证。具体的编制方法是：定期（一般为5天或10天）根据汇总期内的全部转账凭证，按与设置账户相对应的借方账户归类、汇总，计算出每个账户的借方发生额合计数，将其填入汇总转账凭证中。

月终，将汇总转账凭证的合计数计算出来，分别记入总账中有关账户的借方和设置账户的贷方。

汇总转账凭证的一般格式如图8-4所示。

汇总转账凭证

贷方账户：原材料　　年　月　　单位：元　第　号

借方账户	金　额				总账页数	
	1~10 日转账凭证	11~20 日转账凭证	21~30 转账凭证	合　计	借方	贷方
制作费用						
管理费用						
生产成本						
合　计						

图8-4 汇总转账凭证

根据汇总转账凭证的一般格式，其账户对应关系是一个贷方账户对应一个或多个借方账户。因此，为了避免汇总时出现重汇和漏汇，便于汇总转账凭证的编制，平时填制转账凭证时，只能按一个贷方账户与一个或多个借方账户相对应填制，而不能以多个贷方账户与同一个借方科目相对应来填制。另外，如果汇总期内某一贷方账户的转账凭证较少，可不编制汇总转账凭证，直接根据单个的转账凭证登记总分类账。

试题精讲

【多选题】在汇总记账凭证处理程序下，一般应采用（　　）记账凭证。

A. 一借多贷　　B. 多借多贷

C. 一借一贷　　D. 多借一贷

【答案】A、C、D

【解析】汇总收款凭证以借方设置，以贷方科目登记；汇总付款凭证以贷方设置，以借方科目登记；汇总转账凭证按一个贷方科目与一个或多个借方科目对应填制。

二、汇总记账凭证账务处理程序的一般步骤

汇总记账凭证账务处理程序的一般编制步骤如下。

（1）根据原始凭证编制汇总原始凭证。

（2）根据原始凭证或汇总原始凭证，填制收款凭证、付款凭证和转证凭证，也可以填制通用记账凭证。

（3）根据收款凭证、付款凭证逐笔登记库存现金日记账和银行存款日记账。

（4）根据原始凭证、汇总原始凭证和记账凭证，登记各种明细分类账。

（5）根据各种记账凭证编制有关汇总记账凭证。

（6）根据各种汇总记账凭证登记总分类账。

（7）期末，将库存现金日记账、银行存款日记账和明细分类账的余额同有关总分类账的余额核对相符。

（8）期末，根据总分类账和明细分类账的记录，编制财务报表。

汇总记账凭证账务处理程序的一般步骤示意图如图8-5所示。

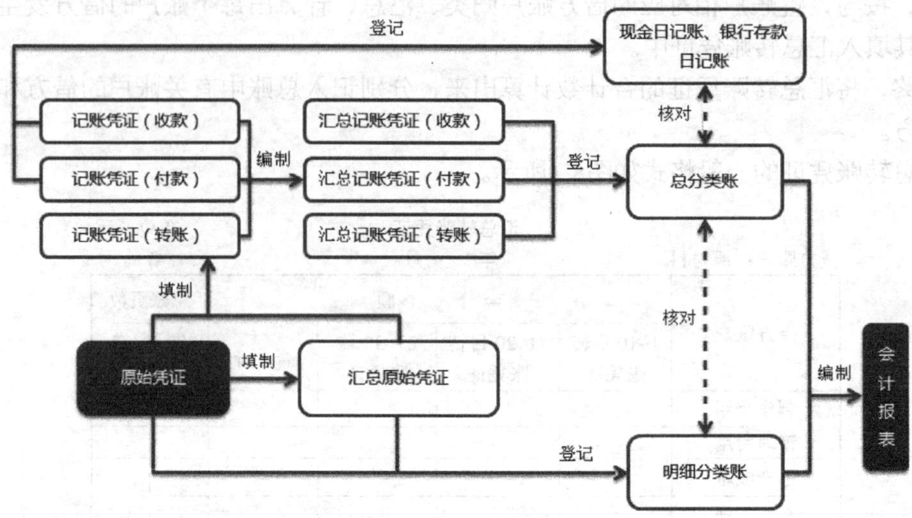

图8-5 汇总记账凭证账务处理程序的一般步骤

试题精讲

【多选题】记账凭证账务处理程序与汇总记账凭证账务处理程序的相同之处在于（　　）。

A. 根据原始凭证或汇总原始凭证编制记账凭证

B. 根据收款、付款凭证逐笔登记现金日记账和银行存款日记账

C. 根据各种记账凭证和有关原始凭证或原始凭证汇总表登记明细账

D. 根据记账凭证逐笔登记总分类账

【答案】A、B、C

【解析】根据汇总记账凭证账务处理程序的一般步骤可知，选项A、B、C属于记账凭证账务处理程序与汇总记账凭证账务处理程序的共同点，选项D属于记账凭证账务处理程序特有的。

三、汇总记账凭证账务处理程序的特点、优缺点及适用范围

（一）特点

汇总记账凭证账务处理程序的特点是：定期根据记账凭证分类编制汇总收款凭证、汇总付款凭证和汇总转账凭证，再根据汇总记账凭证登记总分类账。

汇总记账凭证需要设置的账簿与记账凭证账务处理程序基本相同，包括库存现金日记账、银行存款日记账、总分类账和明细分类账等。

（二）优缺点

汇总记账凭证账务处理程序的优缺点分别如下。

- **优点**：根据汇总记账凭证月终一次登记总分类账，减轻了登记总分类账的工作量。同时，由于汇总记账凭证账务处理程序是按科目对应关系进行分类、汇总后编制的，因此账户对应关系清晰明了，便于查账。
- **缺点**：按每一贷方账户编制汇总转账凭证，不利于会计核算的日常分工。如果转账凭证较多，则编制汇总转账凭证的工作量较大。

（三）适用范围

汇总记账凭证账务处理程序适用于规模较大、经济业务较多的企业，采用月终一次登记总分类账，可以大大简化工作量。

试题精讲

【单选题】对于汇总记账凭证账务处理程序，下列说法正确的有（ ）。

A. 登记总账的工作量大

B. 不能体现账户之间的对应关系

C. 当转账凭证较多时，汇总转账凭证的编制工作量较大

D. 明细账与总账无法核对

【答案】C

【解析】汇总记账凭证账务处理程序的优点包括：①便于通过有关科目之间的对应关系，了解经济业务的来龙去脉；②减少了总分类账登记的工作量。汇总记账凭证账务处理程序的缺点包括：①不利于会计核算工作的分工；②转账凭证较多时，编制汇总转账凭证工作量较大。

【任务实施】

根据前文的讲解，回答下列问题。

（1）简述汇总记账凭证账务处理程序的一般步骤。

（2）汇总记账凭证账务处理程序的优缺点分别有哪些？其适用于哪些单位？

（答案参见：光盘\任务实施\项目八\任务三.docx）

任务四 运用科目汇总表账务处理程序

科目汇总表账务处理程序与汇总记账凭证账务处理程序有一定的相似之处，即都会涉及汇总的工作，只是前者是编制科目汇总表，而后者编制的是汇总记账凭证。

【任务目标】

本任务的目标是掌握科目汇总表账务处理程序的内容，包括科目汇总表的编制、科目汇总表账务处理程序的步骤及其特点、适用范围等，在此基础上，熟悉科目汇总表账务处理程序的运用，并能将其运用于实际工作中。

【知识讲解】

一、科目汇总表的编制方法

科目汇总表又称记账凭证汇总表，是企业通常定期对全部记账凭证进行汇总后，按照不同的会计科目分别列示各借方发生额和贷方发生额的一种汇总凭证。

科目汇总表的编制方法是：根据一定时期内的全部记账凭证，按相同的会计科目进行归类，定期汇总出每一个账户的借方本期发生额和贷方本期发生额，并填写在科目汇总表的相关栏内。

科目汇总表可每汇总一次编制一张，也可按旬汇总一次，每月编制一张。在实际工作中，总分类账可以根据每次汇总编制的科目汇总表进行登记，也可以在月末根据科目汇总表的借方发生额和贷方发生额的全月合计数一次登记。

科目汇总表可以根据需要设计，采用不同的格式，但科目汇总表只反映各个账户的借方、贷方本期发生额，不反映各个账户之间的对应关系。常用科目汇总表的格式如图8-6、图8-7所示，其中图8-6是按月编制的科目汇总表，图8-7是按旬编制的科目汇总表。

科目汇总表（一）

年　月　日至　日　　　　　　　第　号

会计科目	总账页数	本期发生额		记账凭证起讫号数
		借方	贷方	
合计				

附单据　张

会计主管：　　　　会计：　　　　复核：　　　　制表：

图8-6 按月编制的科目汇总表

科目汇总表（二）

年　月　　　　　　　第　号

会计科目	总账页数	记账凭证起讫号数	1~10 号		11~20 号		21~30 号	
			借方	贷方	借方	贷方	借方	贷方
合计								

附单据　张

会计主管：　　　　会计：　　　　复核：　　　　制表：

图8-7 按旬编制的科目汇总表

知识补充

对于科目汇总表中的“库存现金”“银行存款”账户的借方本期发生额和贷方本期发生额，也可直接根据库存现金日记账和银行存款日记账的收入合计和支出合计填列，而不再根据收款凭证和付款凭证归类、汇总填列。

二、科目汇总表账务处理程序的一般步骤

科目汇总表账务处理程序的一般步骤如下。

（1）根据原始凭证编制汇总原始凭证。

（2）根据原始凭证或汇总原始凭证填制记账凭证。

（3）根据收款凭证、付款凭证逐笔登记库存现金日记账和银行存款日记账。

（4）根据原始凭证、汇总原始凭证和记账凭证，登记各种明细分类账。

（5）根据各种记账凭证编制科目汇总表。

（6）根据科目汇总表登记总分类账。

（7）期末，将库存现金日记账、银行存款日记账和明细分类账的余额同有关总分类账的余额核对相符。

（8）期末，根据总分类账和明细分类账的记录，编制财务报表。

科目汇总表账务处理程序的一般步骤如图8-8所示。

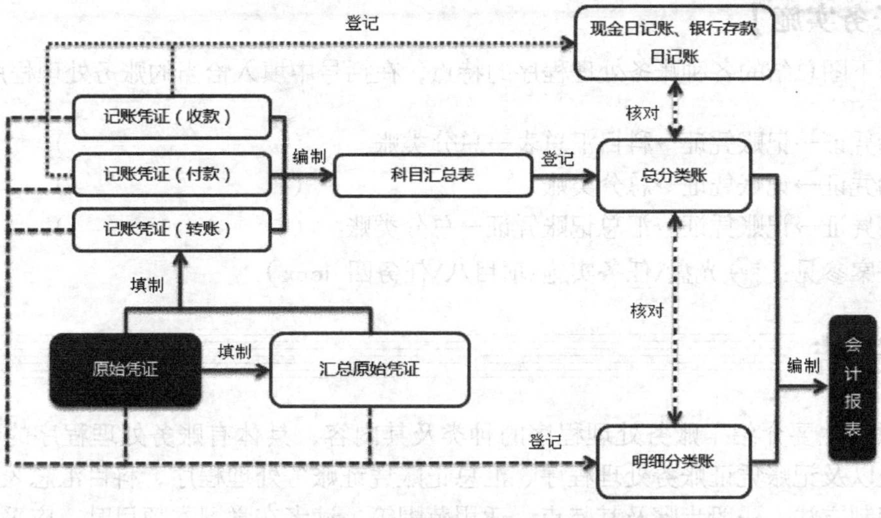

图8-8 科目汇总表账务处理程序的一般步骤

试题精讲

【单选题】与记账凭证账务处理程序相比，科目汇总表账务处理程序主要增设的步骤是（ ）。

A. 根据原始凭证、汇总原始凭证和记账凭证，登记各种明细分类账

B. 根据原始凭证编制汇总原始凭证

C. 根据各种记账凭证编制科目汇总表

D. 根据原始凭证编制原始凭证汇总表

【答案】C

【解析】科目汇总表账务处理程序比记账凭证账务处理程序多了一个步骤，其余步骤基本相同，即在登记各种明细分类账后，前者还需要根据各种记账凭证编制科目汇总表。

三、科目汇总表账务处理程序的特点、优缺点及适用范围

（一）特点

科目汇总表账务处理程序的特点是：先定期将全部记账凭证按科目汇总，编制科目汇总表，然后根据科目汇总表登记总分类账。

（二）优缺点

科目汇总表账务处理程序的优缺点分别如下。

- **优点**：由于总分类账是根据科目汇总表编制的，因此可以简化总分类账的登记工作，减轻了登记总分类账的工作量；根据"有借必有贷，借贷必相等"的记账规则，科目汇总表的全部借方发生额合计数一定与全部贷方发生额合计数相等，通过此规则可对科目汇总表进行试算平衡，且该方法简单易懂，方便易学。
- **缺点**：科目汇总表不能反映各个账户之间的对应关系，因此总分类账中也无法体现各账户之间的对应关系，不便于根据账簿记录检查、分析经济业务的来龙去脉，不便于查对账目。

（三）适用范围

科目汇总表账务处理程序适用于所有类型的单位，特别适用于经济业务较多的单位。

【任务实施】

根据下图总结的各种账务处理程序的特点，在括号中填入恰当的账务处理程序名称。

原始凭证→记账凭证→科目汇总表→总分类账　　（　　　　　　　　）
原始凭证→记账凭证→总分类账　　（　　　　　　　　）
原始凭证→记账凭证→汇总记账凭证→总分类账　　（　　　　　　　　）
（答案参见：光盘\任务实施\项目八\任务四.docx）

项目总结

本项目主要介绍了账务处理程序的种类及其内容，具体有账务处理程序的含义、作用、分类以及记账凭证账务处理程序、汇总记账凭证账务处理程序、科目汇总表账务处理程序的编制方法、一般步骤及其特点、适用范围等。读者在学习本项目时，应采用比较的方法，如比较各类账务处理程序的适用范围、优缺点以及主要步骤的差别等，这样将有助于理解本项目的内容。

项目实训一 编制汇总记账凭证

编制汇总记账凭证和科目汇总表是本项目新增的内容，掌握汇总记账凭证账务处理程序的关键在于编制汇总记账凭证，然后在此基础上登记总分类账。

【实训目标】

通过已编制好的记账凭证，编制汇总记账凭证；熟悉汇总记账凭证账务处理程序及其操作步骤。

【实训资料】

百盛公司为增值税一般纳税人，会计人员根据2015年2月发生的经济业务编制了相关记账凭证，部分记账凭证字号及涉及的会计分录资料如表8-1所示。

表 8-1 百盛公司相关资料

单位：元

凭证字号	业务日期	摘要	借方科目（金额）	贷方科目（金额）
付字1号	2015.02.01	取现	库存现金（2 000）	银行存款（2 000）
转字1号	2015.02.03	商品入库	库存商品（10 000）	在途物资（ 10 000）
转字2号	2015.02.05	生产领用材料	生产成本（5 000）	原材料（5 000）
收字1号	2015.02.12	收到货款	银行存款（ 50 000）	应收账款（50 000）
付字2号	2015.02.15	购买办公用品	管理费用（300）	库存现金（300）
收字2号	2015.02.22	预收货款	银行存款（4 500）	预收账款（4 500）
转字3号	2015.02.23	计提折旧	管理费用（220）	累计折旧（220）
收字3号	2015.02.25	出差人员退回差旅费	库存现金（1 050）	其他应收款（1 050）

汇总付款凭证的格式如表8-2所示，汇总收款凭证、汇总转账凭证参照表8-2。

表 8-2 汇总付款凭证的格式

汇总付款凭证

贷方科目：　　　　　　　　年　月　日　　　　　　　　汇付字第　号

金额 / 借方科目	金额				总账账页
	1~10日付字第　号	11~20日付字第　号	21~28日付字第　号	合计	
合计					

【实训指导】

STEP 1 根据所给记账凭证信息，将其进行分类，如将其分为收款凭证、付款凭证和转账凭证。

STEP 2 根据分类后的凭证，编制汇总收款凭证、汇总付款凭证和汇总转账凭证。（答案参见：光盘\项目实训\项目八\汇总记账凭证的编制.docx）

项目实训二 编制科目汇总表和登记总账

编制科目汇总表也是本项目新增的内容，掌握科目汇总表账务处理程序的关键在于编制科目汇总表，然后根据编制的科目汇总表登记总分类账。

【实训目标】

根据提供的资料，编制科目汇总表；熟悉科目汇总表账务处理程序的内容及其操作步骤，在此基础上编制总账。

【实训资料】

百盛公司2015年2月初部分会计科目的期初余额如表8-3所示，2月部分经济业务编制的记账凭证资料如表8-1所示。

表 8-3 百盛公司相关科目 2 月初余额

单位：元

科目名称	期初余额	科目名称	期初余额
库存现金	52 000	银行存款	120 000
库存商品	5 000	在途物资	10 000
生产成本	50 000	原材料	30 000
应收账款	120 000	累计折旧	800
管理费用	34 000	其他应收款	8 000
预收账款	80 500		

总账格式如表8-4所示。

表 8-4 总账格式

总分类账

（单位：元）

总账科目： 第×页

年		凭证号	摘要	借方	贷方	借或贷	余额
月	日						

【实训指导】

STEP 1 根据表8-1的资料，按月编制科目汇总表。（答案参见：光盘\项目实训\项目八\科目汇总表的编制.docx）

STEP 2 根据编制的科目汇总表，核对相关账户金额是否正确，然后根据编制好的科目汇总表编制总账。（答案参见：光盘\项目实训\项目八\总分类账的编制.docx）

拓展知识

企业应如何选择账务处理程序

会计核算方法中提供了多种账务处理程序，企业应根据需要，选择符合自身情况以及以后发展的账务处理程序。企业在进行账务处理程序的选择时，应考虑以下因素。

- **本单位的规模和组织结构特点**：不同规模的企业，对账务处理的要求不同，因此，企业在选择适合自身的账务处理程序时，应首要考虑自身的规模以及组织结构特点。一般而言，规模小、经济业务量较少的单位应选择记账凭证账务处理程序，规模大、经济业务较多的企业应选择汇总记账凭证账务处理程序或科目汇总表账务处理程序。
- **满足本单位的管理需要**：企业的经营目标是长期发展，因此只有满足本单位管理需要的账务处理程序，才能为企业提供满足需要的会计信息，企业在选择账务处理程序时应考虑本单位管理要求。一般而言，应在能够为各会计信息使用者提供正确、及时、完整的会计信息的前提下，满足本单位管理部门及相关人员的会计信息需要。
- **简化程序**：会计人员的账务处理应达到高效的目的，因此企业在选择账务处理程序时，应在保证核算资料准确、及时的前提下，简化核算程序，达到高效处理经济业务的目的。

真题精练

一、单选题

1. 各种账务处理程序之间的主要区别在于（　　）。

A. 总账的格式不同　　B. 登记总账的程序和方法不同
C. 会计凭证的种类不同　　D. 编制会计报表的依据不同
2. 汇总记账凭证账务处理程序的优点是（　）。
A. 详细反映经济业务的发生情况
B. 可以做到试算平衡
C. 便于了解账户之间的对应关系
D. 处理程序简单
3. 汇总记账凭证账务处理程序的适用范围是（　）。
A. 规模较小，业务较少的单位　　B. 规模较小，业务较多的单位
C. 规模较大，业务较多的单位　　D. 规模较大，业务较少的单位
4. 科目汇总表是依据（　）编制的。
A. 记账凭证　　B. 原始凭证
C. 原始凭证汇总表　　D. 各种总账
5. 科目汇总表账务处理程序的特点是（　）。
A. 根据记账凭证直接登记总分类账
B. 根据科目汇总表登记总分类账
C. 根据汇总记账凭证登记总分类账
D. 根据记账凭证逐笔登记日记总账
6. 在各种账务处理程序中，不能作为登记总账依据的是（　）。
A. 记账凭证　　B. 汇总记账凭证
C. 汇总原始凭证　　D. 科目汇总表
7. 科目汇总表账务处理程序的优点有（　）。
A. 便于了解账户之间的对应关系
B. 总分类账可详细地反映经济业务的发生情况
C. 可以做到试算平衡
D. 简单明了，易于理解

二、多选题

1. 账务处理程序也叫会计核算程序，它是指（　）相结合的方式。
A. 会计凭证　　B. 会计账簿
C. 会计报表　　D. 会计科目
2. 在记账凭证账务处理程序下，需要设置的账簿一般包括（　）。
A. 现金日记账　　B. 明细分类账
C. 银行存款日记账　　D. 总分类账
3. 下列不属于记账凭证核算程序主要缺点的有（　）。
A. 不能体现账户的对应关系　　B. 不便于会计合理分工
C. 方法不易掌握　　D. 登记总账的工作量较大
4. 下列各项中，属于汇总记账凭证账务处理程序一般步骤的有（　）。
A. 根据各种原始凭证编制原始凭证汇总表
B. 根据收付款凭证逐笔登记现金日记账和银行存款日记账
C. 根据各种记账凭证分别编制汇总记账凭证

D. 根据各种汇总记账凭证登记总分类账

5. 以记账凭证为依据，按有关账户的贷方设置，按借方账户归类的有（ ）。

A. 汇总收款凭证　　B. 汇总转账凭证

C. 汇总付款凭证　　D. 科目汇总表

6. 不论采用何种账务处理程序，编制财务报表所需资料最终来源于（ ）。

A. 科目汇总表　　B. 总分类账

C. 明细分类账　　D. 汇总记账凭证

7. 各种账务处理程序的相同之处有（ ）。

A. 根据原始凭证编制汇总原始凭证

B. 根据原始凭证、汇总原始凭证和记账凭证，登记各种明细分类账

C. 根据收款凭证和付款凭证登记现金、银行存款日记账

D. 根据总账和明细账编制会计报表

三、判断题

1. 在不同的账务处理程序下，会计报表的编制依据不同。（ ）

2. 记账凭证账务处理程序是根据记账凭证定期编制科目汇总表，再根据科目汇总表登记总分类账的一种账务处理程序。（ ）

3. 记账凭证账务处理程序的特点是直接根据记账凭证逐笔登记总分类账，是最基本的账务处理程序。（ ）

4. 科目汇总表可以每汇总一次编制一张，也可以按旬汇总一次，每月编制一张。（ ）

5. 科目汇总表账务处理程序能科学地反映账户的对应关系，且便于账目核对。（ ）

PART 9

项目九
财产清查

项目引入

杜老师：小叶，经过上一个项目的学习，是不是对账务处理有了一个系统性的认识了呢？

叶丽娜：是的，学过之后就有一个全面的了解了。可是老师，我经常看新闻说，有些注册会计师为某些企业出具审计报告，这些也属于会计的范畴吗？

杜老师：这些是属于审计的内容，但是也会涉及会计中一个比较重要的部分，即财产清查，审计对企业出具审计报告属于财产清查中的外部清查。

叶丽娜：这样哦，看来财产清查的内容还挺丰富的呢。

杜老师：是的，那下面我们就具体介绍财产清查的内容吧。

学习目标

- 了解财产清查的意义与种类；
- 熟悉财产清查的一般程序；
- 熟悉货币资金、实物资产和往来款项的清查方法；
- 掌握银行存款余额调节表的编制；
- 掌握财产清查结果的账务处理。

考情分析

- 题型与分值：单选题、多选题、判断题和计算分析题，分值约占4%。
- 复习重点与建议：本项目内容与前面知识联系比较大，建议读者与项目五中相关账务处理联系起来，理解记忆本项目的内容。

任务一 认识财产清查

企业的会计工作中，不仅要保证账务处理的正确与高效，还应确保各项财产物资的妥善管理，因此，企业应制定必要的财产清查制度，规范各项财产的管理。

【任务目标】

本任务的目标是了解财产清查的含义及其意义，通过对财产清查分类的了解，熟悉财产清查的一般程序。

【知识讲解】

一、财产清查的含义与意义

（一）财产清查的含义

财产清查是指通过对货币资金、实物资产和往来款项等财产物资进行盘点与核对，确定实存数、查明账存数与实存数是否相符的一种专门方法。财产清查是企业会计工作中必不可少的一个环节，通过财产清查可以进一步验证会计核算的正确性，保证财产物资的合理利用，提供更具有价值的会计信息。

（二）财产清查的意义

为了提高会计信息的准确性与真实性，加强财产清查工作，企业必须有计划地对各项财产物资进行盘点，将账存数与实存数进行核对，发现差异，进行改正，做到账实相符。因此，财产清查对于加强企业管理，发挥会计的监督作用具有重要意义。财产清查的意义具体如下。

- **保证账实相符，提高会计资料的准确性**：通过财产清查，可以查明各项财产物资的实有数量，确定实有数量与账面数量之间的差异，据此查明原因和责任承担，以便采取有效措施，对各项差异进行改正，做到消除差异，保证账实相符，提高会计资料的准确性。
- **切实保障各项财产物资的安全、完整**：通过财产清查，可以查明财产物资的保存情况，是否存在浪费、损坏等情况，以便落实经济责任，完善企业管理制度，保障各项财产物资的安全、完整。
- **加速资金周转，提高资金使用效益**：通过财产清查，可以了解各项财产物资的库存与使用情况，发现经营管理中的漏洞，然后合理安排经济活动，挖掘财产物资潜力，提高资金的使用效率，加速资金周转。

名师点睛

财产清查是对已经存在的事实进行的盘点清查，清查中发现的差异是对以前工作的反映，但并不能通过财产清查杜绝此种差异。因此，财产清查并不是一种绝对的解决问题的方法，其更多的是警示、反馈的作用，为监督企业各项工作，完善各项管理制度提供资料。

试题精讲

【判断题】通过财产清查，可以查明各项财产物资的实有数量，确定实有数量与账面数量之间的差异，从而杜绝差异的出现。（　　）

【答案】×

【解析】财产清查可以查明实有数与账面数的差异，但无法杜绝差异的出现。

二、财产清查的种类

财产清查根据不同的分类依据，可以分为不同的种类。一般而言，财产清查可根据范围、时间和执行系统的不同进行分类。

（一）按照清查范围分类

按照清查范围的不同，财产清查可分为全面清查和局部清查。

1. 全面清查

全面清查是指对属于本单位或存放在本单位的全部财产物资进行盘点与核对。全面清查涉及的对象包括库存现金、银行存款、其他货币资金等各种货币资金，存货、固定资产、原材料、包装物等各项财产物资，应收应付款、预收预付款、银行借款等各种债权债务等。

全面清查的特点是范围广、内容多、时间长、参与人员多。因此，此种方式下工作量大，不可能经常进行。一般而言，出现以下情况时，才进行全面清查。

- 年终决算前。
- 单位撤销、合并或改变隶属关系前。
- 中外合资、国内合资前。
- 企业股份制改制前。
- 开展全面的资产评估、清产核资前。
- 单位主要领导调离工作岗位前等。

2. 局部清查

局部清查是指根据需要只对部分财产物资进行盘点与核对。局部清查涉及的对象主要包括货币资金、存货等流动性较大的财产，如库存现金、原材料、在产品和产成品等。

局部清查的特点是范围小、内容少、时间短、参与人员少，专业性较强。此种方式下工作量相对较小，可根据单位具体情况灵活进行。

知识补充

局部清查中各类财产清查的时间间隔可概述为如下内容。

①库存现金：由出纳人员在每日终了时清点核对，做到日清月结。

②银行存款：出纳人员至少每月同银行核对一次。

③债权债务：每年至少核对一至两次。

④流动性较大的财产物资，如库存商品、原材料、包装物等，年内轮流盘点或重点抽查。

⑤贵重物品：每月盘点一次。

（二）按照清查的时间分类

按照清查的时间不同，财产清查可分为定期清查和不定期清查。

1. 定期清查

定期清查是指按照预先计划安排的时间对财产物资进行盘点与核对。定期清查一般在结账前进行，如月末、季末和年末结账前，这样可以在结账前对于发现的账存数与实存数差异进行调整，保证账实相符，提高会计资料的准确性、真实性。定期清查可以是局部清查，也可以是全面清查。

2. 不定期清查

不定期清查是指事前不规定清查日期，而是根据实际需要对财产物资所进行的临时性盘点和核对。

不定期清查是为了特定的目的而进行的，一般适合以下几种情况。

- **财产物资、库存现金的保管人员变更时：**当有关财产物资、库存现金的保管人员变更时，应当对其负责保管的财产物资、库存现金进行清查、核对，以明确经济责任，便于办理交接手续。
- **发生自然灾害和意外损失后：**当自然灾害和意外损失发生后，应当对受损财产进行清查，以查明损失情况。
- **上级主管单位、财政部门、银行及审计部门进行检查和审计时：**当相关部门对本单位进行检查和审计时，应当根据需要按检查的要求和范围进行清查，以验证会计核算资料的可靠性。
- **会计主体隶属关系改变时：**企业变更会计主体隶属关系时，应当对所有财产物资、债权债务和货币资金进行清查，以了解其财务状况。

（三）按照清查的执行系统分类

按照清查的执行系统不同，财产清查可分为内部清查和外部清查。

1. 内部清查

内部清查是指由本单位内部自行组织清查工作小组所进行的财产清查工作。大多数财产清查都是内部清查。

2. 外部清查

外部清查是指由上级主管部门、审计机关、司法部门、注册会计师根据国家有关规定或情况需要对本单位所进行的财产清查。一般来讲，进行外部清查时应有本单位相关人员参加。

试题精讲

【多选题】下列情况下，应进行全面财产清查的有（　　）。

A. 企业年终决算之前

B. 单位撤销、合并改组或改变隶属关系时

C. 企业清产核资时

D. 企业发生重大经济违法事件时

【答案】A、B、C、D

【解析】一般而言，需要进行全面清查的情况包括：①年终决算前；②单位撤销、合并或改变隶属关系前；③中外合资、国内合资前；④企业股份制改制前；⑤开展全面资产评估、清产核资前；⑥单位主要领导调离工作前。

【多选题】局部清查的范围是（　　）。

A. 银行存款　　B. 固定资产　　C. 现金　　D. 贵重物资

【答案】A、C、D

【解析】局部清查一般包括：库存现金应每日清点一次；银行存款每月至少同银行核对一次；债权债务每年至少核对一至两次；各项存货年内应有计划、有重点地抽查，贵重物品每月清查一次等。所以，局部清查的范围不包括固定资产。

【判断题】定期清查和不定期清查对象的范围均既可以是全面清查，也可以是局部清查。（　）

【答案】✓

【解析】根据前文对财产清查分类的讲解，本题说法正确。

知识补充

盘存制度的规定

在实际会计工作中，各项财产的盘点共有两种盘存制度，即永续盘存制和实地盘存制。

（1）永续盘存制

永续盘存制也称账面盘存制，是指对日常发生的各项财产物资（主要指存货）增加或减少进行连续登记，随时在账面上结算各项财产物资的结存数，并定期与实际盘存数对比，确定各项财产物资盘盈盘亏的一种制度。其计算公式如下：

账面结存数=账面期初结存数＋本期增加数－本期减少数

（2）实地盘存制

实地盘存制又称定期盘存制，是指平时只在账簿中登记财产物资的增加数，不登记减少数，月末对财产物资进行实地盘存时，将盘点的实际数量作为账面结存数，据此倒挤算出本期减少数，据以登记账簿的一种盘存制度。其计算公式如下：

本期减少数=账面期初结存数＋本期增加数－期末实地盘存数

实地盘存制中，由于本期减少数是倒挤得出的，无法运用财产清查查出盘盈或盘亏数，而是将所有差额均计入本期减少数，采用此种方法不利于财产物资的管理。因此，在会计核算中，一般均采用永续盘存制，如有特殊需要，才采用实地盘存制。

案例阅读与思考

某公司2015年1月有关甲材料的资料如下。

月初余额：200千克，单价为8元/千克；

本月购入：80千克，单价为8元/千克；

本月生产领用：190千克，单价为8元/千克；

月末盘点数：70千克。

①在永续盘存制下，该公司月末甲材料的账面余额=200 × 8 + 80 × 8 - 190 × 8=720（元）；月末盘点甲材料价值=70 × 8=560（元），因此差额160元为盘亏数。

②实地盘存制下，该公司本期减少数=200 × 8 + 80 × 8 - 70 × 8=1 680（元）。

由此可知，计算出的本期减少数1 680元与实际减少数1 520元存在差异，这是因为在永续盘存制下盘亏的160元，全部计入了本期减少数。由此可以看出，永续盘存制更能真实地反映企业的实际情况，有助于查明账存数与实存数不符的原因，提供更具有价值的会计信息。

三、财产清查的一般程序

财产清查既是会计核算的专门方法，又是财产物资管理的一项重要制度。企业应当有组织、有计划进行财产清查。为了保证清查工作有条不紊地进行，一般可按照以下程序组织、安排财产清查工作。

（1）建立财产清查组织。

（2）组织清查人员学习有关政策规定，掌握有关法律、法规和相关业务知识，以提高财产清查工作的质量。

（3）确定清查对象、范围，明确清查任务。

（4）制订清查方案，具体安排清查内容、时间、步骤和方法，做好清查开展前的必要准备。

（5）清查时本着先清查数量、核对有关账簿记录，后认定质量的原则进行。

（6）填制盘存清单。

（7）根据盘存清单填制实物、往来账项清查结果报告表。

试题精讲

【多选题】下列选项中属于财产清查一般程序的有（　　）。

A. 建立财产清查组织

B. 确定清查对象、范围，明确清查任务

C. 填制盘存清单

D. 根据盘存清单，填制实物、往来账项清查结果报告表

【答案】A、B、C、D

【解析】本题4个选项均属于财产清查的程序，除了题目中的4个选项外，还包括组织清查人员学习有关政策规定，掌握有关法律、法规和相关业务知识，以提高财产清查工作的质量；制定清查方案，具体安排清查内容、时间、步骤、方法，以及必要的清查前准备；清查时本着先清查数量、核对有关账簿记录等，后认定质量的原则进行。

【任务实施】

1. 根据财产清查的不同分类依据，在下列括号中填入具体的财产清查分类。

按照执行系统分类（　　　　　　　　　）

按照清查范围分类（　　　　　　　　　）

按照清查时间分类（　　　　　　　　　）

2. 简述财产清查的一般程序。

（答案参见：光盘\任务实施\项目九\任务一.docx）

任务二 运用财产清查方法

企业各项财产物资的形态、特点各不相同，所涉及的记账程序与核算方法也存在差异，因此，应根据各类财产物资的特点及管理要求，采用不同的方法，有针对性地进行财产清查。

【任务目标】

本任务的目标是掌握各类财产物资的清查方法，通过本任务的学习，能够熟悉各类清查方法的具体操作，做到正确地将不同清查方法运用于各类财产物资的清查中。

【知识讲解】

一、货币资金的清查

（一）库存现金的清查

库存现金的清查是通过实地盘点方法来确定库存现金的实存数，然后与库存现金日记账的账面余额相核对，确定账实是否相符以及盈亏情况。

在实际工作中，库存现金的清查主要包括以下两个方面。

- **出纳人员每日终了进行的清查：**出纳人员应在每日终了，清点库存现金实有数，将其与库存现金日记账余额相核对，做到账实相符。

- **清查小组定期或不定期对库存现金进行的清查**：企业应成立清查小组，对库存现金进行定期或不定期的清查。清查小组进行盘点时，出纳人员必须在场，现金由出纳人员经手盘点，清查人员从旁监督。同时，清查人员还应认真审核现金收付凭证和有关账簿，检查财务处理是否合理、合法，账簿记录有无错误，以确定账实是否相符等。

无论哪方面的清查，均不得使用白条抵充库存。盘点结束后，应填写"库存现金盘点报告表"，由清查人员和出纳人员等相关负责人员签章确认。"库存现金盘点报告表"具有"盘存单"和"实存账存对比表"的作用，是证明现金实有数额以及调整相关账簿记录的重要原始凭证，其格式如图9-1所示。

库存现金盘点报告表

单位名称：　　　年　　月　　日　　　单位：元

实存金额	账存金额	对比结果		备注
		盘盈	盘亏	

负责人签章：　　　盘点人签章：　　　出纳员签章：

图9-1 库存现金盘点报告表的格式

试题精讲

【单选题】关于现金的清查，下列说法不正确的是（　）。

A. 在清查小组盘点现金时，出纳人员必须在场

B. "现金盘点报告表"需要清查人员和出纳人员共同签字盖章

C. 要根据"现金盘点报告表"进行账务处理

D. 不必根据"现金盘点报告表"进行账务处理

【答案】D

【解析】选项D的说法错误，"现金盘点报告表"是调整账簿记录的原始凭证，要根据"现金盘点报告表"进行账务处理。

（二）银行存款的清查

银行存款的清查是通过与开户银行转来的对账单进行核对，查明银行存款的实有数额与本单位的银行存款日记账是否相符。应注意的是，清查前须先检查银行存款日记账的正确性与完整性，确保截至清查日的所有银行存款的收付业务均登记入账，对发生的有关错误查清更正后，再将银行对账单与银行存款日记账进行逐笔核对。

1. 银行存款日记账与银行对账单不一致的原因

银行存款日记账与银行对账单不一致的原因主要有两方面，即双方或一方记账有错误或存在未达账项。

- **双方或一方记账有错误**：记账有错误的情况下，若属于企业自身银行存款日记账有误，经确定后应及时更正；若属于银行对账单有误，则应通知银行更改。
- **存在未达账项**：未达账项是指企业与银行之间，由于取得有关凭证的时间不同，而发生的一方已登记入账，另一方因未取得凭证尚未登记入账的款项。此种情况下，即使单位和银行记账都没有错误，也有可能出现双方账面不一致的情况。

未达账项的产生主要包括以下四种情况。

- **企业已收，银行未收**：企业已收、银行未收是指企业已收款记账，银行未收款记账。如企业收到销售商品的支票，据此登记了银行存款日记账的增加，而由于此

支票尚未送存银行，因此银行未登记入账。

- **企业已付，银行未付**：企业已付、银行未付是指企业已付款记账，银行未付款记账。如企业开出一张现金支票支付货款，企业根据支票的存根及发票等已经登记银行存款的减少，而持票人尚未到银行办理转账手续，因此银行未登记入账。
- **银行已收，企业未收**：银行已收、企业未收是指银行已收款记账，企业未收款记账。如银行收到企业采取汇兑结算方式支付的销货款时，已登记入账，而企业尚未收到入账通知，因此企业未登记入账。
- **银行已付，企业未付**：银行已付、企业未付是指银行已付款记账，企业未付款记账。如银行接受企业委托代为支付的水电费等，银行在取得相关凭证时已登记入账，而企业未收到付款凭证，尚未登记入账。

如存在账实不符的情况，应首先检查是否存在记账错误，若有，应先更正；确认记账正确后，查看是否存在未达账项，若有，就应编制“银行存款余额调节表”，据以核对银行存款日记账的账实是否相符。

2. 银行存款清查的步骤

银行存款的清查按以下4个步骤进行。

- 将本单位银行存款日记账与银行对账单，以结算凭证的种类、号码和金额为依据，逐日逐笔核对。凡双方都有记录的，用铅笔在金额旁打上记号“√”。
- 找出未达账项（即银行存款日记账和银行对账单中没有打“√”的款项）。
- 将日记账和对账单的月末余额及找出的未达账项填入“银行存款余额调节表”，并计算出调整后的余额。
- 将调整平衡的“银行存款余额调节表”，经主管会计签章后，呈报开户银行。

3. 银行存款余额调节表的编制

银行存款余额调节表的编制是以双方账面余额为基础进行的。具体方法为：在企业与银行双方的账面余额基础上，各自加上对方已收而本单位未收的款项，然后减去对方已付而本单位未付的款项，最后验证经过调节后的双方余额是否相等。相关公式如下：

企业银行存款日记账余额＋银行已收企业未收款－银行已付企业未付款＝银行对账单存款余额＋企业已收银行未收款－企业已付银行未付款

【例9-1】2015年3月31日，明兴公司银行存款日记账的账面余额为182 000元，银行对账单的余额为203 200元，经逐笔核对，双方记账均无差错，但发现有下列未达账项。

（1）3月10日，因采购原材料开出转账支票，共计12 000元，企业已登记银行存款的减少，银行尚未收到支票而未入账。

（2）3月15日，银行代企业收回货款8 000元，收款通知尚未到达企业，企业未入账。

（3）3月18日，企业销售产品收到转账支票一张，计5 000元，企业尚未将支票送存银行，银行尚未办理入账手续。

（4）3月21日，企业开出现金支票一张，计6 000元，银行尚未入账。

（5）3月28日，银行代企业支付水电费800元，企业尚未收到付款通知，未入账。

（6）3月31日，企业获得利息收入1 000元，银行已登记入账，企业未收到收款通知，未入账。

根据上述资料，明兴公司应编制的银行存款余额调节表如表9-1所示。

表 9-1 明兴公司 2015 年 3 月银行存款余额调节表

项目	金额	项目	金额
银行对账单余额	203 200	企业银行存款日记账余额	182 000
加：企业已收银行未收款	5 000	加：银行已收企业未收款	8 000
			1 000
减：企业已付银行未付款	12 000	减：银行已付企业未付款	800
	6 000		
调整后余额	190 200	调整后余额	190 200

名师点睛

“银行存款余额调节表”中的“调整后余额”若相等，则说明企业与银行的记账相符，调整后的余额即企业银行存款的实有数额，也即企业实际可动用的银行存款数额。但是，企业不得按照此余额调节银行存款日记账的账面金额，只有待相关未达账项的有关凭证到达时，才能进行账务处理。

试题精讲

【单选题】2015年3月31日，D公司编制的银行存款余额调节表显示，调节后的余额均为2 596 000元，企业和银行均不存在记账错误。经逐笔勾对，发现3月份存在以下两笔未达账项：①D公司购买原材料开出支票支付货款25 000元，并已登记入账，但持票人尚未向银行办理进账手续，银行尚未记账；②银行已为企业收取贷款60 000元，但D公司尚未收到收款通知，尚未记账。2015年3月31日，D公司账面存款余额和银行对账单存款余额分别是（　　）。

A. 2 561 000元、2 656 000元

B. 2 536 000元、2 621 000元

C. 2 571 000元、2 656 000元

D. 2 656 000元、2 621 000元

【答案】B

【解析】D公司账面存款余额 = 2 596 000 − 60 000（银行已收，企业未收）= 2 536 000（元）；银行对账单存款余额 = 2 596 000 + 25 000（企业已付，银行未付）= 2 621 000（元）。

二、实物资产的清查

实物清查是指对各种存货以及固定资产等财产物资的清查。实物清查时，不仅要对实物资产的数量进行账存与实存的核对，还应对实物资产的质量，如是否发生变质、损坏等情况进行核查。由于实物的形状、体积、重量和码放方式等不尽相同，因此采用的清查方法也有所不同。常用的实物清查方法主要有实地盘点法和技术推算法两种。

（一）实地盘点法

实地盘点法是指在财产物资存放现场，运用度、量、衡等工具，通过点数，逐一清点被清查财产物资实存数的一种方法。这种方法适用范围较广，大多数财产物资都可采取这种方法。采用此种方法得出的数字准确、可靠，但工作量较大。

（二）技术推算法

技术推算法是指利用技术方法推算出财产物资实存数的一种方法，故又称为估推法。这种方法适用于堆垛量很大，不便一一清点，单位价值比较低的实物的清查，如露天堆放

的燃料用煤、建筑沙石等。与实地盘点法相比，此方法工作量小，但数字不够准确。

为了明确经济责任，进行实物清查时，实物保管人员和盘点人必须在场。对于各项财产物资的盘点结果，应逐一填制盘存单，并由实物保管人员和盘点人员签章。为了查明实存数与账存数是否一致，还应根据盘存单和相关实物的账面记录填写实存账存对比表。盘存单、实存账存对比表的格式分别如图9-2、图9-3所示。

盘 存 单

单位名称：　　　　　　盘点时间：　　　　　　编号：

财产类别：　　　　　　存放地点：　　　　　　金额单位：

编号	名称	规格	计量单位	数量	单价	金额	备注

盘点人签章：　　　　　　保管人签章：

图9-2 盘存单的格式

实存账存对比表

单位名称：　　　　　　年　　月　　日

编号	名称	规格	计量单位	单价	实存		账存		盘盈		盘亏		备注
					数量	金额	数量	金额	数量	金额	数量	金额	

盘点人签章：　　　　　　会计签章：

图9-3 实存账存对比表的格式

试题精讲

【多选题】下列不适于采用实地盘点法清查的有（　　）。

A. 原材料　　B. 固定资产　　C. 露天堆放的沙石　　D. 露天堆放的煤

【答案】C、D

【解析】实地盘点法适用于容易清点或计量的财产物资以及现金等货币资金的清查；技术推算法适用于大量成堆，难以逐一清点的财产物资的清查，选项C、D应采用技术推算法清查。

三、往来款项的清查

往来款项主要包括应收、应付款项和预收、预付款项等，其清查一般通过发函询证的方法进行核对，具体步骤如下。

- **核对本单位往来账款**：核对本单位各种往来款项是否已全部入账，确保总分类账与明细分类账的余额相符。
- **编制“往来款项对账单”**：在确保各项往来结算账目正确、完整的基础上，编制“往来款项对账单”寄送各有关往来单位，该单据一式两联，一联送交对方单位核对账目，一联作为回单。对方单位核对后盖章退回。若核对不符，应将不符的情况在回单上注明，或另抄对账单退回，以便进一步清查。
- **编制“往来款项清查表”**：本单位收到上述回单后，应编制“往来款项清查表”，注明核对相符或不符的款项。尤其应注意查明有无双方发生争议的款项，有无希望收回的款项或无法支付的款项等，对于此类款项应及时采取措施，避免坏账损失。

往来款项对账单、往来款项清查表的一般格式分别如图9-4、图9-5所示。

往来款项对账单

×××单位：

贵单位于××年××月××日从我单位购入A材料500千克，货款20 000元尚未支付，请核对后将回联单寄回。

清查单位：（盖章）
年 月 日

如核对相符，请在数据无误处盖章确认（沿此虚线剪下，将以下回联单寄回）；如数据存在差异，请注明贵单位记载的金额。

往来款项对账单（回联）

×××清查单位：

贵单位寄来的“往来款项对账单”已收到，经核对相符无误。

×××单位：（盖章）
年 月 日

图9-4 往来款项对账单的格式

往来款项清查表

总分类账户名称： 年 月 日

明细分类账户		清查结果		核对不符原因分析			备注
名称	账面金额	核对相符金额	核对不符金额	未达账项金额	有争议款项金额	其他	

图9-5 往来款项清查表的格式

名师点睛

若往来单位寄回的“往来款项对账单”中注明了存在的差异，清查单位不得按照对方单位记载的金额调整相关账目，因为往来款项对账单与银行存款余额调节表的作用类似，只能作为账目核对的依据，不能作为原始凭证，只有查明差异的原因，并取得相关凭证后才能调整账目。

试题精讲

【多选题】往来款项主要包括（ ）。

A. 应收款项　B. 应付款项　C. 预收款项　D. 预付款项

【答案】A、B、C、D

【解析】往来款项主要包括应收款、应付款、预收款、预付款等。

【任务实施】

已知甲公司拥有的部分财产物资如下：

原材料、生产用机床、计算机、A商品、库存现金、银行存款、应付乙公司账款、应收丙公司账款、生产用水泥、河沙、办公桌、图书、厂房

请将上述物资适用的财产清查方法填入下列括号中。

实地盘点（ ）　技术推断（ ）

核对对账单（ ）　发函询证（ ）

（答案参见：光盘\任务实施\项目九\任务二.docx）

任务三 处理财产清查的结果

企业进行财产清查后，可能会出现账存与实存不一致的情况。对于财产清查中发现的问题，应及时查明原因，按照相关法规对财产清查的结果进行处理。

【任务目标】

本任务的目标是了解财产清查结果的处理要求，熟悉不同阶段的处理方法，通过对相关方法与步骤的掌握，能够对不同物资的不同清查结果进行正确的账务处理。

【知识讲解】

一、财产清查结果的处理要求

财产清查的结果可概括为两种，即账实相符和账实不符。对于账实不符的情况，无论是盘盈或盘亏，都应该查明原因。核实情况后，按照国家的有关法规制度，进行严肃认真的处理。财产清查结果的处理要求包括以下4点。

- **分析产生差异的原因和性质并提出处理建议**：对于财产清查后发现的盘盈、盘亏等账实不符的问题，应及时查明原因，明确经济责任，并依据有关法规制度和企业规定进行相关处理。造成财产清查账实不符的原因有很多，对于不同的原因，其处理要求有所不同。对于一些合理的物质损耗，只要在允许的损耗范围内，会计人员可以按规定及时做出处理。对于超出会计人员处理权限的财产清查结果，应及时上报单位负责人进行处理。一般而言，因个人原因造成的损失，应由个人赔偿；因管理不善原因造成的损失，应作为企业管理费用入账；因自然灾害造成的损失，则应作为企业的营业外支出。
- **积极处理多余积压财产，清理往来款项**：财产清查中发现的多余或积压的物资，应分情况进行处理。如属于盲目采购或盲目生产等原因造成的积压，一方面应停止采购或生产，另一方面则要善于利用或改造出售等。
- **总结经验教训，建立和健全各项管理制度**：财产清查后，应根据清查结果，针对存在的问题和不足，总结经验教训，采取必要的措施，建立健全各项财产管理制度，进一步提高财产管理水平，避免同样的问题再次出现。
- **及时调整账簿记录，保证账实相符**：财产清查的目的在于检查企业的财产物资是否账实相符。对于财产清查中发现的盘盈或盘亏，应根据清查中取得的原始凭证编制记账凭证，登记有关账簿，及时调整账面记录，使账存数与实存数相一致，使会计资料更真实、可靠。

二、财产清查结果的处理步骤和方法

由于企业人员的权限分工不同，财产清查结果在不同阶段有不同的处理方法，一般可将其分为审批之前的处理和审批之后的处理。

（一）审批之前的处理

对于财产清查中发现的盘盈或盘亏现象，在报经有关领导审批之前，应根据“清查结果报告表”“盘点报告表”等已经查实的数据资料，编制记账凭证，记入有关账簿，使账簿记录与实际盘存数相符，同时根据企业的管理权限，将处理建议报股东大会、董事会、经理（厂长）会议或类似机构批准。

知识补充

在审批前的处理中，并不都按上述要求进行，其中存在一种特殊情况，即对于应收而收不回的应收款项、应付而无法支付的应付款项，在报经审批前不调整账簿记录，待审批后再做处理。

（二）审批之后的处理

企业清查的各种财产损溢，应于期末前查明原因，并根据企业的管理权限，经股东大会、董事会、经理（厂长）会议或类似机构批准后，在期末前处理完毕。企业应严格按照有关部门对财产清查结果的批准处理意见进行账务处理，填制有关记账凭证、登记有关账簿，并追回由于责任者原因造成的财产损失。

企业清查的各种财产损溢，如果在期末结账前尚未批准，在对外提供财务报表时，先按上述规定进行处理，并在附注中进行说明；其后批准处理的金额与已处理金额不一致的，调整财务报表中相关项目的年初数。

试题精讲

【单选题】会计机构、会计人员发现会计账簿与实物、款项及有关资料不相符的，正确的做法是（　　）。

A. 向当地财政部门报告，由财政部门进行处理

B. 提交单位负责人进行处理

C. 自行处理

D. 根据国家统一的会计制度规定，有权自行处理的应及时处理，无权处理的应立即向单位负责人报告

【答案】D

【解析】根据财产清查结果的处理步骤和方法，对于财产清查中发现的账实不符，会计人员应根据国家统一的会计制度规定，有权自行处理的应及时处理，无权处理的应立即向单位负责人报告。

三、财产清查结果的账务处理

（一）设置“待处理财产损溢”账户

为了反映和监督企业在财产清查过程中查明的各种财产物资的盘盈、盘亏、损毁及处理情况，应设置“待处理财产损溢”账户。该账户属于双重性质的资产类账户，下设“待处理非流动资产损溢”和“待处理流动资产损溢”两个明细分类账户，分别对非流动资产和流动资产的处理结果进行明细分类核算。

该账户借方登记财产物资的盘亏数、损毁数和批准转销的财产物资盘盈数；贷方登记财产物资的盘盈数和批准转销的财产物资盘亏及毁损数。企业清查的各种财产盘盈、盘亏和毁损情况应在期末结账前处理完毕，所以“待处理财产损溢”账户在期末结账后无余额。“待处理财产损溢”账户的基本结构如图9-6所示。

“待处理财产损溢”账户

借方	贷方
财产物资的盘亏数、毁损数和批准转销的财产物资盘盈数	财产物资的盘盈数和批准转销的财产物资盘亏及毁损数

图9-6 “待处理财产损溢”账户

> **知识补充** 固定资产的盘盈和损毁不通过“待处理财产损溢”进行核算。固定资产的清查中，如出现盘盈，应将盘盈数记入“以前年度损益调整”账户进行核算；如发生损毁盘亏，应将盘亏数记入“固定资产清理”账户进行核算。

（二）库存现金清查结果的账务处理

1. 库存现金盘盈的账务处理

库存现金盘盈时，应及时办理库存现金的入账手续，调整库存现金账簿记录。相关会计分录如下。

借：库存现金

　　贷：待处理财产损溢——待处理流动资产损溢

对于盘盈的库存现金，查明原因并按照管理权限报经批准后，将原记入“待处理财产损溢——待处理流动资产损溢”科目的金额转出。相关会计分录如下。

借：待处理财产损溢——待处理流动资产损溢

　　贷：营业外收入（无法查明原因的现金盘盈）

　　　　其他应付款（需要支付或退还给他人的现金盘盈）

【例9-2】明兴公司在财产清查时，发现现金实有数为5 200元，库存现金日记账的余额为4 800元，发生库存现金盘盈400元。

①在报经审批前，将盘盈数记入“待处理财产损溢——待处理流动资产损溢”科目。

借：库存现金　　400

　　贷：待处理财产损溢——待处理流动资产损溢　　400

②经核查，该笔款项属于应支付给其他单位的款项，报经审批后，应编制如下会计分录。

借：待处理财产损溢——待处理流动资产损溢　　400

　　贷：其他应付款——××单位　　400

③若该笔库存现金无法查明原因，报经审批后，应编制如下会计分录。

借：待处理财产损溢——待处理流动资产损溢　　400

　　贷：营业外收入　　400

2. 库存现金盘亏的账务处理

库存现金盘亏时，应及时办理盘亏的确认手续，调整库存现金账簿记录。相关会计分录如下。

借：待处理财产损溢——待处理流动资产损溢

　　贷：库存现金

对于盘亏的库存现金，查明原因并按照管理权限报经批准后，将原记入“待处理财产损溢——待处理流动资产损溢”科目的金额转出。相关会计分录如下。

借：管理费用（管理不善等原因造成的损失）

　　其他应收款（可收回的过失人赔偿）

　　营业外支出（自然灾害等原因造成的损失）

　　贷：待处理财产损溢——待处理流动资产损溢

【例9-3】明兴公司在财产清查时，发现现金实有数为8 000元，库存现金日记账的余额为8 500元，发生库存现金盘亏500元。

①在报经审批前，将盘亏数记入“待处理财产损溢——待处理流动资产损溢”科目。

借：待处理财产损溢——待处理流动资产损溢 500

贷：库存现金 500

②经核查，该笔款项属于出纳人员疏忽造成，报经审批后，应编制如下会计分录。

借：其他应收款——×× 500

贷：待处理财产损溢——待处理流动资产损溢 500

③当出纳人员支付赔款时，应编制如下会计分录。

借：库存现金 500

贷：其他应收款——×× 500

④若该笔盘亏库存现金无法查明原因，报经审批后，应编制如下会计分录。

借：管理费用 500

贷：待处理财产损溢——待处理流动资产损溢 500

（三）存货清查结果的账务处理

1. 存货盘盈的账务处理

存货盘盈时，应及时办理存货入账手续，调整存货的账簿记录。盘盈的存货应按其重置成本作为入账价值。相关会计分录如下。

借：原材料、库存商品等

贷：待处理财产损溢——待处理流动资产损溢

处理盘盈的存货时，应及时查明原因，按管理权限报经审批后，冲减管理费用，即按照其入账价值编制如下会计分录。

借：待处理财产损溢——待处理流动资产损溢

贷：管理费用

【例9-4】明兴公司在进行存货清查时，盘盈原材料一批，该原材料的重置成本为20 000元，相关账务处理如下。

①报经审批前，将盘盈数记入“待处理财产损溢——待处理流动资产损溢”科目。

借：原材料 20 000

贷：待处理财产损溢——待处理流动资产损溢 20 000

②报经审批后，将原记入“待处理财产损溢——待处理流动资产损溢”科目的金额转出。

借：待处理财产损溢——待处理流动资产损溢 20 000

贷：管理费用 20 000

2. 存货盘亏的账务处理

存货盘亏时，应按盘亏的金额登记。相关会计分录如下。

借：待处理财产损溢——待处理流动资产损溢

贷：原材料、库存商品等

处理盘亏的存货时，应及时查明原因，按管理权限报经批准后，分别入账。相关会计分录如下。

借：原材料（残料价值）

其他应收款（可收回的保险赔偿和过失人赔偿）

管理费用（管理不善等造成的净损失）

营业外支出（自然灾害等原因造成的净损失）

贷：待处理财产损溢——待处理流动资产损溢

【例9-5】明兴公司为增值税一般纳税人企业，5月31日进行存货清查时，盘亏原材料一批，该批原材料实际成本为50 000元。经查明，该批材料损失是由于前段时间发生自然灾害造成的。另外，经过工作人员的补救，收回残料20 000元，保险公司赔偿20 000元。

①存货盘亏时，将盘亏的数额记入“待处理财产损溢”科目。

借：待处理财产损溢——待处理流动资产损溢　　50 000

　　贷：原材料　　50 000

②报经批准后，将收回的残料应记入“原材料”科目。

借：原材料　　20 000

　　贷：待处理财产损溢——待处理流动资产损溢　　20 000

③将应由保险公司赔偿的部分记入“其他应收款”科目。

借：其他应收款　　20 000

　　贷：待处理财产损溢——待处理流动资产损溢　　20 000

④将无法查明原因的损失记入“营业外支出”科目。无法查明原因的金额为10 000元（50 000-20 000-20 000）。

借：营业外支出　　10 000

　　贷：待处理财产损溢——待处理流动资产损溢　　10 000

知识补充

存货盘亏时，如果材料、产成品、商品是采用计划成本（或售价）核算的，还应同时结转成本差异（或商品进销差价）。除此之外，涉及增值税的，还应一并转入“待处理财产损溢”科目，即借记“待处理财产损溢——待处理流动资产损溢”科目，贷记“应交税费——应交增值税（进项税额转出）”科目。由于【例9-5】中的材料损失是由于自然灾害造成的，所以不涉及将已抵扣的增值税从进项税额中转出。

（四）固定资产清查结果的账务处理

固定资产是企业单位价值较高的资产，其盘亏或盘盈的情况较少，因此，对于固定资产清查结果的账务处理与其他资产的处理有所区别。

1. 固定资产盘盈的账务处理

固定资产盘盈时，经查明确实属于企业所有的，按管理权限报经批准后，应根据盘存凭证填制固定资产交接凭证，经有关人员签字后送交企业会计部门，填写固定资产卡片账，并作为前期差错处理，然后通过“以前年度损益调整”科目进行核算。涉及增值税、所得税和盈余公积的，还应按照相关规定进行处理。

盘盈固定资产时，应按照重置成本将其入账，若涉及累计折旧和固定资产净值的，也应对其进行相应处理。相关会计分录如下。

借：固定资产

　　贷：以前年度损益调整

　　　　累计折旧

如果盘盈的固定资产还涉及增值税、所得税和盈余公积，应按相关规定进行处理。

计算应缴纳的所得税费用时。

借：以前年度损益调整

　　贷：应交税费——应交所得税

补提盈余公积时。

借：以前年度损益调整

贷：盈余公积

【例9-6】明兴公司于2015年3月30日对企业全部的固定资产进行盘查，盘盈一台全新新的机器设备，该设备的重置成本为200 000元（不考虑增值税和递延所得税等因素）。

固定资产盘盈时，将其重置成本作为入账价值记入“以前年度损益调整”科目。

借：固定资产　200 000

贷：以前年度损益调整　200 000

2. 固定资产盘亏的账务处理

固定资产盘亏时，应及时办理固定资产注销手续，按盘亏固定资产的账面价值记录。相关会计分录如下。

借：待处理财产损溢——待处理非流动资产损溢

累计折旧

贷：固定资产

处理盘亏的固定资产时，应及时查明原因，按管理权限报经批准后分别记录。相关会计分录如下。

借：其他应收款（过失人及保险公司赔款）

营业外支出（固定资产原值减去累计折旧额和过失人及保险公司赔款后的差额）

贷：待处理财产损溢——待处理非流动资产损溢

若涉及增值税和递延所得税的，还应按相关规定处理。

【例9-7】明兴公司年末对固定资产进行清查时，发现丢失机器设备一台。该设备原价为60 000元，已计提折旧30 000元，已计提减值准备12 000元。经查实，该笔盘亏是由于保管员人员看守不当造成。经批准，由保管员赔偿10 000元（不考虑增值税的影响）。

固定资产盘亏时，将盘亏数记入“待处理财产损溢——待处理非流动资产损溢”科目。

借：待处理财产损溢——待处理非流动资产损溢　18 000

累计折旧　30 000

固定资产减值准备　12 000

贷：固定资产　60 000

报经批准后，将原记入“待处理财产损溢——待处理非流动资产损溢”科目的金额转出。

借：其他应收款　10 000

营业外支出　8 000

贷：待处理财产损溢——待处理非流动资产损溢　18 000

（五）结算往来款项盘存的账务处理

在财产清查过程中，发现的长期未结算的往来款项应及时清查并做相应账务处理。

1. 确实无法支付的应付账款的处理

对于经查明确实无法支付的应付款项，可按规定程序报经批准后，转作营业外收入。相关会计分录如下。

借：应付账款等

贷：营业外收入

【例9-8】明兴公司清查往来款项时，发现50 000元的应付账款一笔，由于对方公司已破产，该笔款项无法支付。

对于该笔无法支付的款项，应予以转销，将其作为企业的营业外收入。

借：应付账款　　50 000

　贷：营业外收入　　50 000

2. 确实无法收回的应收款项的处理

对于确实无法收回的应收款项，经批准后，作为坏账损失冲减坏账准备。相关会计分录如下。

借：坏账准备

　贷：应收账款等

坏账是指企业无法收回或收回的可能性极小的应收款项。由于发生坏账而产生的损失，称为坏账损失。企业可将符合下列条件之一的应收款项确认为坏账。

- 债务人死亡，以其遗产清偿后仍然无法收回。
- 债务人破产，以其破产财产清偿后仍然无法收回。
- 债务人较长时间内未履行其偿债义务，并有足够的证据表明无法收回或者收回的可能性极小。

【例9-9】明兴公司在对往来款项进行清查时，发现一笔无法全部收回的应收账款。该笔账款账面价值为80 000元，已计提坏账准备30 000元。经过与对方公司的协商，对方愿意偿还50 000元。

根据上述资料，明兴公司该笔应收账款发生的坏账损失为30 000元（80 000－50 000），所以应做如下会计处理。

借：坏账准备　　30 000

　贷：应收账款　　30 000

【任务实施】

甲公司管理制度规定，应于每季度末对本公司财产物资及往来款项进行清查。该公司于2015年3月末对相关物资及往来款项清查的资料如表9-2所示。

表9-2 甲公司2015年3月末财产物资清查资料

清查物资名称	实存数	账存数	备注
库存现金	8 000	6 500	经查明，差异中500元为出纳疏忽造成，剩余差异未找到原因
银行存款	120 000（银行对账单余额）	142 000（银行存款日记账余额）	经查明，银行存款存在下列未达账项： 企业开出5 000元现金支票支付货款，对方未将该支票交存银行； 银行代企业支付一季度水电费4 000元，企业未收到付款通知； 企业收到转账支票一张，金额为38 000元，未将其交存银行； 银行收到一笔15 000元的货款，企业未收到收款通知
库存商品	25 000	25300	经查明，该笔差异为自然灾害造成
应付账款	26 000	38 000	经查明，对方公司已倒闭，账款无法支付

要求：

（1）根据上述资料，分别对各项财产物资的清查结果进行审批前和审批后的账务处理；

（2）编制银行存款余额调节表，验证调整后的银行存款账存数与实存数是否一致。

（答案参见：光盘\任务实施\项目九\任务三.docx）

项目总结

本项目主要介绍了财产清查的方法及其清查结果的账务处理。具体而言，包括货币资金、实物资产和往来款项的清查及其清查结果的处理。本项目的实务性比较强，涉及的表格较多，且这些表格在会计实务中都具有一定的实用价值。

为了使读者增强实务操作技能，“实训”板块将对盘存单以及固定资产盘盈（亏）表的编制进行讲解。另外，为了使财产清查工作更加高效地进行，“拓展知识”板块将介绍产生账实不一致的主要原因，使读者能够进一步理解财产清查的意义。

项目实训 编制盘存单

盘存单是实物清查中记录相关物资具体盘查情况的资料，盘存单既是记录实物盘点结果的书面证明，又是反映财产物资实存数的原始凭证。因此，在对实物资产进行清查时，盘存单的编制十分重要。

【实训目标】

通过学习编制盘存单，进一步巩固实物资产的清查程序，并通过盘存单，了解企业的实务管理情况，为相关管理工作提供参考意见。

【实训资料】

百盛公司是一家大型商贸公司，日常业务中经常涉及商品的采购与销售，因此存货的管理工作尤为重要。公司管理制度规定，应于每月月末对库房存货进行清查，并根据清查结果编制盘存单。2015年4月末，百盛公司对存货进行清查的资料如表9-3所示。

表 9-3 百盛公司存货清查资料

存货名称（型号）	账面余额	清查余额
A商品（A020）	500件，单价为8元/件	500件，单价为8元/件
B商品（B088）	100箱，单价为13元/箱	90箱，单价为13元/箱
C商品（C302）	203桶，单价为11元/桶	193桶，单价为11元/桶
D商品（D120）	56杯，单价为35元/杯	62杯，单价为35元/杯

要求：根据上述资料为百盛公司填制盘存单，盘存单的格式如表9-4所示。

表 9-4 盘存单

单位名称：　　　　存放地点：　　　　编号：
财产类别：　　　　盘点时间：

序号	名称	规格型号	计量单位	实存数量	单价	金额	备注

盘点人：　　　　实物保管人：

【实训指导】

STEP 1 在进行存货清查前，应先检查相关账簿记录是否正确，同时应了解各类存货的计量标准。

STEP 2 熟悉盘存单需要填制的各项内容，在清查时应进行相关方面的计量。

STEP 3 根据表9-3所示的资料，计算盘存单中涉及的相应内容，编制盘存单。（答案参见：光盘\项目实训\项目九\盘存单.docx）

拓展知识

财产清查中产生账实不一致的原因

无论是对货币资金的清查还是对实物资产或往来款项的清查，都有可能产生账实不一致的情况，其产生的原因主要包括以下几种。

- 财产物资在运输、保管过程中，由于自然因素或其他条件的影响，发生的数量或质量上的变化。
- 财产物资收发过程中，由于计量、计算、检验的不准确造成数量上的差错。
- 在账簿记录过程中发生重记、漏记和错记等情况。
- 在结算过程中，由于未达账项或拒付等原因而引起的银行与单位双方记录不符。
- 由于管理不善或有关工作人员失职而造成财产物资的损毁、变质或短缺等。
- 发生自然灾害的意外损失。
- 由于不法分子贪污盗窃、营私舞弊等造成的财产物资的损失。

基于上述原因，会计人员在进行账务处理或有关人员处理经济业务时应将上述因素考虑在内，尽量避免或减少账实不符情况的产生。

真题精练

一、单选题

1. 财产清查是借以查明财产物资的实有数额，确定（　　）是否相符的一种方法。

A. 账证　　B. 账账　　C. 账表　　D. 账实

2. 全面清查和局部清查是按照（　　）来划分的。

A. 财产清查的范围　　B. 财产清查的时间

C. 财产清查的方法　　D. 财产清查的性质

3. 下列各种情况，不需要进行全面财产清查的是（　　）。

A. 更换仓库保管人员时　　B. 单位主要负责人调离工作时

C. 企业股份制改制时　　D. 企业改变隶属关系时

4. 银行存款的清查一般采用（　　）法。

A. 核对账目　　B. 抽查盘点　　C. 技术推算　　D. 实地盘点

5. “银行存款余额调节表”中，企业银行存款账面余额应减去（　　）。

A. 银行已收，企业未收　　B. 银行已付，企业未付

C. 企业已收，银行未收　　D. 企业已付，银行未付

6. 某公司2011年4月30日银行存款日记账的余额为100万元，经逐笔核对，未达账项如下：银行已收，企业未收的2万元；银行已付，企业未付的1.5万元。调整后的企业银行存款余额应为（　　）万元。

A. 100　　B. 100.5　　C. 102　　D. 103.5

7. 某公司6月底对该公司产品进行实地盘存，清查结果为甲产品实地盘点数为180件，该产品月初结存数为70件，本月购进数为195件，那么，该产品本月减少数是（　　）件。

A. 125　　B. 85　　C. 55　　D. 445

8. 往来款项的清查一般通过（　　）的方法进行核对。

A. 发函询证　　B. 实地考核　　C. 电话咨询　　D. 以上均可

9. 无法查明原因的现金盘盈应该记入（　　）科目。

A. “管理费用”　　B. “营业外收入”

C. “销售费用”　　D. “其他业务收入”

二、多选题

1. 以下关于财产清查意义的表述，正确的有（　　）。

A. 通过财产清查，可以查明各项财产物资的实有数量，确定实有数量与账面之间的差异，查明原因和责任

B. 通过财产清查，可以查明各项财产物资的库存和使用情况，合理安排生产经营活动，充分利用各项财产物资，加速资金周转，提高资金使用效率

C. 通过财产清查，可以查明各项财产物资的保管情况是否良好，有无被非法挪用、贪污盗窃的情况，以便采取有效措施，改善管理，切实保障各项财产物资的安全完整

D. 通过财产清查，可以查明各项财产物资的保管情况是否良好，有无因管理不善，造成霉烂、变质、损失浪费

2. 以下情况中，适合使用不定期清查方法进行财产清查的有（　　）。

A. 会计主体隶属关系发生改变前　　B. 中外合资、国内合资前

C. 发生自然损失和意外损失后　　D. 财产保管人变更时

3. 下列属于财产清查一般程序的有（　　）。

A. 组织清查人员学习有关政策规定　　B. 确定清查对象、范围，明确清查任务

C. 制定清查方案　　D. 填制盘存单和清查报告表

4. 对库存现金进行清查盘点时，下列正确的是（　　）。

A. 清查现金实有数，并与日记账余额核对

B. 盘点的结果应填列“现金盘点报告表”

C. 出纳人员必须在场，并且由出纳亲自盘点

D. 检查库存限额的遵守情况及有无白条抵库情况

5. 造成账实不符的原因主要有（　　）。

A. 财产物资的自然损耗　　B. 财产物资收发计量错误

C. 财产物资的毁损、被盗　　D. 会计账簿漏记、重记、错记

6. 企业财产清查中，可以作为调整账簿记录的原始凭证的有（　　）。

A. 实存账存对比表　　B. 库存现金盘点报告表

C. 银行存款余额调节表　　D. 银行对账单

7. 企业在编制年度财务报表前，全面清查资产、核实债务的工作包括（ ）。

A. 与债务、债权单位的相关债务、债权金额是否一致

B. 存货实存数量与账面数量是否一致

C. 固定资产的实存数量与账面数量是否一致

D. 各项投资是否存在

8. 财产物资盘亏报批后可能涉及的借方科目有（ ）。

A. 其他应收款　B. 待处理财产损溢　C. 营业外支出　D. 管理费用

三、判断题

1. 对贵重物资一般要经常进行局部清查，至少应每月清查盘点一次。（ ）

2. 在各种实物的清查过程中，实物保管人员必须在场，参加盘点，但不宜单独承揽财产清查工作。（ ）

3. 未达账项并非错账、漏账，应在银行存款余额调节表中进行调节，并据以进行账务处理。（ ）

4. 经过银行存款余额调节表调节后的存款余额，是企业可动用的银行存款实有数。（ ）

5. “待处理财产损溢”账户是损益类账户。（ ）

6. 盘盈的固定资产，按其市价，贷记“营业外收入——固定资产盘盈”科目。（ ）

四、计算分析题

圆日公司2013年10月进行财产清查，发现如下情况。

（1）A材料账面余额300千克，单价15元/千克，共计4 500元，全部盘亏，经查系暴雨袭击所致，经批准后处理。

（2）B材料账面余额为3 500千克，单价4元/千克，共计14 000元，实存数为3 390千克，盘亏110千克；经查是管理不善造成的。

（3）盘亏机器设备一台，其账面原值54 000元，已计提折旧45 000元。

根据以上资料，完成以下小题。

1. 根据经济业务（1）和（2）编制会计分录。

2. 对于盘亏的机器设备，应借记“待处理财产损溢——待处理非流动资产损溢”账户（ ）元。

A. 9 000　B. 54 000　C. 45 000　D. 99 000

3. 存货清查中发现的盘亏，在查明原因后，根据领导批准，分别转入（ ）。

A. 其他应收款　B. 营业外支出　C. 应收账款　D. 营业外收入

4. 盘盈的存货经批准可以冲减（ ）。

A. 管理费用　B. 财务费用　C. 应付账款　D. 营业外收入

PART 10

项目十 编制财务报表

项目引入

叶丽娜：杜老师，财产清查结束后是不是就意味着一个会计核算的周期结束了呢？

杜老师：小叶，你是不是遗漏了什么呢？

叶丽娜：这……还需要编制财务报表，对吗？

杜老师：是的，财务报表是企业会计信息的综合表述。也可以这么讲，企业进行会计核算的最终目的就是编制财务报表，为各类会计信息使用者提供资料，前面做的工作都是为这个目的而服务的。

叶丽娜：原来财务报表的作用这么重要啊，看来我得打起十二分精神学习了。

学习目标

- 了解财务报表的概念与分类；
- 熟悉财务报表编制的基本要求；
- 熟悉资产负债表的列示要求与编制方法；
- 熟悉利润表的列示要求与编制方法；
- 掌握资产负债表、利润表的作用。

考情分析

- 题型与分值：单选题、多选题和判断题，分值约占8%。
- 复习重点与建议：本项目是本书的重点与难点，学习时应重点掌握财务报表的分类、资产负债表和利润表的格式，及其各项目的填列方法。就从业考试而言，本项目的考查难度不会太大。

任务一 认识财务报表

财务报表是各单位重要的会计资料，编制财务报表是会计核算中的最后一个环节，同时，通过财务报表，也可以综合地了解各单位的财务情况和经营成果。

【任务目标】

本任务的目标是了解财务报表的概念与分类，初步认识编制财务报表的基本要求，通过本任务的学习可以为后面各类报表的具体编制打下基础。

【知识讲解】

一、财务报表的含义与分类

（一）财务报表的含义

财务报表是对企业财务状况、经营成果和现金流量的结构性表述。作为财务报告的主要组成部分，财务报表将账簿上分散的资料进行分类、汇总，形成了一套能够反映企业财务状况和经营结果的综合性资料，为各类会计信息使用者提供高质量的决策信息。

一套完整的财务报表至少应当包括以下部分。

- **资产负债表：**资产负债表是反映在某一特定日期财务状况的报表。
- **利润表：**利润表是反映企业在一定会计期间经营成果的报表。
- **现金流量表：**现金流量表是反映企业在一定会计期间现金和现金等价物流入和流出情况的报表。
- **所有者权益（或股东权益）变动表：**所有者权益变动表是反映组成所有者权益的各组成部分当期的增减变动情况的报表。
- **附注：**附注是对在资产负债表、利润表、现金流量表和所有者权益变动表等报表中列示项目的文字描述或进一步说明，以及对未能在这些报表中列示项目的说明等。

（二）财务报表的分类

1. 按编报期间分类

财务报表按编报期间的不同，可分为中期财务报表和年度财务报表。

- **中期财务报表：**中期财务报表是指以短于一个完整的会计年度的报告期间为基础编制的财务报表。根据时间长度的不同，可将其进一步划分为月度财务报表、季度财务报表和半年度财务报表。
- **年度财务报表：**年度财务报表简称年报，在每年度终了时编制，并于年度终了后4个月内报出。

名师点睛 《会计法》对各期间报送的财务报表内容有不同的规定。其中，中期财务报表至少应当包括资产负债表、利润表和现金流量表；年度财务报表至少应当包括资产负债表、利润表、现金流量表和所有者权益变动表。

2. 按编报主体分类

财务报表按编报主体的不同，可分为个别财务报表和合并财务报表。

- **个别财务报表：**个别财务报表是指由母公司或子公司编制的，仅反映母公司或子公司自身财务状况、经营成果和现金流量情况的报表。
- **合并财务报表：**合并财务报表是指以母公司和子公司组成的企业集团为一个会计

主体，以母公司和子公司单独编制的个别财务报表为基础，由母公司编制的综合反映企业集团财务状况、经营成果和现金流量的财务报表。

二、财务报表的编制要求

财务报表是企业重要的会计信息，因此，在编制财务报表时应遵循一定的要求。财务报表的编制要求体现在8个方面，下面分别进行介绍。

（一）以持续经营为基础编制

企业应当以持续经营为基础，根据实际发生的交易和事项，按照《企业会计准则——基本准则》和其他各项会计准则的规定进行确认和计量，并在此基础上编制财务报表。当以持续经营为基础编制财务报表不再合理时，企业应当采用其他基础编制财务报表，并在附注中披露这一事实及其原因，但是，企业不能以附注披露代替确认和计量。

（二）按正确的会计基础编制

除现金流量表按照收付实现制原则编制外，企业应当按照权责发生制原则编制财务报表。

（三）至少按年编制财务报表

企业至少应当按年编制财务报表。年度财务报表涵盖的期间短于一年的，应当披露年度财务报表的涵盖期间、短于一年的原因以及报表数据不具可比性的事实。

（四）项目列报遵守重要性原则

重要性是企业根据其所处的环境和经营情况，对项目的性质和金额进行的判断。若财务报表某项目的省略或错报会影响使用者据此做出经济决策的，该项目就具有重要性。判断某项目是否具有重要性，应当考虑以下两个因素。

- 判断项目性质的重要性，应当考虑该项目在性质上是否属于企业的日常活动、是否显著影响企业的财务状况、经营成果和现金流量等因素。
- 判断项目金额大小的重要性，应当考虑该项目金额占资产总额、负债总额、所有者权益总额、营业收入总额、营业成本总额、净利润、综合收益总额等直接相关项目金额的比重或所属报表单列项目金额的比重。

对各项目重要性的判断标准一经确定，不得随意变更。

性质或功能不同的项目，应当在财务报表中单独列报，但不具有重要性的项目除外。

性质或功能类似的项目，其所属类别具有重要性的，应当按其类别在财务报表中单独列报。

某些项目的重要性程度不足以在资产负债表、利润表、现金流量表或所有者权益变动表中单独列示，但对附注却具有重要性，则应当在附注中单独披露。

《企业会计准则第30号——财务报表列报》规定在财务报表中单独列报的项目，应当单独列报。其他会计准则规定单独列报的项目，应当增加单独列报项目。

（五）保持各个会计期间财务报表项目列报的一致性

财务报表项目的列报应当在各个会计期间保持一致，不得随意变更，但下列情况除外。

- 会计准则要求改变财务报表项目的列报。
- 企业经营业务的性质发生重大变化后，变更财务报表项目的列报能够提供更可靠、更相关的会计信息。

（六）各项目之间的金额不得相互抵销

财务报表中的资产项目和负债项目的金额、收入项目和费用项目的金额、直接计入当期利润的利得项目和直接计入当期利润的损失项目的金额不得相互抵销，但其他会计准则另有规定的除外。应该注意的是，资产项目按扣除减值准备后的净额列示，不属于抵销；非日常活动产生的损益，以同一交易形成的收入扣减费用后的净额列示，不属于抵销。

（七）至少应当提供所有列报项目上一个可比会计期间的比较数据

当期财务报表的列报，至少应当提供所有列报项目上一可比会计期间的比较数据，以及与理解当期财务报表相关的说明。其他会计准则另有规定的除外。

财务报表的列报项目发生变更的，应当至少对可比期间数据按照当期的列报要求进行调整，并在附注中披露调整的原因和性质，以及调整的各项目金额。对可比数据进行调整不切实可行的，应当在附注中披露不能调整的原因。其中，不切实可行是指企业在做出所有合理努力后仍然无法采用某项规定。

（八）应当在财务报表的显著位置披露编报企业的名称等重要信息

企业应当在财务报表的显著位置至少披露下列各项信息。

- 编报企业的名称。
- 资产负债表日或财务报表涵盖的会计期间。
- 人民币金额单位。
- 财务报表是合并财务报表的，应当予以标明。

试题精讲

【多选题】下列属于财务报表编制基本要求的是（　　）。

A. 以持续经营为基础编制　　B. 至少按年编制财务报表

C. 项目列报遵守重要性原则　　D. 各项目之间的金额不得相互抵销

【答案】A、B、C、D

【解析】根据前文的讲解，本题4个选项均属于财务报表编制的基本要求。

三、财务报表编制前的准备工作

在编制财务报表前，需要完成下列准备工作。

- 严格审核会计账簿的记录和有关资料。
- 进行全面财产清查、核实债务，并按规定程序报批，进行相应的会计处理。
- 按规定的结账日进行结账，结出有关会计账簿的余额和发生额，并核对各会计账簿之间的余额。
- 检查相关的会计核算是否按照国家统一的会计制度的规定进行。
- 检查是否存在因会计差错、会计政策变更等原因需要调整前期或本期相关项目的情况等。

【任务实施】

根据前面的内容，回答下列问题。

（1）财务报表的分类依据有哪些？每个分类依据下具体包括什么内容？

（2）财务报表编制的基本要求有哪些？编制财务报表前应该做哪些准备工作？

（答案参见：光盘\任务实施\项目十\任务一.docx）

任务二 编制资产负债表

资产负债表一般是企业编制的第一个财务报表。通过编制资产负债表，会计人员可以对企业的财务状况进行总结，根据各项目的具体金额，运用相关指标进行财务分析。

【任务目标】

本任务的目标是在了解财务报表基本知识的基础上，进一步了解资产负债表的作用及其结构，然后以此为基础掌握编制资产负债表的方法。

【知识讲解】

一、资产负债表的含义与作用

（一）资产负债表的含义

资产负债表是反映企业某一特定日期财务状况的报表。

资产负债表是根据“资产＝负债＋所有者权益”这一会计等式，依照一定的分类标准和顺序，将企业在一定日期的全部资产、负债和所有者权益项目进行适当分类、汇总、排列后编制而成的。资产负债表作为典型的静态报表，提供了企业在特定日期所拥有或控制的经济资源、所承担的债务以及所有者对企业净资产的要求权等信息。同时，资产负债表也是企业基本的会计报表之一，是所有独立核算的企业单位都必须对外报送的会计报表。

（二）资产负债表的作用

资产负债表的作用主要体现在以下3个方面。

- 可以提供某一日期资产的总额及其结构，表明企业拥有或控制的资源及其分布情况。
- 可以提供某一日期的负债总额及其结构，表明企业未来需要用多少资产或劳务清偿债务以及清偿时间。
- 可以反映所有者拥有的权益，据以判断资本保值、增值的情况以及对负债的保障程度。

二、资产负债表的列示要求

（一）资产负债表列报总体要求

1. 分类别列报

资产负债表应当按照资产、负债和所有者权益3大类别分类列报。

2. 资产和负债按流动性列报

资产、负债应当按照流动性分为流动资产和非流动资产、流动负债和非流动负债列示。

3. 列报相关的合计、总计项目

资产负债表中的资产类至少应当列示流动资产和非流动资产的合计项目；负债类至少应当列示流动负债、非流动负债以及负债的合计项目；所有者权益类应当列示所有者权益的合计项目。

资产负债表应当分别列示资产总计项目和负债与所有者权益之和的总计项目，且这两者的金额应当相等。

（二）资产的列报

资产负债表中的资产类至少应当单独列示反映下列信息的项目：①货币资金；②以公

允价值计量且其变动计入当期损益的金融资产；③应收款项；④预付款项；⑤存货；⑥被划分为持有待售的非流动资产及被划分为持有待售的处置组中的资产；⑦可供出售金融资产；⑧持有至到期投资；⑨长期股权投资；⑩投资性房地产；⑪固定资产；⑫生物资产；⑬无形资产；⑭递延所得税资产。

（三）负债的列报

资产负债表中的负债类至少应当单独列示反映下列信息的项目：①短期借款；②以公允价值计量且其变动计入当期损益的金融负债；③应付款项；④预收款项；⑤应付职工薪酬；⑥应交税费；⑦被划分为持有待售的处置组中的负债；⑧长期借款；⑨应付债券；⑩长期应付款；⑪预计负债；⑫递延所得税负债。

（四）所有者权益的列报

资产负债表中的所有者权益类至少应当单独列示反映下列信息的项目：①实收资本（或股本）；②资本公积；③盈余公积；④未分配利润。

试题精讲

【单选题】负债按到期日由近到远一般分为（　　）。

A．短期负债和长期负债　　B．流动负债和非流动负债

C．流动负债和长期负债　　D．短期负债和非流动负债

【答案】C

【解析】负债按到期日由近到远一般分为流动负债和长期负债；资产负债表的列示要求中对负债的列报作了具体规定，即按照流动性将其分为流动负债和非流动负债。

三、资产负债表的格式

资产负债表的格式主要包括两种，即账户式和报告式。在我国，资产负债表采用账户式的格式，本书将对账户式资产负债表进行讲解。

（一）账页格式

账户式资产负债表分为左右两方，具体的排列格式如下。

- **左方为资产项目**：资产项目按资产的流动性大小进行排列。流动性大的资产，如“货币资金”和“交易性金融资产”等排在前面；流动性小的资产，如“固定资产”和“长期待摊费用”等则排在后面。
- **右方为负债及所有者权益项目**：负债及所有者权益项目一般按求偿权先后顺序排列。负债在先，按到期日由近到远排列。“短期借款”和“应付票据”等需要在一年以内或者长于一年的一个营业周期内偿还的流动负债排在前面，“长期借款”等在一年以上或者长于一年的一个营业周期以上才需偿还的非流动负债排在后面。所有者权益在后，按留在企业的永久性程度由大到小排列。“实收资本（或股本）”在前，“未分配利润”在最后。

（二）报表组成

账户式资产负债表由表头、表身和表尾等部分组成，表身是报表的的主体和核心。

- **表头**：表头是资产负债表的基本信息，应列明报表名称、编表单位名称、编制日期和金额计量单位等信息。
- **表身**：表身是资产负债表的主要内容，其可以反映资产、负债和所有者权益的具体内容。
- **表尾**：表尾是资产负债表的备注，补充说明其他相关的资产、负债或注意事项。

账户式资产负债表的一般格式如表10-1所示。

表10-1 账户式资产负债表

资产负债表

编制单位： 年 月 日 单位：元

资产	期末余额	年初余额	负债和所有者权益	期末余额	年初余额
流动资产：			流动负债：		
货币资金			短期借款		
以公允价值计量且其变动计入当期损益的金融资产			以公允价值计量且其变动计入当期损益的金融负债		
应收票据			应付票据		
应收账款			应付账款		
预付款项			预收款项		
应收利息			应付职工薪酬		
应收股利			应交税费		
其他应收款			应付利息		
存货			应付股利		
一年内到期的非流动资产			其他应付款		
其他流动资产			一年内到期的非流动负债		
流动资产合计			其他流动负债		
非流动资产：			**流动负债合计**		
可供出售金融资产			非流动负债：		
持有至到期投资			长期借款		
长期应收款			应付债券		
长期股权投资			长期应付款		
投资性房地产			专项应付款		
固定资产			预计负债		
在建工程			递延收益		
工程物资			递延所得税负债		
固定资产清理			其他非流动负债		
生产性生物资产			**非流动负债合计**		
油气资产			**负债合计**		
无形资产			所有者权益（或股东权益）：		
开发支出			实收资本（或股本）		
商誉			资本公积		
长期待摊费用			减：库存股		
递延所得税资产			其他综合收益		
其他非流动资产			盈余公积		
非流动资产合计			未分配利润		
			所有者权益（或股东权益）合计		
资产总计			**负债和所有者权益（或股东权益）总计**		

四、编制资产负债表的基本方法

根据资产负债表的格式，编制资产负债表主要是填列各报表项目的“年初余额”栏和“期末余额”栏。下面将分别对这两栏金额的具体填列方法进行讲解。

（一）“期末余额”栏的填列方法

1. 根据一个或几个总账科目的期末余额填列

根据一个或几个总账科目的期末余额填列又可具体分为以下两种。

- **根据某个总账科目的期末余额填列：**资产负债表中大部分项目的填列都是根据某个总账科目的期末余额直接填列，如“递延所得税资产”“短期借款”“应付票据”“应付职工薪酬”“递延所得税负债”“预计负债”“实收资本（股本）”“资本公积”“盈余公积”等项目。
- **根据多个总账科目的期末余额合计数填列：**资产负债表的一些项目需根据多个总账科目的余额，计算其合计数填列。如“货币资金”项目，应根据“库存现金”“银行存款”“其他货币资金”3个总账科目期末余额的合计数填列。

名师点睛

填列资产负债表的“期末余额”时，某些项目可能会出现其余额的实际方向与该科目余额的一般方向相反的情况。此时，应在实际余额数前加上“-”号。如“固定资产清理”项目，如果其相应科目出现贷方余额，应在其期末余额前加上“-”号填列；又如“应交税费”项目，如果其相应科目出现借方余额，则需在其期末余额前加上“-”号填列。

2. 根据明细账科目的余额计算填列

资产负债表中的部分项目需根据相关明细账科目的期末余额计算填列。如“应付账款”项目，应根据“应付账款”和“预付账款”两个科目所属的相关明细科目的期末贷方余额计算填列；又如“应收账款”项目，应根据“应收账款”和“预收账款”两个科目所属的相关明细科目的期末借方余额计算填列。

3. 根据总账科目和明细账科目的余额分析计算填列

资产负债表的部分项目需同时根据总账科目和明细科目的期末余额分析计算填列。如“长期借款”项目，应根据“长期借款”总账科目余额扣除“长期借款”科目所属明细科目中将在资产负债表日起一年内到期且企业不能自主将清偿义务展期的长期借款后的金额计算填列。

4. 根据有关科目余额减去其备抵科目余额后的净额填列

资产负债表的部分项目需根据有关科目余额减去其备抵科目余额后的净额填列。如“可供出售金融资产”“持有至到期投资”“长期股权投资”等项目，应根据“可供出售金融资产”“持有至到期投资”“长期股权投资”等科目的期末余额减去“可供出售金融资产减值准备”“持有至到期投资减值准备”“长期股权投资减值准备”等科目余额后的净额填列。

5. 综合运用上述填列方法分析填列

资产负债表的部分项目，应综合运用前面介绍的各种填列方法，通过分析计算来填列。如“存货”项目，应根据“材料采购”“原材料”“发出商品”“库存商品”“周转材料”“生产成本”等总账科目期末余额的分析汇总数，减去“存货跌价准备”等科目期末余额后的净额填列。

（二）“年初余额”栏的填列方法

资产负债表的“年初余额”栏通常根据上年末有关项目的期末余额填列，且与上年末资产负债表“期末余额”栏一致。如果企业上年度资产负债表规定的项目名称和内容与本年度不一致，应当对上年年末资产负债表相关项目的名称和数字按照本年度的规定进行调整，填入“年初余额”栏。

试题精讲

【多选题】资产负债表中一部分项目的“期末余额”需要根据有关总账账户的期末余额计算填列，不包括（　　）。

A. 货币资金　　B. 固定资产　　C. 固定资产清理　　D. 未分配利润

【答案】B、C、D

【解析】“固定资产”项目根据有关科目余额减去其备抵科目余额后的净额填列，“未分配利润”项目根据明细科目的余额计算填列。

【任务实施】

已知甲公司往来款项的总账和相关明细账科目的余额如表10-2所示。

表10-2 甲公司往来款项账户余额

账户名称	期末金额	余额方向	账户名称	期末金额	余额方向
应收账款	125 000	借	应付账款	150 300	贷
应收账款——A公司	183 000	借	应付账款——E公司	188 200	贷
应收账款——B公司	58 000	贷	应付账款——F公司	37 900	借
预收账款	83 000	贷	预付账款	32 000	借
预收账款——C公司	92 000	贷	预付账款——G公司	35 000	借
预收账款——D公司	9 000	借	预付账款——H公司	3 000	贷

要求：根据上述资料计算该公司资产负债表中“应收账款”项目和“应付账款”项目的期末余额。

（答案参见：光盘\任务实施\项目十\任务二.docx）

任务三 编制利润表

利润表是企业的基本财务报表之一，通过编制利润表可以了解企业的经营成果，另外，通过利润表与资产负债表某些项目间金额的勾稽关系，也可进一步验证这两个报表的编制是否正确。

【任务目标】

本任务的目标是了解利润表的作用及其结构，然后在此基础上掌握利润表的编制方法。

【知识讲解】

一、利润表的含义与作用

（一）利润表的含义

利润表是反映企业在一定会计期间经营成果的报表。该表依据“收入-费用=利润”这一等式，按一定的分类标准和顺序，将企业一定会计期间的各种收入、费用支出和直接计入当期利润的利得和损失进行分类排列。利润表作为典型的动态报表，可以提供企业某一会计期间有关收入、费用和利润的相关变动信息。

（二）利润表的作用

利润表是企业的基本会计报表之一，是企业经营成果的综合体现，其作用主要表现在以下3个方面。

● 反映一定会计期间收入的实现情况。

- 反映一定会计期间费用的耗费情况。
- 反映企业经济活动成果的实现情况，据以判断资本保值增值等情况。

二、利润表的列示要求

利润表的列示要求可概括为以下4个方面。

- **费用按功能分类列示**：企业在利润表中应当对费用按照功能分类，分为从事经营业务发生的成本、管理费用、销售费用和财务费用等。
- **至少应当单独列示的项目**：利润表至少应当单独列示反映下列信息的项目，但其他会计准则另有规定的除外：①营业收入；②营业成本；③营业税金及附加；④管理费用；⑤销售费用；⑥财务费用；⑦投资收益；⑧公允价值变动损益；⑨资产减值损失；⑩非流动资产处置损益；⑪所得税费用；⑫净利润；⑬其他综合收益各项目分别扣除所得税影响后的净额；⑭综合收益总额。金融企业可以根据其特殊性列示利润表项目。
- **其他综合收益项目的列示**：其他综合收益项目应当根据其他相关会计准则的规定分为以后会计期间不能重分类进损益的其他综合收益项目和以后会计期间在满足规定条件时将重分类进损益的其他综合收益项目两类列报。
- **合并利润表的列示**：在合并利润表中，企业应当在净利润项目之下单独列示归属于母公司所有者的损益和归属于少数股东的损益，在综合收益总额项目之下单独列示归属于母公司所有者的综合收益总额和归属于少数股东的综合收益总额。

三、利润表的格式

利润表的格式主要包括两种，即单步式和多步式，在我国，企业应当采用多步式利润表。本书将对多步式利润表进行讲解。

（一）账页格式

多步式利润表是通过对当期的收入和费用按性质加以归类，按利润形成的主要环节列示一些中间性利润指标，分步计算当期净利润。

（二）报表组成

与资产负债表类似，利润表也由表头、表身和表尾等部分组成。表身部分为利润表的主体和核心。多步式利润表的格式如表10-3所示。

表10-3 多步式利润表

利润表

编制单位：　　　　　　　　年　月　日　　　　　　　　单位：元

项目	本期金额	上期金额
一、营业收入		
减：营业成本		
营业税金及附加		
销售费用		
管理费用		
财务费用		
资产减值损失		
加：公允价值变动收益（损失以“–”号填列）		
投资收益（损失以“–”号填列）		

续表

项目	本期金额	上期金额
其中：对联营企业和合营企业的投资收益		
二、营业利润（亏损以“–”号填列）		
加：营业外收入		
其中：非流动资产处置利得		
减：营业外支出		
其中：非流动资产处置损失		
三、利润总额（亏损总额以“–”号填列）		
减：所得税费用		
四、净利润（净亏损以“–”号填列）		
五、其他综合收益的税后净额		
（一）以后不能重分类进损益的其他综合收益		
1. 重新计量设定受益计划净负债或净资产的变动		
2. 权益法下在被投资单位不能重分类进损益的其他综合收益中享有的份额		
……		
（二）以后将重分类进损益的其他综合收益		
1. 权益法下在被投资单位以后将重分类进损益的其他综合收益中享有的份额		
2. 可供出售金融资产公允价值变动损益		
……		
六、综合收益		
七、每股收益总额		

名师点睛

本书中的资产负债表与利润表是根据2014年新修订的《企业会计准则第30号——财务报表列报》编制的，与从业考试大纲中提供的资产负债表与利润表在某些项目的名称及内容的简繁程度有所不同，但基本不影响相关考试，所以读者可根据本书讲解准备会计从业考试。

试题精讲

【单选题】多步式利润表中的利润总额是以（　　）为基础来计算的。

A. 营业收入　　B. 营业成本　　C. 投资收益　　D. 营业利润

【答案】D

【解析】根据表10-3的内容，利润表是以营业利润为基础，加上营业外收入，减去营业外支出，计算得出利润总额。

四、编制利润表的基本方法

根据利润表的格式，编制利润表主要是填列各报表项目的“上期金额”栏和“本期金额”栏。下面将分别对这两栏金额的具体填列方法进行讲解。

（一）“本期金额”栏的填列方法

利润表中“本期金额”栏主要依据损益类各科目的本期实际发生额填列。各项目的填列方法分别如下。

- **“营业收入”项目：**“营业收入”项目反映企业日常经营活动所确认的收入总

额，根据“主营业务收入”和“其他业务收入”科目的本期发生额计算填列。

- **“营业成本”项目：**“营业成本”项目反映企业日常经营活动发生的与营业收入直接配比的实际成本总额，根据“主营业务成本”和“其他业务成本”科目的本期发生额计算填列。
- **“营业税金及附加”项目：**“营业税金及附加”项目反映企业日常经营活动应负担的消费税、营业税、城市维护建设税和教育费附加等税费，根据“营业税金及附加”科目的本期发生额分析填列。
- **“销售费用”“管理费用”和“财务费用”项目：**“销售费用”“管理费用”和“财务费用”项目反映企业发生的各项期间费用，分别根据“销售费用”“管理费用”和“财务费用”科目的本期发生额分析填列。
- **“资产减值损失”项目：**“资产减值损失”项目反映企业各项资产发生的减值损失，根据“资产减值损失”科目的本期发生额分析填列。
- **“公允价值变动收益”项目：**“公允价值变动收益”项目反映企业发生的应计入当期损益的资产或负债公允价值变动收益，根据“公允价值变动损益”科目的本期发生额分析填列。如为净损失，该项目应以“–”号填列。
- **“投资收益”项目：**“投资收益”项目反映企业以各种方式对外投资所取得的收益，根据“投资收益”科目的本期发生额分析填列。如为投资损失，该项目应以“–”号填列。
- **“营业外收入”和“营业外支出”项目：**“营业外收入”和“营业外支出”项目分别反映企业直接计入当期损益的利得和损失，分别根据“营业外收入”和“营业外支出”科目的本期发生额分析填列。
- **“所得税费用”项目：**“所得税费用”项目反映企业应从当期利润总额中扣除的所得税费用，根据“所得税费用”科目的本期发生额分析填列。
- **“营业利润”“利润总额”和“净利润”项目：**“营业利润”“利润总额”和“净利润”项目反映企业实现的各层次利润，根据利润表中相关计算填列。如为亏损，则应以“–”号填列。

（二）“上期金额”栏的填列方法

“上期金额”栏应根据上年该期利润表“本期金额”栏内所列数字填列。如果上年该期利润表规定的各个项目的名称和内容同本期不一致，应对上年该期利润表各项目的名称和数字按本期的规定进行调整，填入利润表“上期金额”栏内。

【任务实施】

甲公司2015年4月利润表相关账户的发生额如表10-4所示。

表 10-4 甲公司 2015 年 4 月相关账户发生额

单位：元

账户名称	4月发生额	账户名称	4月发生额	账户名称	4月发生额
主营业务收入	512 020	投资收益（损失）	8 000	财务费用	12 310
其他业务收入	212 100	主营业务成本	230 520	营业外支出	32 120
管理费用	50 300	其他业务成本	123 050	资产减值损失	5 000
销售费用	10 200	营业外收入	96 360	公允价值变动损益（收益）	8 000

已知：甲公司适用的所得税税率为25%，请根据上述资料分别计算甲公司2015年4月的营业利润、利润总额和净利润。

（答案参见：光盘\任务实施\项目十\任务三.docx）

项目总结

本项目介绍了财务报表的相关知识，主要包括财务报表的含义及其种类、编制要求以及编制财务报表的准备工作等。其中，专门介绍了资产负债表和利润表的具体编制方法。本项目内容具有较强的实操性，对于会计初学者而言，学习本项目有一定的难度，特别是有关报表各项目的具体填制问题。因此，为了加强对本项目的理解，建议读者多做相关练习，进一步理解有关知识点，达到熟能生巧的水平。

项目实训一 编制资产负债表

编制资产负债表是会计人员必不可少的工作之一，如何高效且准确地编制资产负债表需要会计人员在实际工作中不断积累。本实训旨在提高读者在会计实务中的操作能力，训练资产负债表的编制。

【实训目标】

根据前面所讲有关资产负债表的相关知识，熟悉资产负债表的格式及编制要求，编制资产负债表。

【实训资料】

百盛公司2015年2月末有关账户的余额如表10-5所示。

表 10-5 百盛公司 2015 年 2 月有关账户余额

单位：元

账户名称	期末余额（方向）	账户名称	期末余额（方向）
库存现金	5 000（借）	应收账款（甲公司）	12 000（借）
银行存款	22 300（借）	应收账款（乙公司）	3 170（贷）
其他货币资金	11 300（借）	应付账款（丙公司）	23 250（贷）
原材料	5 800（借）	应付账款（丁公司）	11 100（借）
库存商品	3 820（借）	预收账款（A公司）	3 500（贷）
固定资产	332 000（借）	预收账款（B公司）	2 050（借）
累计折旧	80 325（贷）	预付账款（C公司）	4 355（贷）
固定资产减值准备	50 000（贷）	预付账款（D公司）	1 300（借）
长期股权投资	20 000（借）	交易性金融资产	1 500（借）
交易性金融负债	6 250（贷）	应交税费	1 550（贷）
短期借款	10 000（贷）	长期借款	30 000（贷） 其中10 000元将于5月到期
实收资本	200 000（贷）	盈余公积	15 770（贷）

根据上述资料，编制资产负债表。

【实训指导】

STEP 1 将表10-5中涉及的账户按照资产类、负债类和所有者权益类进行分类。

STEP 2 根据前文所讲编制资产负债表的基本方法，将需要合并列示和计算分析列示的项目所涉及的相关账户进行合并、计算。如“货币资金”项目的列示需要计算“库存现金”“银行存款”等项目的合计数；“应收账款”项目需分析计算“应收账款”项目和“预收账款”项目的期末余额。

STEP 3 将步骤2中分析、汇总、计算出的数据记录下来，以便接下来使用。

STEP 4 根据前面的准备工作，编制资产负债表。（答案参见：光盘\项目实训\项目十\资产负债表（简表）.docx）

项目实训二 编制利润表

利润表、资产负债表和现金流量表组成了企业最基本的财务报表。利润表中有些项目需要分析计算后再填列。另外，利润表的编制中会涉及很多的计算工作，需要会计人员格外小心、谨慎。

【实训目标】

根据已掌握的利润表相关知识，熟悉利润表的格式及编制要求，编制利润表。

【实训资料】

百盛公司2015年3月份各损益类账户的发生额如表10-6所示。

表 10-6 百盛公司 2015 年 3 月损益类账户发生额

单位：元

账户名称	本期发生额（方向）	账户名称	本期发生额（方向）
主营业务收入	260 100（贷）	营业外收入	3 560（贷）
其他业务收入	90 000（贷）	营业外支出	1 060（借）
主营业务成本	198 500（借）	投资收益	1 500（贷）
其他业务成本	75 000（借）	资产减值损失	755（借）
公允价值变动损益	600（借）	营业税金及附加	7 950（借）
销售费用	5 300（借）	财务费用	1 020（借）
管理费用	4 340（借）		

已知百盛公司适用的所得税税率为25%，根据上述资料编制利润表。

【实训指导】

STEP 1 将需要计算后合并列示的项目所涉及的相关账户进行合并、计算，如营业收入由主营业务收入与其他业务收入合并后列示。

STEP 2 根据前文所讲编制资产负债表的基本方法，计算出需合并填列的账户本期发生额并记录。

STEP 3 根据前面的准备工作，编制利润表。（答案参见：光盘\项目实训\项目十\利润表（简表）.docx）

拓展知识

财务分析与评价

企业编制财务报表的目的在于为各类会计信息使用者提供对决策有用的综合信息，信息使用者通过对报表中各类数据进行分析，可以了解企业的财务状况以及经营结果。对于企业管理者而言，通过财务分析与评价，可以作出有利于企业发展的建议和规划。

财务分析具有完整的知识体系，它可以根据会计报表等资料，采用一系列专门的分析技术和方法，对企业过去和现在的盈利能力、营运能力、偿债能力和增长能力状况等进行分析与评价。作为一项综合性工作，财务分析可以为企业的投资者、债权人、经营者及其他关心企业的组织或个人了解企业过去、评价企业现状、预测企业未来做出正确决策提供准确的信息或依据。

财务分析主要包括比较分析法、比率分析法和因素分析法3种基本方法，通过运用这些方法，可以为企业的资金运作、财务决策、经营管理、投融资管理和编制财务分析报告等工作提供重要依据。

由此可以看出，财务分析对于一个企业的长期发展非常重要，它不仅是会计工作的一部分，更是企业经营管理的重要环节。

真题精练

一、单选题

1. 下列报表中，（　　）是静态报表。

A. 现金流量表　　B. 资产负债表　　C. 股东权益变动表　　D. 利润表

2. 可以反映企业某一特定日期财务状况的报表是（　　）。

A. 利润表　　B. 利润分配表　　C. 资产负债表　　D. 现金流量表

3. 资产负债表的资产按流动性依次排列为（　　）。

A. 非流动资产和流动资产　　B. 流动资产和流动负债

C. 流动资产和非流动资产　　D. 非流动性资产和非流动性负债

4. 下列选项中，不应该在资产负债表中的负债类中单独列示反映的是（　　）。

A. 预付款项　　B. 预收款项　　C. 长期借款　　D. 应付职工薪酬

5. 资产负债表的（　　），需要根据几个总账账户的期末余额进行汇总填列。

A. 应付职工薪酬　　B. 短期借款　　C. 货币资金　　D. 资本公积

6. 2014年12月31日，丙公司“应付账款”账户为贷方余额260 000元，其所属明细账户的贷方余额合计为330 000元，所属明细账户的借方余额合计为70 000元；“预付账款”账户为借方余额150 000元，其所属明细账户的借方余额合计为200 000元，所属明细账户的贷方余额为50 000元。丙公司资产负债表中，“应付账款”和“预付账款”两个项目的期末数分别为（　　）。

A. 380 000元和270 000元　　B. 330 000元和200 000元

C. 530 000元和120 000元　　D. 260 000元和150 000元

7. 某企业2014年实现营业收入5 000 000元，发生营业成本2 200 000元，营业税金及附加120 000元，财务费用50 000元，管理费用25 000元，销售费用15 000元，营业外收入

30 000元，营业外支出20 000元，该企业2014年的利润总额应为（　　）元。

A．620 000　　B．2 600 000　　C．590 000　　D．570 000

二、多选题

1．企业财务报表分为（　）财务报表。

A．年度　　B．半年度　　C．季度　　D．月度

2．账户式结构的资产负债表分为左右两方，其中右方为（　　）。

A．负债项目　　B．资产项目　　C．所有者权益项目　　D．费用项目

3．下列应该包括在资产负债表"存货"项目中的有（　　）。

A．工程物资　　B．在途物资　　C．委托代销商品　　D．周转材料

4．下列各类负债项目中，属于非流动负债（长期负债）的有（　　）。

A．长期借款　　B．递延所得税负债　　C．应付债券　　D．长期应付款

5．资产负债表的下列项目中，需要根据总账科目余额减去其备抵项目后的净额填列的有（　）。

A．应收账款　　B．预付账款　　C．存货　　D．固定资产

6．利润表中至少应当单独列示反映的项目有（　　）。

A．营业收入　　B．营业税金及附加　　C．销售费用　　D．投资收益

7．利润表中的"营业收入"项目应根据（　　）科目的本期发生额计算填列。

A．主营业务收入　　B．营业外收入　　C．投资收益　　D．其他业务收入

三、判断题

1．企业财务报表的编制依据应当统一，但向不同的会计信息使用者提供的财务报表，其编制依据允许有差别。（　　）

2．资产负债表中的所有者权益内部各项目按照流动性或变现能力排列。（　　）

3．资产负债表中"固定资产"项目应根据"固定资产"账户余额直接填列。（　　）

4．业务收支以人民币以外的货币为主的企业，可以选定其中一种货币作为记账本位币，但是编制的财务报表应当折算为人民币。（　　）

5．利润表中收入类项目大多是根据收入类账户期末结转前借方发生额减去贷方发生额后的差额填列，若差额为负数，以"－"号填列。（　　）

四、计算分析题

已知××公司2014年12月有关账户的余额如下。

库存现金：20 000（借）；　银行存款：100 000（借）；原材料：50 000（借）；

库存商品：200 000（借）；在途物资：30 000（借）；　固定资产：550 000（借）；

应付账款——甲公司：150 000（贷）；　　应付账款——乙公司：40 000（借）；

预付账款——丙公司：50 000（贷）；　　累计折旧：102 000（贷）；

短期借款：250 000（贷）

要求：计算资产负债表中下列项目的余额。

1．货币资金　　2．存货

3．应付账款　　4．固定资产　　5．短期借款

appendix

附录一 考情简介与应试策略

本附录简要介绍了会计从业资格考试的基本情况，并针对“会计基础”考试科目，提供相应的考纲分析与应试策略，以便于参加考证时作为参考。

一、考情简介

会计从业资格考试（俗称“会计证考试”）是《中华人民共和国会计法》规定的从事会计工作的人员必须通过的考试，通过考试后即可获得会计从业资格证。

按照财政部的要求，于2013年7月1日开始，会计从业资格实行无纸化考试，即采用国家题库进行统一考试，通过随机组卷生成无纸化考试试卷，考试时在全国统一题库里随机抽题，每个考生的题都不相同。无纸化考试题库以财政部发布的《会计从业资格考试大纲》为依据，由财政部统一组织建设。财政部于2014年4月4日发布了《关于印发会计从业资格考试大纲（修订）的通知》（财办会〔2014〕13号），对2009年修订的会计从业资格考试大纲进行了修订，从2014年10月1日起施行。

（一）考试科目

会计从业资格考试科目包括“财经法规与会计职业道德”“会计基础”和“会计电算化”（或者“珠算”）。其中，会计电算化或珠算科目，考生可择其一报考。按照《会计从业资格管理办法》（财政部令第73号）规定，自2013年7月1日以后参加考试的考生，一律实行“财经法规与会计职业道德”“会计基础”和“会计电算化”3科连考，各科成绩须一次性同时合格才有效，并取消了会计从业资格考试的免试规定。

（二）考试形式

会计从业资格考试采用无纸化考试的形式，所有科目的考试答题全部通过计算机实现。

（三）考试题型

根据财政部会计司《关于印发<全国会计从业资格无纸化考试题库建设方案>征求意见稿的函》文件规定的考试题型，“会计基础”科目为单项选择题、多项选择题、判断题和计算分析题。其中单项选择题20题（20分）、多项选择题20题（40分）、判断题20题（20分）、计算分析题2题（有选择、填空、分录填制、金额计算等题型，20分，每题包括题干和5个小题，每小题2分）。

（四）考试时间

会计从业资格考试一般由省级财政部门组织，报考及考试时间全国各省有差异，上半年考试的报名集中在前一年的11月份到当年的4月份，考试集中在5～6月份；下半年考试的报名集中在6～9月份，考试集中在10～11月份。

会计从业资格无纸化考试采用国家题库进行统一考试，考生连续抽取3个科目的考题完成考试，3个科目满分均为100分，考试时间均为60分钟，考试总时间为180分钟。

各地考生可登录自己所在地财政局官方网站查询报考通知。

二、考纲分析

“会计基础”科目考试大纲规定的考试内容包括十个部分（考试大纲详细内容可参见本书配套光盘），从内容结构上来说，该科目主要考核会计核算方法和核算内容，其中核算方法包括设置账户、复式记账、填制和审核凭证、登记账簿、财产清查和编制财务报表等，核算内容包括资金筹集业务的账务处理、固定资产业务的账务处理、材料采购业务的账务处理、生产业务的账务处理、销售业务的账务处理、期间费用的账务处理以及利润形成与分配的账务处理，即项目五的内容。

“会计基础”科目考试大纲中十个部分的内容分别对应本书的项目一至项目十，各项目的考核要点、考试题型及复习重视度如下表所示。

对应位置	考核要点	主要考试题型	复习重视度
项目一	本项目内容主要为基本概念，以记忆为主。对于会计特征和基本职能，只需要了解其要点	单项选择题 多项选择题 判断题	★★★
项目二	本项目属于全书的核心内容，包括会计要素的含义与特征、根据定义判断要素的归属、常用的会计计量属性、基本经济业务类型及其对会计等式的影响。这些知识点可以通过分析不同的经济业务来掌握	单项选择题 多项选择题 判断题 计算分析题	★★★★★
项目三	本项目是考试重点，包括会计科目与账户的分类、会计科目设置的原则、常用的会计科目、账户的结构等。对于账户的结构，考生可通过对比法来掌握，如资产类账户和负债类账户	单项选择题 多项选择题 判断题 计算分析题	★★★★★
项目四	本项目是考试重点，复式记账的特点、借贷记账法原则和账户结构、会计分录、借贷记账法下的试算平衡等几乎是每年必考的内容	单项选择题 多项选择题 判断题 计算分析题	★★★★★
项目五	本项目是考试的重中之重，其中涉及的账务处理方法一定要仔细研读、理解并掌握，考试时要能够熟练地做出其会计分录。考试中有时还会专门以“会计分录题”的题型来考核这些内容	单项选择题 多项选择题 判断题 计算分析题	★★★★★
项目六	掌握原始凭证和记账凭证的种类、基本内容、填制要求以及原始凭证的审核内容是学习本项目知识的关键。本项目内容可通过记忆来掌握	单项选择题 多项选择题 判断题	★★

续表

对应位置	考核要点	主要考试题型	复习重视度
项目七	本项目内容比较简单，其中会计账簿的分类、记账规则、不同账簿的登记方法以及错账更正法等知识点要使用理解记忆的方法来掌握，这样，应付考试也较容易了	单项选择题 多项选择题 判断题	★★★
项目八	本项目知识属于实务内容，重点掌握各种账务处理程序的一般步骤、特点、优缺点和适用范围即可	单项选择题 多项选择题 判断题	★★
项目九	本项目内容总体来说不是非常的重要，但需要掌握财产清查的分类和每一种财产的清查方法，重点掌握银行存款余额调节表的编制和财产清查结果的账务处理	单项选择题 多项选择题 判断题 计算分析题	★★
项目十	本项目为实务内容，其中财务报表部分是全书的难点。财务报表的概念与分类、资产负债表和利润表的列示要求及编制方法一定要掌握	单项选择题 多项选择题 判断题 计算分析题	★★★

三、学习方法

掌握合理的学习方法，可以有效提高学习效率，节约学习时间。以下几种方法仅供参考，希望能对大家有所帮助。

- **收集信息，制订计划：**由于会计从业资格考试的考试科目和考试大纲由财政部统一制定，组织和安排考试由各地区自行决定，所以各个地区考试的情况都有所不同。因此，考生可以通过本地财政局官方网站或该考试指定报名网站弄清楚相关考试情况，在此基础之上，制订一些切实可行的计划。
- **精读本书，系统学习：**本书是考试大纲的具体体现，考试的命题范围、命题依据一般都不会超出本书，无论考试时试题怎么变化，所有的试题大都出自书中不同的地方。因此，对本书进行反复通读、精读是学习的重要方法。
- **归纳总结，注重实际：**学习时可以采用对比法、综合分析法等对相关知识点进行归纳总结，再对结论进行适当的记忆。同时尽量将理论与实际相结合，多做一些与具体实际相关的习题，特别是计算分析题，注重提高实际操作的能力。
- **全真模拟，反复练习：**本书配套光盘中的无纸化考试题库系统中提供了往年考试真题及由相关专家编写的模拟题，通过做题，不仅可以检验自己的学习效果，查漏补缺，还可以尽快掌握重要知识点，找到真正考试的感觉。

四、应试技巧

无纸化考试所有试题都在计算机上操作完成，考试时只须带上身份证和准考证就行了。一般来说，答题时应采用“先易后难”的做题原则，将考试过程分成做简单题、攻克难题和检查这3个步骤来进行，同时要看清题目，领会题目的考查意图，建议一定要看清所有的选项，然后进行选择。

此外，不同的题型有不同的答题技巧，掌握下面这些技巧可以有效提高考试的成绩。

（一）单项选择题（单选题）

顾名思义，单项选择题只有一个正确答案。相对于其他题型，单项选择题是最简单的一种题型，能否在单项选择题中拿到尽可能高的分数是能否顺利通过考试的关键。解答单项选择题时，以下技巧可供参考。

1. 运用排除法

如果解题时不能一眼看出正确答案，应首先排除明显是荒诞、拙劣或不正确的答案，尽可能排除一些选择项，可以提高选对答案的概率。例如：

下列选项中，不属于费用的是（　　）。

A. 财务费用　　B. 管理费用　　C. 销售费用　　D. 制造费用

显然，在本题中，选项A、B、C均属于期间费用，如果其中一个对，那么另外两个均对。但这是一道单项选择题，不可能都对，于是选项A、B、C可以排除（正确答案：D）。

2. 运用比较法

比较法是指直接将各备选答案加以比较，并分析它们之间的不同点，集中考虑正确答案和错误答案的关键所在。例如：

企业以银行存款偿还债务，表现为（　　）。

A. 一项资产增加，另一项资产减少　　B. 一项负债增加，另一项负债减少

C. 一项资产增加，另一项负债增加　　D. 一项资产减少，另一项负债减少

本题的关键词是“以银行存款偿还债务”，备选答案中对于该项经济业务只涉及资产和负债。试题的题干说明“以银行存款偿还债务”，这必然会导致企业的资产和负债发生变动，由会计恒等式“资产＝负债＋所有者权益”可知，这两个会计科目肯定是发生同时增加或同时减少的情况，故答案应是选项C或选项D。银行存款属于企业的资产，用银行存款偿还债务，必然会导致企业的资产减少，现在再来对比选项C、D，很显然正确答案为D。

3. 运用猜测法

如果在考试过程中，想尽方法都不能得出确定的答案，那也一定不要放弃，要充分利用所学知识去猜测答案。不选答案肯定不能得分，选了答案就有可能得分。在猜测之前，尽量先排除干扰答案，一般来说，排除的项目越多，猜测出正确答案的可能性就越大。

（二）多项选择题（多选题）

多项选择题所涉及的考点较多，但在答题技巧方面与单项选择题基本一致，需要注意的有以下两点。

- 多项选择题分值较高，每小题2分，但其评分标准一般是多选、少选、错选、不选均不得分，因此需要运用所掌握的知识推敲每一个答案，慎重选择。
- 多项选择题至少有两个正确答案，因此，在运用排除法时只要能够准确地排除两个选项，剩余两个选项就是正确答案。

（三）判断题

判断题的评分标准是判断正确得1分，判断错误或不做判断的，不得分也不扣分。

对该类题型，需要准确地判断出题目的对错，做题时，尽量根据所掌握的知识对每道题做出判断，以下答题技巧可供参考。

- 分清绝对和相对概念。判断题中含有绝对概念的词，如“总是”“决不”等，这道题很可能是错误的，例如“只要企业拥有某项财产物资的所有权，就能将其确认为企业的资产。”这道题是错误的，而判断题中含有相对概念的词，包括“通常”“一般来说”“多数情况下”等，这道题很可能是正确的，例如“在中华人民共和国境内设立的企业，会计核算可以不以人民币作为记账本位币”，本题中含有相对概念，其表述是正确的。
- 只要题目有一处错误，该题就可判断为错误的。例如，下面这道题包含两个问题：资产负债表是否属于动态报表；题目中表述的资产负债表的意义是否正确。如果这两个问题中有一个是错的，那么整个命题就是错的。本题答案应该是“×”，错就错在第一个问题。资产负债表是反映企业某一特定日期资产、负债和所有权益变动情况的静态报表。

资产负债表是反映企业某一特定日期资产、负债、所有者权益变动情况的动态报表。通过它，可以了解企业资产的构成、企业债务偿还能力和企业资金的来源构成。

- 运用大概率事件。解答判断题是指出其是正确还是错误的，因此，即使自己对题目完全没有把握，也有50%的概率猜对答案。这种方法只能适用于判断错误不倒扣分数的地区。

（四）计算分析题

在无纸化考试方式下，计算分析题基本上都是给定案例材料，再针对材料提出几个小问题，一般包括两道大题，每个大题包括题干和5个小题，每小题2分。计算分析题主要都是考查考生分析问题和处理问题的能力，相对来说难度较大，涉及的概念和知识点较多，这类题型的分数在一份试卷中所占的分量一般都较大，必须予以足够的重视。如果本类题得分不多，要想通过考试就很困难。

解答计算分析题时，可以按照以下解题步骤进行。

（1）详细阅读试题。建议对题目要求至少阅读两遍。一方面，这样可以准确理解题意，不至于忙中出错；另一方面，还可能从中获取解题信息。

（2）题目要求算什么就算什么。计算分析题很多会涉及引用计算公式，因此要弄清题目要求计算的是什么，与本题要求无关的问题不用去计算，计算多了，难免出错。

（3）注意答题方法。对于选择题，除了通过分析和计算直接得到正确答案以外，灵活应用排除法和比较法可以有效提高答题的正确率，而有的答案之间本身就相互矛盾，有的答案之间有一定的联系，适当分析答案之间的关系就可以成功排除一些备选答案。除选择题答题方式外，计算分析题还包括分录填制型、金额填制型等答题方式，对于这类题型，建议先在草稿纸上编写会计分录或计算，再在计算机上选择分录或填制金额。

appendix

附录二 "会计基础"考纲考点索引

《会计基础》这本书的结构与会计从业资格考试"会计基础"考试大纲的结构是一致的，为了满足教学需要本书调整了一些知识点的讲解位置，并适当增加了一些实务处理技能。为了便于考证的读者复习，本附录依据最新"会计基础"考试大纲，提供了考纲中各考点的复习要求，以及与本书的知识点对应及索引，其中各考点右侧数字页码即表示为该考点在本书中对应的讲解页码。

第五章 借贷记账法下主要经济业务的账务处理

第六章 会计凭证

第七章 会计账簿